Work Life Balance Zielgruppenanalyse am Beispiel eines deutschen Automobilkonzerns

T0316401

ARBEITSWISSENSCHAFT
in der betrieblichen Praxis
Herausgegeben von Peter Knauth

Band 23

PETER LANG
Frankfurt am Main · Berlin · Bern · Bruxelles · New York · Oxford · Wien

Kerstin Freier

Work Life Balance
Zielgruppenanalyse
am Beispiel eines deutschen
Automobilkonzerns

PETER LANG
Europäischer Verlag der Wissenschaften

Bibliografische Information Der Deutschen Bibliothek
Die Deutsche Bibliothek verzeichnet diese Publikation in der
Deutschen Nationalbibliografie; detaillierte bibliografische
Daten sind im Internet über <http://dnb.ddb.de> abrufbar.

Zugl.: Karlsruhe, Univ., Diss., 2005

Gedruckt auf alterungsbeständigem,
säurefreiem Papier.

D 90
ISSN 0946-4166
ISBN 3-631-54364-6

© Peter Lang GmbH
Europäischer Verlag der Wissenschaften
Frankfurt am Main 2005
Alle Rechte vorbehalten.

Printed in Germany 1 2   4 5 6 7

www.peterlang.de

Für meinen Bruder Hans-Jörg, der mir sehr viel bedeutet und mir wichtige und wertvolle Impulse für meine Entwicklung gegeben hat.

Geleitwort

Die Qualität der Mitarbeiter bestimmt den Erfolg eines Unternehmens. Menschen setzen ihr Können und ihre Leistungsbereitschaft voll für ihr Unternehmen ein, wenn sie ihre Wertvorstellungen in der gelebten Unternehmenskultur wiederfinden. Diese Wertvorstellungen wandeln sich im Laufe der Jahre. Gestiegenes Bildungsniveau und erhöhter Lebensstandard haben z.b. dazu geführt, dass sich das Thema Work Life Balance zunehmender Beliebtheit erfreut. Die Menschen wollen auch in unserer von Flexibilität und Komplexität gekennzeichneten Zeit erfolgreich, ausgeglichen und zufrieden leben. Diesen Zustand erreichen sie nur, wenn eine dynamische Balance zwischen ihren einzelnen Lebensbereichen besteht. Insbesondere sind hierbei neben der Berufswelt, die Verantwortung gegenüber Partner und Kinder, die sozialen Kontakte zu Freunden, Bekannten und gesellschaftlichen Organisationen, die eigene individuelle Interessenlage (Sicherung der Employability, intellektuelle Entwicklung, Hobbies) und die gesundheitliche Fitness von Bedeutung. Jeder dieser Bereiche stellt eigene Anforderungen, deren Abarbeitung Zeit und Energie kostet - und oft genug zu Lasten der berechtigten Wünsche aus einem anderen Bereich geht.

Derzeit wird in der öffentlichen Diskussion insbesondere auf die Vereinbarkeit von Beruf und Familie abgehoben. Sicher ein sehr wichtiger Ausschnitt aus der Gesamtthematik von Work Life Balance, da sich erfahrungsgemäß gerade diese beiden Lebensbereiche gegenseitig stark beeinflussen und seit Jahren unter einer erheblichen Instabilität leiden. In etlichen Firmen gibt es nichts desto trotz immer noch die Auffassung, daß es sich bei Beruf und Familie um zwei völlig getrennte Lebensbereiche handelt, die nichts miteinander zu tun haben. Die Politik stürzt sich derzeit zwar mit Vehemenz, aber insbesondere wohl aus bevölkerungspolitischen Überlegungen auf das Thema Vereinbarkeit. Für mich hingegen ist offensichtlich, daß die Entwicklung in Wirtschaft und Gesellschaft generell eine Überprüfung unserer Leitbilder erfordert. In diesem Zusammenhang kann das Bedürfnis der Mitarbeiter nach einer intelligenten Verzahnung aller Lebensbereiche nicht übersehen werden. Andernfalls bestünde die Gefahr, dass die Mitarbeiter den zwischen ihnen und ihren Arbeitgebern bestehenden und auf Gerechtigkeits- und Reziprozitätsüberlegungen beruhenden „psychologischen Vertrag" vollends kündigen. Je mehr aber die Dysbalancen zwischen den Lebensbereichen vermieden werden, um so eher ist eine Win-Win-Win Situation gegeben, in der sowohl das Individuum, wie Unternehmen und die gesamte Gesellschaft zufriedene Profiteure sind.

Da das Thema Work Life Balance bisher noch keinen vertieften Eingang in die wissenschaftliche Diskussion gefunden hat, ist es verdienstvoll, dass Frau Freier in der vorliegenden Arbeit das Anliegen von Work Life Balance konkretisiert und Handlungsanleitungen für die praktische Personalarbeit in Unternehmen darlegt. Die Arbeit von Frau Freier wird um so bedeutender, je mehr sich die Erkenntnis durchsetzt, daß die Anwendung der "richtigen" Work Life Balance-Konzepte die Basis für wirtschaftliches Wachstum und gesellschaftliche Stabilität sind. Wenn unsere Wirtschaft erfolgreich sein will, muß sie die Belange des Einzelnen berücksichtigen und anerkennen, dass jeder in und für unterschiedliche Lebensbereiche Verantwortung trägt. Genauso wichtig aber ist es, dass sich der Einzelne verantwortungsbewußt den Anforderungen stellt, die Unternehmen und Gesellschaft an ihn stellen.

In diesem Sinne hoffe ich, dass möglichst viele Führungskräfte in Wirtschaft und Gesellschaft die Arbeit von Kerstin Freier lesen und die daraus gewonnenen Erkenntnissen in ihren Verantwortungsbereichen umsetzen.

Professor Dr. Artur Wollert

Beruf & Familie gGmbH
Vorsitzender des Audit-Rates

Danksagung

Hiermit möchte ich all jenen meinen Dank aussprechen, die mich während der Dissertation – in einer für mich sehr bedeutsamen Zeit im privaten wie auch beruflichen Bereich – betreut und begleitet haben und einfach für mich da waren.

Als erstes möchte ich mich recht herzlich bei meinem Doktorvater Prof. Dr.-Ing. Peter Knauth für die Unterstützung in allen Phasen der Dissertation bedanken. Besonders für die Freiräume im Forschungsprozess und den Ratschlägen in kritischen und heiklen Situationen der Arbeit. Hervorzuheben ist die sehr angenehme menschliche Art, die Prof. Knauth mir zuteil werden lassen hat, die sicherlich keine Selbstverständlichkeit ist. Ebenso möchte ich mich für die Erstellung des Zweitgutachtens bei Herrn Professor Bruno Neibecker recht herzlich bedanken.

Herrn Josef Westermaier danke ich recht herzlich für das Zustandekommen meines Dissertationsvertrags im zentralen Personalwesen eines großen deutschen Automobilkonzerns sowie das Vertrauen und die Unterstützung während der Arbeit.

Herrn Dr. Jürgen Weisheit möchte ich wohl mit Recht nicht nur als „Dissertationscoach" bezeichnen, sondern auch als Menschen, der in allen Lebenslagen während dieser Arbeit einfach da war. Lieber Jürgen, vielen Dank für all Deine Impulse, Unterstützung und Deinen lieben Zuspruch während dieser Zeit. Frau Dr. Habil. Sonia Hornberger danke ich für die wissenschaftliche Beratung und Unterstützung während der Arbeit.

Ebenfalls sei meine Freundin Eva-Maria Bauer genannt, die mir vor allem in einer sehr kritischen Phase meines Privatlebens während der Dissertation zur Seite stand. Einen ganz lieben Dank an Dich, Eva.

Frau Professor Dr. Constanze Clarke hat mich während des Prozesses der Erhebung, dann als Mentorin im wissenschaftlichen Austausch und schließlich in der Endphase der Dissertation ganz besonders beraten und betreut. Dir, liebe Constanze, danke ich recht herzlich für Dein extremes Engagement, Deine wissenschaftliche Expertise und warmherzige Art. Meine Kollegin Claudia vom Scheidt hat mich mit ihren Anregungen, ihrem Scharfsinn, ihrer hervorragenden Beratung und sehr engagierten Art auf dem Weg der Dissertation außerordentlich begleitet – und dies im Kontext von Work Life Balance. Liebe Claudia, recht herzlich Dank dafür. Bei Johann Haslbeck bedanke ich mich für seinen persönlichen Einsatz und die zahlreichen Gespräche sowie die Unterstützung während des Dissertationsprozesses. Mein Dank gilt ebenso Thomas Bräckle.

Für die Programmierung des Onlinefragebogens gilt ferner mein Dank Herrn Dieter Preis (Abteilung PM-732). Bei Herrn Werner Fröhlich vom SIM möchte ich mich für die statistische/methodische Beratung und Unterstützung bei der Datenanalyse bedanken.

Bei allen meinen Kollegen im zentralen Personalwesen – insbesondere der Abteilung PZ-4 Personalwirtschaft/Arbeitsstrukturen – möchte ich mich für die Unterstützung, Motivation und Ermutigung recht herzlich bedanken. Ebenso gilt mein Dank allen Personen im Unternehmen – besonders denen, die an meiner Erhebung teilgenommen haben – die hier nicht ausdrücklich genannt sind und mich in irgendeiner Weise unterstützt haben.

Mein ganz persönlicher und ebenfalls außerordentlicher Dank gehört meinen Eltern, die mich gelehrt haben, in verfahrenen Situationen nie aufzugeben und sich als Person immer treu zu bleiben, was auch immer passiert. Sie haben mit ihrer Erziehung, Ihren Anregungen und der vielfältigen Unterstützung einen großen Grundstein für diese Arbeit gelegt. Ganz lieben und herzlichen Dank an Euch.

München im September 2004

Inhaltsverzeichnis

Abkürzungen und begriffliche Erläuterungen

Abb.	=	Abbildung
AFK	=	Anfangsführungskraft
AT	=	Außer Tarif
d.h.	=	das heißt
bzw.	=	beziehungsweise
et al.	=	et alii (und andere)
HR	=	Human Ressource
MFK	=	Mittlere Führungskraft
OFK	=	Obere Führungskraft
sog.	=	so genannte
u.	=	und
u.a.	=	unter anderem oder und andere
VBP	=	Vereinbarkeit von Beruf und Privatleben
vgl.	=	vergleiche
vs.	=	versus
WLB	=	Work Life Balance
z.B.	=	zum Beispiel
z.T.	=	zum Teil

Abbildungsverzeichnis

1   Einleitung

Work Life Balance wird als das neue Trendthema in einschlägigen Personalfachzeitschriften, Personalstudien[1] und der Fachliteratur diskutiert. Warum wird Work Life Balance, glaubt man den Experten, in Zukunft so wichtig und was heißt Work Life Balance?

Seit der **Veränderung zum globalen Wirtschaftsmarkt** müssen Unternehmen immer schneller, besser und innovativer sein, um gegenüber der Konkurrenz bestehen zu können. Dies bedeutet, dass Unternehmen neben ihren Produkten, die sie herstellen, sehr stark von ihren Mitarbeitern, deren Qualifikation, Leistungsfähigkeit und Motivation abhängig sind, wenn sie dem Konkurrenzdruck standhalten wollen.

In den 80er Jahren betrachteten Unternehmen ihre Mitarbeiter fast ausschließlich als „humane Ressource", als Rollen- und Funktionsträger innerhalb der Arbeitswelt, der private Bereich mit seinen Rollen war im Unternehmen nicht präsent. Diese Betrachtung ist jedoch weder für Unternehmen noch für Mitarbeiter sinnvoll und erfolgreich, denn ein Individuum lebt und handelt ganzheitlich. Dies bedeutet, es agiert sowohl im privaten als auch im Bereich der Arbeitswelt. In beiden Bereichen bestehen Bedürfnisse und Verpflichtungen, die in Balance stehen sollten, um ein ausgeglichenes und mit Sinn erfülltes Leben führen zu können.

Seit der Industrialisierung existiert jedoch ein Spannungsverhältnis zwischen Lebenswelt (Privatleben) und Arbeitswelt (dem Berufsleben), welches durch die Trennung von Arbeitsplatz und Wohnort erstmalig entstanden ist. In vorindustriell geprägten Gesellschaften waren Haus und Arbeitsstätte eine Einheit, in der die Funktionen und Strukturen über eine mechanische Solidarität[2] gekennzeichnet waren. Während des Industrialisierungsprozesses hat sich bis in die heutige Zeit eine Pluralisierung der Lebensstile und eine damit verbundene Rollenteilung entwi-

---

[1]   Vgl. dazu Horx-Strathern 2001, S. 7; Kienbaum-Consulting Studie, Studienberichte von der Hertie-Stiftung, Personal – Work Life Balance, Ausgabe 11/2003, Seite 1 ff.; BerlinPolis, 2003, S. 10.

[2]   Den Begriff der mechanischen Solidarität hat Emile Durkheim geprägt. Er beschreibt, wie der familiäre Zusammenhalt und das kollektive Bewusstsein die damalige Arbeitsteilung bestimmten, die dadurch definiert ist, dass jedes Segment (Einheit) ein eigenes Wirtschafts- und Wertesystem besitzt. Jedes Mitglied der Gruppe kann alle anfallenden Tätigkeiten ausführen. Dadurch sind alle Mitglieder in ihren Funktionen gleich – es existieren keine Spezialisten. Vgl. Fuchs-Heinritz et.al. 1995, S. 609 und Brüning 2002.

1

ckelt. Mit dieser Entwicklung ist eine Zunahme an Spannung zwischen den beiden Bereichen zu verzeichnen, insbesondere seit Frauen und Männer gleichermaßen berufstätig sind.[3] Die Organisation des häuslichen Bereichs, d.h. die Aktivitäten und Verpflichtungen der Lebenswelt, sind immer schwieriger mit denen der Arbeitswelt zu vereinbaren – allein aus zeitlichen Gründen.

Im beruflichen Bereich, d.h. der Arbeitswelt, werden den Arbeitnehmern ein immer schnelleres Lernen, eine hohe Anpassungsfähigkeit sowie Flexibilität in jeglicher Hinsicht abgefordert.[4] Neben den gestiegenen und veränderten Anforderungen an den Mitarbeiter existieren weitere Aspekte einer sich verändernden Arbeits- bzw. Berufswelt: die Organisationsstrukturen von Unternehmen (Aufbau bzw. Hierarchie)[5] verändern sich stetig, was bedeutet, dass somit auch die Arbeitsstrukturen, die Qualifikationsanforderungen, Produktionsverfahren sowie der Führungsstil ständigen Veränderungen unterliegen. Den Mitarbeitern wird spezialisiertes Wissen verbunden mit Multitasking-Eigenschaften abverlangt, um den beruflichen Veränderungen gerecht werden zu können. Auf den Menschen wirken vermehrt Stress und Belastungen im beruflichen Bereich ein. Dies wiederum führt zu einer Verminderung der Leistungsfähigkeit, durch die ein Unternehmen in Summe eine Menge an Innovationspotenzial, Produktivität und Effizienz einbüßt.

Aber nicht nur die Veränderungen des arbeitsweltlichen und globalen Wirtschaftsmarktes fordern eine andere Betrachtungsweise von Mitarbeitern in Unternehmen, sondern auch der **Wertewandel in der Gesellschaft**. Dieser ist dadurch geprägt, dass sich die Lebensstrukturen der heranwachsenden Generation im Vergleich zur vorhergehenden grundlegend verändert haben. Mitauslöser dieser neuen Lebensstrukturen sind die **Emanzipation** und **Individualisierung** der Menschen in unserer Gesellschaft.

Mit der Emanzipation haben Frauen zur Gleichstellung von Mann und Frau z.B. bezüglich der Schul- und Berufsausbildung beigetragen. Auch wenn man heute noch nicht von einer Gleichbehandlung in jeglicher Hin-

---

[3] Seit ca. Ende der 1970er und Anfang der 1980er Jahre in der BRD; in der DDR schon früher.
[4] Vgl. dazu Sennett 2000.
[5] Vgl. dazu Kastner/Gerlmaier 1999.

2

sicht sprechen kann, so kann man doch von einer grundlegenden Verbesserung der Gleichstellung reden.[6]

Frauen sind heute ebenso berufstätig wie Männer. Aufgrund dieser **Verschiebung des Rollenverständnisses von Mann und Frau** ergibt sich, dass die Orientierung im häuslichen Bereich mit seinen Verpflichtungen und Bedürfnissen immer schwieriger wird. Es existieren keine klar definierten Rollen für Männer und Frauen mehr, d.h. die Übernahme eines bestimmten Rollenverhaltens mit seinen Aufgaben ist ebenso ungeklärt. Im Vergleich zu dem klar definierten Rollenverständnis in den 1960er Jahren müssen in der heutigen Zeit Rollenmodelle neu definiert und erprobt werden, was für beide Geschlechter in beiden Bereichen nicht ohne Schwierigkeiten ist.

Vergleicht man die Lebensmodelle der 60er und 70er Jahre mit den heutigen, so lässt sich feststellen, dass annähernd 90 %[7] der Bundesbürger in der damaligen Bundesrepublik verheiratet waren.[8] Das traditionelle Lebensmodell der „Versorgerehe"[9] galt für fast alle Bundesbürger. Im Vergleich dazu sind heutzutage die Anzahl[10] der Eheschließungen gesunken und die Scheidungsrate hingegen angestiegen. Parallel dazu entwickelten sich im Gegenzug nichteheliche Lebensgemeinschaften und viele Singlehaushalte. Diese Lebensmodelle zogen und ziehen eine geringe Reproduktionsrate nach sich, da die Menschen mehr auf ihre eigenen individuellen Bedürfnisse fokussiert sind. Als Auswirkung der hohen Scheidungs- und Trennungsrate entstehen immer mehr so ge-

---

[6] Hier stellt sich die Frage, ob eine Gleichstellung in jeglicher Hinsicht bezüglich der unterschiedlichen Geschlechter überhaupt sinnvoll ist, denn die biologische Disposition der Geschlechter ist von der Natur als sinnvoll angelegt.

[7] Vgl. dazu Geißler 1996, S. 313. Die Zahlen beziehen sich auf die damalige Bundesrepublik und vernachlässigen einen Vergleich mit der damaligen DDR.

[8] Der Zeitabschnitt zwischen den 60er und 70er Jahren wird auch als das „golden age of marriage" bezeichnet. Vgl. dazu Nave-Herz 1988, S. 5 ff.

[9] In einer "Versorgerehe" gibt die Frau mit Heirat und Mutterschaft ihre Berufstätigkeit auf und sorgt für den Haushalt und die Kinder. Der Mann hingegen kümmert sich ausschließlich um den beruflichen Bereich und damit um die finanzielle Absicherung der Familie. Eine klare Aufteilung von männlichen und weiblichen Rollen definiert hier das Lebensmodell.

[10] Vgl. dazu die Zahlen des statistischen Bundesamtes in der Aufstellung von Nave-Herz 1988, S. 298 und des Statistischen Bundesamts 2002, S. 44.

nannte Patchworkfamilien[11], die vorher in diesem Maße nicht existierten.[12]

Ein weiterer Aspekt der veränderten Werteeinstellung der heutigen jüngeren Generation ist, dass explizit hoch qualifizierte Jungakademiker ihr Lebensziel nicht einzig und allein in ihrem beruflichen Aufstieg sehen. Dieses in den 80er Jahren von der so genannten Yuppie-Generation propagierte Lebensziel hat sich grundlegend verändert; sicherlich wollen gerade auch „Young Professionals" ebenfalls beruflich weiter kommen, das Motto heißt hier jedoch, hart zu arbeiten und das Leben zu genießen, und zwar in einem ausbalancierten Verhältnis.[13]

Neben Ursachen wie Globalisierung und Wertewandel kommt – die Work Life Balance betreffend – noch ein weiterer wichtiger Sachverhalt hinzu. Mit einem **Bevölkerungsrückgang** von derzeit 82 Mio. auf schätzungsweise ca. 70 Mio. Bürger[14] im Jahr 2050[15] wird sich der Arbeitsmarkt in Deutschland weiter verengen. Der Bedarf an qualifizierten Mitarbeitern wird nicht mehr gedeckt werden können und das Angebot-/Nachfrage-Verhältnis auf dem Arbeitsmarkt wird sich zu Gunsten der Arbeitnehmer verschieben. Wie Oona Horx-Strathern es in ihrer gleichnamigen Studie prognostiziert, wird sich höchstwahrscheinlich ein „War for Talents"[16] einstellen, um nur einen Aspekt dieses demographischen Problems in der Zukunft zu nennen.

---

[11] Patchworkfamilien sind Familien, die sich z.B. aus Mitgliedern geschiedener Ehen oder nichtehelicher Lebensgemeinschaften zusammensetzen. Dies bedeutet, dass die verwandtschaftlichen Verhältnisse in solchen Familien für Familienexterne nicht eindeutig offenkundig sind (z.B. haben Kinder einen leiblichen Vater und einen Stiefvater).

[12] Vgl. dazu auch Beck-Gernsheim 1998, S. 9 ff.

[13] Wie eine (unveröffentlichte) Auftragsstudie von Access (im Auftrag des hier untersuchten Unternehmens) ergeben hat, rangiert für Hochschulabsolventen und Young Professionals unter den „Top-Ten"-Kriterien die Work Life Balance als wichtiges Kriterium für die Wahl des Arbeitgebers.

[14] Auf die Zahl von 70 Mio. wird es von den Alterskohorten keine Gleichverteilung geben, sondern der Anteil an Gesellschaftsmitgliedern, die 55 Jahre und älter sind, liegt proportional zu den jüngeren anteilmäßig deutlich höher.

[15] Mit ersten demographischen Auswirkungen wird ab 2010 gerechnet. Vgl. dazu Horx-Strathern 2001, Statistisches Bundesamt 2004 und Rürup/Sesselmeier 2001, S. 257.

[16] Der Begriff „War for Talents" wurde von Matthias Horx geprägt. Die gleichnamige, von seiner Frau Oona Horx-Strathern entwickelte Studie beschreibt das Problem des zukünftigen "War for Talents".

Die dargestellten Ursachen einer sich verändernden Welt und der bundesdeutschen Gesellschaft haben nicht nur massive Auswirkungen auf Wirtschaftsunternehmen, sondern auch auf Individuen. Die Zunahme an Veränderungen, die Schwierigkeit der Synchronisation und das Reagieren in beiden Lebensbereichen umreißen die Problematik, die sich zukünftig für beide Akteure (Unternehmen und Individuen) unter dem Begriff Work Life Balance zusammenfassen lässt.

Wirtschaftsunternehmen, die diesen Sachverhalt erkannt haben und überprüfen, inwieweit sich die Rahmenbedingungen verändern, in die sie eingebettet sind, und welche Auswirkungen dies auf sie hat, werden gegenüber der Konkurrenz strategisch im Vorteil sein. Nachhaltig werden diese Unternehmen erfolgreicher sein als andere, die dem Thema Work Life Balance keine Beachtung schenken. Somit ist Work Life Balance ein wichtiges Strategiethema im Human Ressources (HR) -Bereich, um einerseits Veränderungen und die damit verbundenen Auswirkungen zu identifizieren und sich andererseits mit gezielten Maßnahmen zukünftig personalpolitisch adäquat auszurichten.

1.1 Problemstellung

Durch die oben beschriebenen multikausalen Zusammenhänge und die damit verbundenen gesellschaftlichen Veränderungen – in diesem Fall speziell auf Wirtschaftsorganisationen[17] bezogen – besteht bei den Unternehmen Handlungsbedarf, sich explizit mit dem Thema Work Life Balance zu befassen und damit strategische Weichen zu stellen.

Aufgrund der Neuheit des Themas sowohl in der Wissenschaft als auch bei den Unternehmen[18] bestehen nur wenige wissenschaftliche Ansätze und Erkenntnisse, die sich mit dem Thema Work Life Balance ausdrücklich beschäftigen. Eine strategische Ausrichtung ohne diese Erkenntnisse und Erfahrungswerte ist daher für Unternehmen schwierig.

Für die Wissenschaft, insbesondere die Arbeitswissenschaften, ist im Kontext von artverwandten Themen, wie der Vereinbarkeit von Beruf und Familie, Diversity und Gender-Mainstreaming im Sinne der Vollständig-

---

[17] Vorrangig besteht das Interesse darin, Work Life Balance aus der Perspektive von Unternehmen in einem wissenschaftlich pragmatischen Kontext in dieser Arbeit zu verfolgen, da dieses Forschungsprojekt vom untersuchten Unternehmen initiiert, finanziert und unterstützt wurde.

[18] Vgl. dazu Badura/Vetter 2004, S. 11 ff. und Reiser 2004.

keit, das Thema Work Life Balance in einem wissenschaftlich pragmatischen Kontext zu untersuchen, um diesen Mangel auszugleichen.

Die nachfolgende Grafik (Abb. 1) verdeutlicht die Problemstellung zum Thema Work Life Balance:

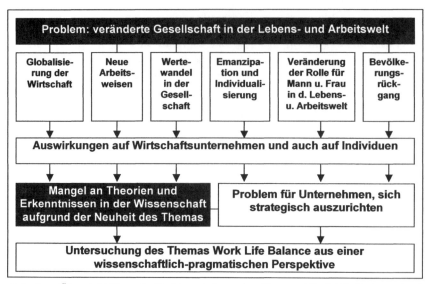

Abb. 1:   Übersicht über die Problemstellung des Themas Work Life Balance in dieser Arbeit (Quelle: eigene Darstellung)

1.2   Ziele der Arbeit

Generell soll das Thema Work Life Balance in dieser Arbeit wissenschaftlich untersucht werden. Hierbei gilt es zu erforschen, was unter Work Life Balance aus einer wissenschaftlichen Perspektive zu verstehen ist und welche Dimensionen und Facetten mit dem Thema verbunden sind. Die Untersuchung soll daher als Exploration verstanden werden, die Wissen zum Thema Work Life Balance generiert. Des Weiteren soll ein Überblick über das Thema Work Life Balance in deutschen Unternehmen erarbeitet werden, um damit sowohl zu erfahren, wie diese mit dem Thema umgehen, als auch einen möglichen Handlungsbedarf abzuleiten.

Exemplarisch soll als explorative Fallstudie in einem deutschen Automobilkonzern eine Work Life Balance Zielgruppenanalyse durchgeführt

6

werden, mit der unterschiedliche Zielgruppen innerhalb der befragten Bereiche des Automobilkonzerns identifiziert und generiert werden sollen. Ein weiteres mit der vorliegenden Analyse verfolgtes Ziel ist es, die Work Life Balance Situation dieser Zielgruppen zu eruieren, um damit den Handlungsbedarf der Zielgruppen zu bestimmen. Im Weiteren gilt es, anhand der Ergebnisse Handlungsempfehlungen für das Unternehmen abzuleiten.

Aus den theoretischen Annahmen und mit den aus der Empirie gewonnenen Erkenntnissen dieser Untersuchung sollen Zukunftsszenarios entwickelt werden, die den Unternehmen eine Orientierung für eine strategische Ausrichtung geben.

Wissen schaft- licher Fokus:	**Erkenntnisse, welche** - **Dimensionen** - **Facetten und** - **Verständnis** **Work Life Balance als Thema impliziert**
Prag- mati- scher Fokus:	**Erkenntnisse von Work Life Balance in der Wirtschaft:** • **allgemein** Work Life Balance in deutschen Unternehmen • **spezifisch** exploratives Fallbeispiel in einem deutschen Automobilkonzern o **Zielgruppenanalyse** - um Zielgruppen zu identifizieren - um die Work Life Balance-Situation zu eruieren und Handlungsbedarf zu bestimmen o **Ableitungen** - zur Formulierung von Handlungsbedarf - zur Entwicklung von Zukunftsszenarios für die strategische Ausrichtung

Abb. 2: Übersicht über die Ziele der Arbeit (Quelle: eigene Darstellung)

1.3 Aufbau der Arbeit

Im **theoretischen Teil** der Arbeit (Kapitel 1 bis 5) werden in Kapitel 1, der **Einleitung**, die Problemstellung, die Ziele und das Vorgehen bzw. der Aufbau der Arbeit formuliert. In Kapitel 2 – **Begriffsklärung von Work Life Balance** – werden die Begrifflichkeit von Work Life Balance

7

und in diesem Zusammenhang die Begriffe Lebens- und Arbeitswelt erläutert. Des Weiteren wird in diesem Kapitel eine Definition hergeleitet und Work Life Balance aus der Sicht von Unternehmen betrachtet.

Ein historischer Abriss über den Industrialisierungsprozess im Kontext von Work Life Balance (der Lebens- und Arbeitswelt) wird in Kapitel 3 – **Historische Trennung von Lebens- und Arbeitswelt** – thematisiert.

Das Kapitel 4 – **Neuere wissenschaftstheoretische Ansätze zur Trennung von Lebens- und Arbeitswelt** – impliziert die wissenschaftstheoretische Auseinandersetzung mit dem Thema Work Life Balance. Aufgrund des Mangels einer entsprechenden Theorie werden als „Grundtheorien" die Modernisierungstheorie und der damit verbundene Prozess der Industrialisierung sowie die Systemtheorie zu den Auswirkungen der Trennung von Lebens- und Arbeitswelt diskutiert und für das Problem der Work Life Balance adaptiert. Ein Überblick über die Vielzahl von wissenschaftstheoretischen Ansätzen aus verschiedenen Disziplinen, die sich im entfernteren Sinne mit Work Life Balance verbinden lassen, ist ebenfalls ein Bestandteil dieses Kapitels.

Work Life Balance als personalpolitisches Thema in Unternehmen wird im 5. Kapitel detailliert besprochen. Hierbei werden der Ursprung, d.h. das Aufkommen der personalpolitischen Auseinandersetzung mit dem Thema Work Life Balance in Unternehmen, und die Gründe für die Einführung von Work Life Balance in Unternehmen aufgezeigt. Des Weiteren werden Parameter der Work Life Balance und personalpolitische Handlungsfelder bestimmt und beschrieben. Ein weiterer Aspekt dieses Kapitels besteht in einer Bestandsaufnahme von Work Life Balance in deutschen Unternehmen und das Aufzeigen von Forschungsdefiziten.

Im **empirischen Teil** dieser Arbeit (Kapitel 6 bis 10) werden in Kapitel 6 – **Theoretischer Bezugsrahmen und wissenschaftliche Annahmen in einem explorativen Forschungsprozess für eine Zielgruppenanalyse zur Work Life Balance** – die zu Work Life Balance subsumierbaren Theorien und wissenschaftlichen Ansätze abgeleitet und zu einem Modell der Work Life Balance modifiziert. Die Beschreibung des Modells sowie die wissenschaftlichen Thesen für die empirische Erhebung werden in diesem Kapitel erklärt.

Das für diese Arbeit exemplarisch untersuchte deutsche Automobilunternehmen wird in Kapitel 7 – **Work Life Balance als Fallbeispiel in einem deutschen Automobilkonzern** – näher charakterisiert und beschrieben. Hierbei werden die Leitlinien der Personalpolitik, die strategischen Schwerpunkte der Personalpolitik und die personalpolitischen Instrumente und Maßnahmen im Kontext von Work Life Balance erläutert.

Die Methoden und Konzepte, die für die Datenerhebung und die Analyse entwickelt und angewendet wurden, werden in Kapitel 8 – **Methodik der Datenerhebung und Analyse** – beschrieben. Dieses Kapitel stellt die Unterschiede sozialwissenschaftlicher Methoden in der Forschung und das Verfahren der Onlinebefragung, welches bei dieser Erhebung Anwendung fand, dar. Des Weiteren wird die Entwicklung des Fragebogens und das für die Untersuchung maßgeschneiderte Fragebogendesign erläutert. Die Skalierung des Fragebogens, der Prozess der Datenerhebung, die Pre-Tests, die Untersuchungspopulation und Schwierigkeiten bzw. spezielle Aspekte während des Erhebungsprozesses werden in diesem Kapitel ebenso thematisiert wie die statistische Auswertung, der Prozess und das entwickelte Analyseraster dieser Datenauswertung.

Die **Ergebnisse der Datenauswertung** werden, fokussiert auf die identifizierten und generierten Zielgruppen, in Kapitel 9 strukturiert aufbereitet präsentiert. Im letzten und 10. Kapitel – **Schlussfolgerungen aus den Untersuchungsergebnissen** – werden detaillierte Schlussfolgerungen aus den Untersuchungsergebnissen gezogen. Diese stellen Work Life Balance Determinanten, die Herleitung/Ableitung von Work Life Balance Lebensmodellen und eine Zuordnung der Lebensmodelle zu den empirisch gebildeten Zielgruppen und damit verbundenen Work Life Balance Situation dar. Die Handlungsempfehlungen gliedern sich in zwei Teile. Teil I impliziert dabei eine exemplarische Vorgehensweise mit dem Thema Work Life Balance, innerhalb von Unternehmen, umzugehen. Teil II beinhaltet ein integratives betriebliches Work Life Balance Konzept der Handlungsempfehlungen, welches die Perspektive des Unternehmens und der Mitarbeiter berücksichtigt. Mit diesem Konzept werden anhand einer an den Lebensphasen orientierten Personalentwicklung drei unterschiedliche Berufsbiographien skizziert. Ein dialogischer Austausch zwischen den beiden Zielgruppen, soll die vom Lebensstil sehr unterschiedlichen und konträren Lebenssituationen beider Zielgruppen im Bewusstsein angleichen. Aus den Ergebnissen und daraus gewonnen Erkenntnissen wird anhand von zwei Zukunftsszenarios eine Orientierung für eine strategische Ausrichtung für personalpolitische Entscheidungen für Unternehmen bezüglich Work Life Balance beschrieben. Zum Schluss der Arbeit werden alle Aspekte der Arbeit noch einmal zusammengefasst und ein Ausblick gegeben.

Überblick über den Aufbau der Arbeit:

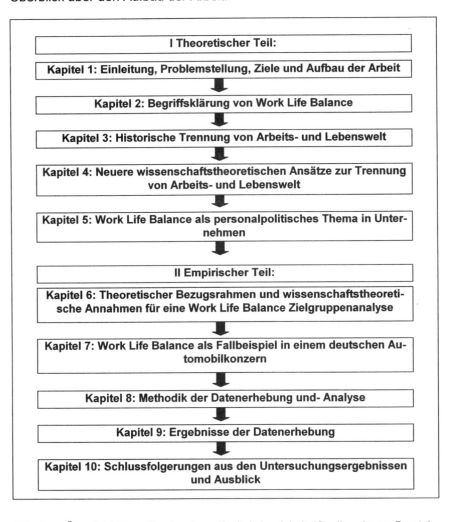

Abb. 3:   Übersicht über die einzelnen Kapitel der Arbeit (Quelle: eigene Darstellung)

2 Begriffsklärung von Work Life Balance

In diesem Kapitel soll die Bedeutung von Work Life Balance beschrieben werden. Dabei sind die Begriffe Lebens- und Arbeitswelt grundlegende Termini, die das Thema Work Life Balance beschreiben. Beide Begriffe werden in diesem Kapitel unter einer ganzheitlich-systemischen Perspektive betrachtet und für diese Arbeit näher erläutert.

Aufgrund des Mangels einer einheitlichen und genauen Definition für die Wissenschaft und Wirtschaft wird der Begriff Work Life Balance in dieser Arbeit konkretisiert. Die Definition der beiden Begrifflichkeiten Lebens- und Arbeitswelt beschreibt in Abhängigkeit vom Individuum, welche verschiedenen Aspekte eine Rolle spielen, damit eine Balance realisiert werden kann. Darüber hinaus wird in diesem Kapitel Work Life Balance ebenso aus einem unternehmerischen Blickwinkel betrachtet.

2.1 Bedeutung von Work Life Balance

Zu Beginn der Erläuterung des Terminus Work Life Balance stellt sich die Frage, was unter Work Life Balance zu verstehen ist. Da das Thema innerhalb der Wissenschaft und auch für Wirtschaftsunternehmen erst seit einiger Zeit präsent ist,[19] besteht das Dilemma, dass derzeit keine einheitliche und genaue Definition existiert.[20] Dies macht es sehr schwer, den Begriff zu erklären und zu konkretisieren, da das Thema sehr viele unterschiedliche Facetten impliziert.[21]

Das Verständnis von Work Life Balance bzw. deren Definition bezieht sich in dieser Arbeit auf Deutschland und die bundesdeutsche Gesell-

---

[19] Seit ungefähr Anfang der 90er Jahre ist Work Life Balance in Deutschland ein Thema. Vgl. dazu Abschnitt 5.1 in dieser Arbeit und auch Badura et al. 2004, Reiser 2004 und Freier 2001.

[20] Es existiert derzeit – zumindest innerhalb der deutschsprachigen wissenschaftlichen und populärwissenschaftlichen Literatur – eine Vielzahl von Umschreibungen und Erläuterungen, was man unter Work Life Balance verstehen kann, jedoch liegt keine klar beschriebene Definition von Work Life Balance vor. Wirtschaftsunternehmen verbinden mit ihr am häufigsten das Thema der Vereinbarkeit von Beruf und Familie, welches jedoch den Fokus einzig auf die Zielgruppe von Familien richtet. Vgl. dazu Freier 2001.

[21] Bei Recherchen zum Thema Work Life Balance und einer damit verbundenen Definition, was man unter Work Life Balance genau verstehen kann, konnten im deutschsprachigen Raum von der Verfasserin diesbezüglich lediglich Umschreibungen ausgemacht werden.

schaft. Diese Beschränkung wird damit begründet, dass z.b. die angelsächsischen Länder eine andere Sozialstruktur, Infrastruktur und ein anderes Werteverständnis innerhalb der Gesellschaft aufweisen als Deutschland. Eine Transformation dieses Verständnisses auf die bundesdeutsche Gesellschaft erscheint daher ungeeignet.[22]

Übersetzt man die einzelnen Worte des englischen Fachterminus **Work Life Balance** in die deutsche Sprache, so bedeuten diese **Arbeit, Leben, Balance**. Man kann also von einer Balance von Beruf und Privatleben sprechen und somit von einer Vereinbarkeit zwischen diesen beiden Bereichen. Wenn keine Vereinbarkeit der beiden Bereiche besteht, so kann der Terminus Work Life Balance auch als Spannungsfeld zwischen Beruf und Privatleben aufgefasst und bezeichnet werden. Sowohl aus einer negativen wie auch einer positiven Perspektive betrachtet, handelt es sich bei der Work Life Balance stets um einen Zusammenhang von beiden Lebenswelten, der Lebens- und der Arbeitswelt, in die Individuen in ihrem Alltagsleben eingebunden sind.

Eine Balance oder Vereinbarkeit beider Lebensbereiche ist für das Individuum wichtig, um dauerhaft gesund und mit sich und der Umwelt im Einklang zu sein und einen Sinngehalt in seinem Leben erkennen zu können. Ohne Ausgewogenheit, d.h. mit einer manifesten Dysbalance, wird der Mensch auf Dauer psychisch und physisch krank.[23]

Dysbalancen[24] oder Unausgewogenheiten mit sich und der Umwelt entstehen in erster Linie durch Synchronisationsprobleme, die mit zeitlichen und örtlichen Problemen beider Bereiche verbunden sind und in zweiter Instanz durch psychische Probleme, die intraindividuelle Konflikte bei In-

---

[22] Vgl. hierzu Hochschild 2002. In dieser Studie wird das amerikanische Leben und Verständnis von einer Balance bzw. das Problem der Dysbalance von beiden Lebensbereichen beschrieben. Hierbei handelt es sich um die Durchsetzung im beruflichen Bereich von flexiblen Arbeitszeiten, Reduzierung von Arbeitsstunden, Sonderurlaub etc., um vornehmlich für arbeitende Frauen mit Kindern eine Balance der Lebensbereiche herzustellen. Im Vordergrund steht hier ein weiter gefasstes Verständnis einer Vereinbarkeit von Beruf und Familie, auf das sich das Verständnis von Work Life Balance im angelsächsischen Raum im Vergleich zu Deutschland bezieht. Jedoch sind das angelsächsische und deutsche Verständnis von Work Life Balance nicht einheitlich abgrenzbar, d.h. es bestehen Überschneidungen.

[23] Vgl. dazu Cassens 2003, S. 7.

[24] Dysbalancen werden hier aus einem oder beiden Lebensbereichen resultierend angesehen und in dieser Arbeit und der Modellierung als Belastungen betrachtet. Vgl. dazu Kapitel 6.2.

dividuen auslösen können. Dysbalancen entstehen des Weiteren, weil einer oder beide Bereiche im Ungleichgewicht zueinander stehen. Dies bedeutet, dass entweder der berufliche Bereich, der private Bereich oder beide Bereiche gleichermaßen mit seinen Aufgaben, Verpflichtungen und Interessen im Vordergrund stehen, d.h. während einer längeren Zeitperiode stärker gewichtet sind.[25]

Eine Balance zwischen beiden Lebenswelten herzustellen ist somit von folgenden Faktoren (vgl. dazu Abb. 4) abhängig:

- Den **Rollen und Funktionen**, die innerhalb des jeweiligen Bereichs erfüllt und erwartet werden. Diese können aus unterschiedlichen Perspektiven konfliktär innerhalb (intrakonflikitär) und zwischen (interkonfliktär) den Bereichen sein (z.B. durch zeitliche und örtliche, aber auch moralisch-ethische und mentale Kriterien).
- Der **Gewichtung der Lebensbereiche**, d.h. davon, welcher Bereich zu einem bestimmten Zeitpunkt oder Lebensabschnitt im Vordergrund steht und damit verbunden welche Quantität und Qualität die Verpflichtungen und Aktivitäten im jeweiligen Bereich besitzen.
- Dem individuellen **Stressempfinden und Umgang mit Stress**, um sich immer wieder in Balance zu bringen, also dem Empfinden von Eu- und Disstress und dem damit verbundenen Konfliktmanagement.
- Der **Lebensphase**, in der sich das Individuum befindet. Die Lebensphasen können in berufliche und private unterteilt werden. Von den beruflichen Lebensphasen sind hier exemplarisch zu nennen: Schul- und Berufsausbildung, Eintritt ins Berufsleben, Qualifikation während des Jobs, Beförderung und/oder Wechsel des Jobs und des Unternehmens. Exemplarische private Lebensphasen sind: soziale Bindung/Partnerschaft, Heirat, Geburt der Kinder, Hausbau, Pflege von Eltern oder Verwandten. Diese Lebensphasen können im Verlauf eines Lebens unterschiedlich stark gewichtet und in ihrer Vereinbarkeit problematisch sein.
- Der **Lebensweise**, die auch als Aspekt der Gesundheit betrachtet werden kann, d.h. welche Lebens- und Ernährungsgewohnheiten ein Mensch hat, ob er ausreichend Schlaf erhält, wie viel Bewegung und Sport getrieben wird und welche und wie viele aktive Phasen den Ruhe- und Erholungsphasen gegenüber stehen.

---

[25] Im Extremfall beanspruchen beide Lebensbereiche die gleichermaßen volle Leistung, was auf Dauer zu massiven Ermüdungserscheinungen führen kann (Burn-out-Syndrom).

Work Life Balance ist somit ein Zusammenspiel von persönlichen sowie strukturellen Parametern, die in beiden Bereichen bestehen und die im Einklang miteinander stehen sollten. Eine Balance zwischen diesen beiden Welten ist vom Zusammenhang der Lebens- und Arbeitswelt und dem Individuum abhängig. In einer differenzierteren Betrachtung bedeutet dies, dass einerseits die strukturellen Gegebenheiten und das soziale Umfeld in beiden Lebensbereichen zum Entstehen einer Balance bzw. Dysbalance beitragen, andererseits das Individuum und die damit verbundenen persönlichkeitsbedingenden Faktoren relevant sind.[26]

Zu den strukturellen Gegebenheiten ist für die Arbeitswelt der Arbeitsplatz an sich mit seiner Ausstattung (z.B. Telearbeitsplatz), das Arbeitspensum, die Arbeitsaufgaben, der Tagesablauf etc. zu zählen. Für die Lebenswelt stellen die Wohnung, die Infrastruktur, die Verpflichtungen (wie beispielsweise zu pflegende Familienangehörige), Mobilität etc. die strukturellen Gegebenheiten dar. Das soziale Umfeld für beide Lebensbereiche kann mit dem Personenkreis, in welchen das Individuum in beiden „Welten" jeweils eingebettet ist, beschrieben werden. Das Individuum trägt mit seinen persönlichkeitsbedingenden Faktoren[27] wie Stressempfinden, -verarbeitung, -erfahrung und -entlastung sowie sozialisatorischen Komponenten dazu bei, wie eine individuelle Work Life Balance entsteht bzw. empfunden wird.

Die folgende Grafik (Abb. 4) gibt einen Überblick über das Verständnis von Work Life Balance unter Berücksichtigung unterschiedlicher Parameter:

---

[26] Vgl. dazu Modelle von Seiwert 2003, Cassens 2003, S. 8, Streich 1994, S. 14 ff. und Hornberger (im Druck).

[27] Unter die persönlichkeitsbedingenden Faktoren sind auch die mentalen und psychischen Aspekte mit einzubeziehen, also kulturelle und geistige Gegebenheiten, die die Balance mitbestimmen, z.B. ob das Individuum religiös ist und inwieweit dies eine Balance oder Dysbalance beeinflusst.

14

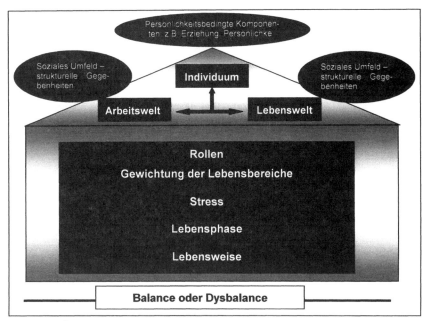

Abb. 4:   Übersicht über das Verständnis und die Faktoren von Work Life Balance
            (Quelle: eigene Darstellung)

2.2   Begriff der Lebenswelt

Der Begriff der **Lebenswelt**[28] umfasst alle strukturellen (räumliche und örtliche) Aspekte und Aktivitäten/Verpflichtungen, die nicht denen der Arbeitswelt zugeschrieben werden können. So kann die Lebenswelt im Kontrast mit der in unseren westlichen Industrienationen dominierenden Arbeitswelt als Residuum betrachtet werden.

Die Lebenswelt, ein von Husserl geprägter Begriff, „[...] stellt die Gesamtheit der tatsächlichen und möglichen Erfahrungshorizonte menschlichen Lebens dem mathematisierbaren ‚Ideenkleid' der exakten Wissenschaften gegenüber. Letzteres hat seinen notwendigen, obgleich häufig vergessenen Grund in der Lebenswelt indem jede ideale Gegenständ-

---

[28] Der Begriff Lebenswelt wird synonym mit „Privatleben" oder dem "privaten Bereich" in dieser Arbeit verwendet. Vgl. dazu auch Mikl-Horke 1994, S. 285 und 316.

15

lichkeit durch Urteils- und Erfahrungszusammenhänge hindurch in den
‚vorprädikativen' Bereich der Lebenswelt zurückgeführt werden muss".[29]
Bei Schütz und Luckmann wird der Begriff der Lebenswelt so verstanden, dass die Lebenswelt alles Erlebte, Erfahrbare und Erlittene des Alltags ist. Alles, was in diesem Sinne wahrgenommen und verarbeitet
wird, stellt für den Betrachter die subjektive Wahrheit und damit die Realität bzw. den Wirklichkeitsbereich dar. Jürgen Habermas hingegen benutzt den Terminus der Lebenswelt „[...] als Komplementärbegriff zum
kommunikativen Handeln".[30] Danach wird die Gesellschaft als System,
das heißt als Lebenswelt systemischer Art verstanden. Implizit existieren
in der Lebenswelt alle Handlungs- und Deutungsmuster, die kulturell und
gesellschaftlich diesem System zu Grunde liegen, und stellen damit die
Normen und Wertebasis dieses Systems dar.

In dieser Arbeit wird der Begriff der Lebenswelt enger gefasst und die
Arbeitswelt ausgeblendet und nicht mit einbezogen. Der Begriff der Lebenswelt ist im Kontext von Work Life Balance das begriffliche Gegen-
stück zum Terminus der Arbeitswelt und wird gleichgesetzt mit dem
Fragment „Life" des Terminus der Work Life Balance.

> Lebenswelt oder „Life" umschließt somit alle Bereiche, Personen,
> Handlungen und Erfahrungen, die außerhalb des Berufslebens oder
> der Arbeitswelt existieren.

Unter den Begriff der Lebenswelt lässt sich der Begriff der Freizeit ebenfalls subsumieren.

Begriff der Freizeit
Integrativer Bestandteil der Lebenswelt ist die Freizeit. Unter Freizeit
oder zur Verfügung stehender freier Zeit versteht man formal die von der
überwiegend fremdbestimmten Berufsarbeit entlastete Zeit. Hierbei ist
unklar, inwieweit Tätigkeiten und Handlungen wie beispielsweise Schlafen, Essen und Körperpflege auch unter die Freizeit gefasst werden können.

Generell wird Freizeit als Zeit bestimmt, die zur freien Verfügung steht
und nach freiem Ermessen und gemäß den Bedürfnissen ausgefüllt und

---

[29] Fuchs-Heinritz et.al. 1995, S. 394.
[30] Ebenda.

16

gestaltet wird. Im Zusammenhang mit Work Life Balance und dem Begriff der Freizeit wird nach Voss (1991) das Berufsleben und die damit verbundene Zeit als die Hauptzeit im Lebensalltag verstanden und Freizeit daher als eine innerhalb der Lebenswelt bestehende „Restkategorie" angesehen.

Dies bedeutet, dass in der Lebensführung die Arbeit eine vorrangige Stellung besitzt (unter anderem allein vom zeitlichen Aspekt betrachtet), da mit der Arbeit der Broterwerb (das Einkommen) sichergestellt wird. Die dann verbleibende Zeit, die so genannte Freizeit, ist – soweit die gesellschaftlichen Strukturen es erlauben – vom Individuum nach seinen Wahl-, Entscheidungs- und Handlungsmöglichkeiten frei auszufüllen. Schwierig ist es jedoch, klar zwischen Arbeits- und Freizeit zu trennen, da auch in der Freizeit Tätigkeiten und Verpflichtungen erfüllt werden müssen, die im Sinne der Lebensführung Arbeitscharakter haben. Somit ist die Freizeit ein Bestandteil und damit eine Unterkategorie der Lebenswelt, d.h. der zur Verfügung stehenden Zeit, in der Aktivitäten stattfinden. Die Definition von Lütke et al. (1986) und Wopp (1995)[31] charakterisiert den Begriff der Freizeit recht gut und wird wie folgt definiert:

> Freizeit, die unabhängig von ökonomischen, physiologischen und/oder familiären Verpflichtungen und damit frei verfügbar ist, wird dann als Freizeit empfunden, wenn sie mit frei gewählten Aktivitäten ausgefüllt wird, die einen subjektiv bedeutsamen, sozialen Sinn erlangen.

2.3   Begriff der Arbeitswelt

Der Begriff der **Arbeitswelt**[32], im Zusammenhang mit dem Terminus von Work Life Balance betrachtet, deckt aus dem Fachterminus Work Life Balance den Bereich „Work" ab. Die Arbeitswelt und hauptsächlich die daran gekoppelte Arbeitszeit dominiert den Alltag und in der Folge wiederum die Lebenswelt, so dass die „Unmöglichkeit einer persönlichen zeitlichen Abstimmung von Arbeitszeit und Lebenszeit [...] sich in der

---

[31] Vgl. www.uni-bonn.de/~uzs0dx/studium/referate/m4/folien.pdf, zitiert nach Lütke/Agricola/Karst 1986 und Wopp 1995.

[32] Der Begriff Arbeitswelt wird in dieser Arbeit synonym zu „Beruf" oder „beruflichem Bereich" verstanden und verwendet.

Übersozialisierung der Menschen durch die Arbeitswelt und der Ausstrahlung bis in die Privatsphäre hinein"[33] ausdrückt.

Die Arbeitswelt oder auch der berufliche Bereich bezieht sich auf alle Tätigkeiten, Handlungen, Verpflichtungen und die Zeit, die für diesen Bereich aufgewendet wird, sowie die strukturellen Gegebenheiten und Einrichtungen, die in diesem Kontext stehen.

Somit umfasst der Terminus Arbeitswelt drei Parameter, die diesen beschreiben:

- **Zeit** (z.B. Arbeitszeit etc.)
- **Tätigkeiten und Handlungen** (z.B. Dienstreisen, Arbeitsaufgaben etc.)
- **Strukturelle Gegebenheiten** (z.B. Ort des Arbeitsplatzes, Ausstattung etc.)

Im industriesoziologischen Bereich wird die Arbeitswelt als eine Kunstwelt betrachtet, in der das „wirkliche" Leben ausgeschlossen wird, d.h. die Arbeitswelt bezieht sich nur auf die Sachverhalte und Belange des Berufs oder der beruflichen Position, die ein Individuum innehat. Sachverhalte des privaten Alltags und damit der Lebenswelt werden eher als störend und als Kostenfaktor empfunden, wie z.B. der Krankenstand oder der Ausfall von Mitarbeiterinnen, die in den Mutterschutz gehen etc.[34]

Die Arbeitswelt und die daran gekoppelten Parameter werden in dieser Arbeit wie folgt verstanden:

> Die Arbeitswelt umschreibt alle Tätigkeiten, Rahmenbedingungen, Rollen, Funktionen und strukturellen Gegebenheiten, die in Beziehung zur Arbeit, zum Beruf und zu allem, was damit in Verbindung gebracht wird, gesetzt werden können. Innerhalb der Arbeitswelt steht als Struktur das Unternehmen im Mittelpunkt, in dem die Individuen arbeiten.

---

[33] Mikl-Horke 1994, S. 285.
[34] Ebenda.

2.4 Perspektiven der Work Life Balance

In dieser Arbeit wird, neben anderen existierenden, eine ganzheitliche Perspektive der Work Life Balance verfolgt. Ganzheitlichkeit bedeutet in diesem Zusammenhang, dass die Lebens- und Arbeitswelt ein Ganzes darstellt und der Mensch nicht nur als Rollen- und Funktionsträger innerhalb der Arbeitswelt betrachtet wird, sondern innerhalb der Lebens- und der Arbeitswelt. Die Rollen und Funktionen des Individuums in beiden Bereichen sind somit nicht losgelöst voneinander zu betrachten, um eine Balance zwischen beiden Bereichen herzustellen. Ganzheitlichkeit impliziert somit immer sowohl die Lebens- und Arbeitswelt als auch das in ihnen agierende Individuum in seinen Rollen und Funktionen. In einer ganzheitlichen Betrachtung in diesem Sinne wird von beiden Bereichen ausgehend eine Verbindung hergestellt, die kausal verknüpft ist.[35]

Folgende vier Perspektiven[36] bezüglich einer Betrachtungsweise von Work Life Balance sollen hier kurz umrissen werden, um dann auf die systemische näher einzugehen:
- **Die asiatische,**
- **die christlich-theologische,**
- **die gesundheitspsychologische und**
- **die systemische Perspektive.**

Die asiatische Anschauung geht davon aus, dass der Mensch nur in Balance ist, wenn er mit sich und der Natur harmoniert. Dies bedeutet, dass im Sinne von den beiden sich bedingenden Kräften Yin und Yang[37] eine Balance besteht. Bei der christlich-theologischen Betrachtung handelt es sich um Glaubenssätze und Regeln, die dem Menschen Orientierung geben sollen, um im Leben bestehen zu können. Durch den Glauben an eine höhere Macht (Gott) soll das Einhalten und Befolgen dieser Glau-

---

[35] Ganzheitlichkeit bedeutet in dieser Arbeit nicht den Einbezug verschiedener Aspekte, Sinnwelten, Ressourcen oder mentalen Modelle in den Blickwinkel von Work Life Balance, sondern vielmehr ein Verständnis der Work Life Balance als von zwei Lebensbereichen ausgehend, in denen das Individuum in seinen Rollen und Funktionen interagiert. Diese Rollen können für die einzelnen Bereiche separat bestimmt werden, bedingen sich jedoch kausal und stehen somit in einem gesamtheitlichen Kontext beider Lebensbereiche.

[36] Vgl. dazu Cassens 2003, Seite 16 ff.

[37] Yin und Yang sind in der altchinesischen Naturphilosophie die beiden sich bedingenden, gegenpoligen Weltprinzipien. Eine symbiotische Beziehung beider Kräfte bedeutet eine Balance zwischen Mensch und Umwelt, ein Kräfteungleichgewicht dagegen eine Dysbalance. (nach Cassens 2003, S. 10 ff.)

benssätze und Richtlinien eine Ordnung für und zwischen den Menschen herstellen, damit diese ein Leben im Einklang mit sich und der Umwelt leben können. Die gesundheitspsychologische Sichtweise geht davon aus, dass Köper und Seele mit sich im Einklang stehen müssen, um ein Gleichgewicht herstellen zu können. Hierbei handelt es sich um die physische Gesundheit, die mit der psychischen in Wechselbeziehung steht. Ist die Seele krank, ist auch der Körper krank und vice versa.

In der systemischen Auffassung bedeutet Balance, dass der Mensch nicht losgelöst und isoliert von Strukturen innerhalb der Gesellschaft lebt, sondern innerhalb eines Systems, das unterschiedliche Subsysteme besitzt, die innerhalb des Systems alle eine bestimmte Struktur und Funktion zu erfüllen haben und sich in einer Ursache-Wirkungskette bedingen. Das Individuum hat innerhalb dieser Subsysteme verschiedene Rollen und Funktionen zu erfüllen, um für sich eine Balance und einen Lebenssinn herzustellen. Stehen die Rollen und Funktionen innerhalb und zwischen den Subsystemen in Konflikt zueinander, kann auch keine ganzheitliche Balance zwischen diesen Lebenswelten, d.h. Subsystemen hergestellt werden.

Unter dieser ganzheitlichen und systemischen Perspektive wird Work Life Balance in dieser Arbeit betrachtet und verfolgt. Dies bedeutet, dass der Mensch nur in Balance ist, wenn er zwischen den einzelnen Subsystemen innerhalb der Lebens- und Arbeitswelt nicht mit seinem Rollen- und Funktionsgefüge in Konflikt steht. Dies heißt bezogen auf Work Life Balance, dass die Rollen und Funktionen im Bereich der Lebenswelt mit denen der Arbeitswelt im Einklang stehen sollten.

2.5 Definition von Work Life Balance

Die Herleitung der Begrifflichkeit von Work Life Balance unter einer ganzheitlichen und systemischen Anschauung wird mit folgender Definition zusammengefasst (siehe Abb. 5):

Work Life Balance heißt: Den Menschen ganzheitlich zu betrachten (als Rollen- und Funktionsträger) im beruflichen und privaten Bereich (der Lebens- und Arbeitswelt) und ihm dadurch die Möglichkeit zu geben, lebensphasenspezifisch und individuell für beide Bereiche, die anfallenden Verpflichtungen und Interessen erfüllen zu können, um so dauerhaft gesund, leistungsfähig, motiviert und ausgeglichen zu sein.

Abb. 5: Definition von Work Life Balance in einer systemisch-ganzheitlichen Betrachtung

Gemäß dieser Definition wird der Mensch individuell nach seinen Rollen und Funktionen in beiden Bereichen – dem Beruf und dem Privatleben – betrachtet. Individuell heißt hierbei, dass jeder Mensch durch seine genetische und sozialisatorische Bestimmung einzigartig im Rollen- und Funktionsgefüge beider Bereiche handelt, interagiert und reagiert. Neben dem individuellen Verhalten und Handeln innerhalb der Rollen und Funktionen beider Bereiche ist der Aspekt der Lebensphasenorientiertheit mit zu beachten. Lebensphasenorientierung bedeutet in diesem Zusammenhang, dass während eines Lebens unterschiedliche Lebensphasen ablaufen, wie beispielsweise Ausbildung, soziale Bindung (Heirat/Partnerschaft) oder auch bestimmte Karriere- und Berufsverläufe.

Zusammenfassend beschreibt die oben formulierte Definition einer ganzheitlich-systemischen Anschauung, dass der Mensch nur im Einklang mit sich und der Umwelt ist, also gesund, ausgeglichen, leistungsfähig und motiviert, wenn sich die individuellen Interessen, Bedürfnisse, Aktivitäten und Verpflichtungen je nach der Lebensphase, in der sich das Individuum befindet, mit der Lebens- und Arbeitswelt verbinden lassen und sich damit eine Balance herstellen lässt.

2.6 Work Life Balance aus der Sichtweise von Unternehmen

Work Life Balance aus der Perspektive von Unternehmen betrachtet heißt, den Mitarbeiter nicht nur eindimensional innerhalb der Arbeitswelt mit seinen Rollen und Funktionen wahrzunehmen, sondern ganzheitlich, als in beiden Welten agierend. Wird diese ganzheitliche Anschauung vom Unternehmen vertreten und praktiziert, so stehen beide Bereiche in einem Zusammenhang und bedingen sich gegenseitig.

Erst in diesem Bewusstsein greifen entsprechende Maßnahmen, Einrichtungen und Dienstleistungen innerhalb des Unternehmens, die eine Work Life Balance herzustellen versuchen. Insbesondere trägt dieses ganzheitliche Bewusstsein dazu bei, dass der Mitarbeiter ausgeglichener in der Lebens- und Arbeitswelt agieren kann. Somit ist Work Life Balance aus unternehmerischer Perspektive als die Erhaltung der Leistungs- und Beschäftigungsfähigkeit der Mitarbeiter zu verstehen, die nachhaltig[38] den Unternehmenserfolg sichert.[39]

---

[38] Der Terminus "nachhaltig" wird in dieser Arbeit definitorisch nicht im Sinne des Kyoto - Abkommens und dem damit verbundenen umweltgerechten Handeln verstanden, sondern im Sinne von „dauerhaft" und „langanhaltend".

[39] Vgl. dazu auch Abschnitt 5.2 dieser Arbeit. Einer der Hauptgründe für eine Einführung von Work Life Balance liegt darin, neben dem Erhalt der Leistungs- und Beschäftigungsfähigkeit ein Vertrauensverhältnis zwischen Unternehmen und Mitarbeitern zu schaffen.

3 Die historische Trennung von Lebens- und Arbeitswelt

In diesem Kapitel wird die mit der Industrialisierung verbundene historische Entwicklung des Prozesses der Trennung von Lebens- und Arbeitswelt beschrieben, die vielfältige Auswirkungen auf das alltägliche Leben hatte. Mit dieser historischen Entwicklung ist auch der Grundstein für das Problem der Vereinbarkeit von beiden Lebensbereichen gelegt. In den folgenden Abschnitten wird zunächst der Prozess der Industrialisierung beschrieben, um dann im Folgenden auf die Veränderungen in der Lebens- und Arbeitswelt einzugehen.

3.1 Die Entwicklung der Industrialisierung im Kontext der Lebens- und Arbeitswelt

Durch die Revolution der Technik, d.h. durch den technischen Fortschritt aus den Erkenntnissen der Naturwissenschaften, wurde der Industrialisierungsprozess in Gang gesetzt. Als technische Innovationen aus dieser Zeit um ca. 1800 sind beispielsweise der Trittwebstuhl, das Spinnrad, Wasser und- Windmotoren, die Nockenwelle, Hochöfen, Schiffbautechniken, Chronometer, die Weiterentwicklung des Buchdrucks u.a. zu nennen. [40]

Neue Formen der Energienutzung von Maschinen und Apparaten verbesserten mit einer ungeheuren Dynamik die Produktivkräfte. „Natürliche Energien wurden künstlich bearbeitet und in neuen Formen – als Dampf, Elektrizität, Treibstoff – genutzt. Sie standen in fast unbegrenzten Mengen zur Verfügung und waren transportabel, so dass die bisherigen Bindungen der Industrieproduktion an bestimmte Standorte und Jahreszeiten gelockert wurden oder ganz verschwanden"[41].

Hinsichtlich des beruflichen Bereichs konnte menschliche Arbeit das erste Mal in der Geschichte durch effiziente Aufteilung und durch die neuen Maschinen rationalisiert werden. Es entstanden Manufakturen und Fabriken, in denen die Menschen nur noch bestimmte Teilarbeitsschritte ausübten und nicht mehr am kompletten Entstehungsprozess eines Produktes beteiligt waren. Damit fand eine Entfremdung zum Produkt statt, da der Mensch keinen Bezug mehr zum Gesamtprodukt hatte. Mit die-

---

[40] Vgl. Mikl-Horke 1994.
[41] Geißler 1996, S. 25.

23

sem neuen und effizienten Arbeiten und Produzieren sind folgende fünf Merkmale der Industrieproduktion auszumachen:[42]

1. Die Technik wird systematisch zur Gütererzeugung eingesetzt: Maschinen und Maschinensysteme ersetzen die Produktion mit der Hand und mit einfachen Handwerkzeugen.
2. Die maschinelle Produktionsweise steigert die Produktivität und ermöglicht die Groß- und Massenproduktion.
3. Produziert wird nicht in kleinen Gruppen wie in der Familie oder in Kleinstbetrieben, sondern in Großgruppen bzw. Großbetrieben (Fabriken)
4. Dadurch wird ein höherer Grad an Arbeitsteilung möglich.
5. In den neu geschaffenen Manufakturen und Fabriken wurde der Entstehungs- und Produktionsprozess eines Warengutes in Teilprozesse aufgeteilt und organisiert. Diese Neuerung bzw. Standardisierung in der Organisation und auch die Strukturierung von Arbeitsprozessen ist eines der bedeutsamsten Merkmale der Industrialisierung.

Die Weiterentwicklung der Industrialisierung ist durch folgende Merkmale charakterisiert:[43]

- Spezialisierte und hoch qualifizierte Arbeitskräfte
- Hohe Mobilität in einer offenen Gesellschaft
- Erziehungssystem, das sich an den industriell notwendigen Fertig- und Fähigkeiten ausrichtet
- Hohes Bildungsniveau und Bedeutung der Bildung für den sozialen Aufstieg
- Zunehmende Verstädterung
- Bedeutung der städtischen Kultur und Gesellschaft
- Bedeutung staatlicher Aufgaben
- Beziehungen zwischen Management und Arbeitnehmer

Des Weiteren bringt „[...] der Industriebegriff [...] zum Ausdruck, dass diese Veränderungen in der Produktionsweise – auf der Basis von technischen Veränderungen – den Kern des sozialen Wandels ausmachen, und dass der technisch ökonomische Wandel auch auf andere Bereiche der Gesellschaft ausstrahlt und weitere soziale, kulturelle und politische Veränderungen nach sich zieht."[44]

---

[42] Vgl. Mikl-Horke 1994.
[43] Vgl. Mikl-Horke 1994.
[44] Geißler 1996, S. 23.

24

Das Individuum, d.h. fortan der Arbeitnehmer, verkaufte seine Arbeitsleistung[45], um Geld oder Warenwerte zu erhalten, die er wiederum zum Erhalt seines Lebens benötigte. „Der Arbeiter wurde als ‚freier' Arbeiter in bürgerlich liberaler Sicht zu einer Art ‚Mini-Unternehmer', nicht mehr abhängig und schutzbedürftig, sondern Anbieter auf dem Arbeitsmarkt."[46] Es endete hiermit die Zeit, in der die Familie und das ‚ganze Haus'[47] als Grundlage des Lebenserwerbs und des Wirtschaftens galt. Mit dieser fundamentalen Änderung veränderte sich auch die Familie, und seit Beginn der Industrialisierung entwickelten sich unterschiedliche Formen von Familie.

Als Folge der Industrialisierung auf die gesellschaftlichen Prozesse sind Veränderungen in der Sozialstruktur, des politischen Systems und im kulturellen System (Lebensweise) auszumachen. Das Arbeiten, d.h. die Produktionsfunktion wurde aus der Familie externalisiert und dann im Betrieb bzw. der Fabrik ausgeübt.

Durch die Entwicklung der Industrialisierung und der damit verbundenen Externalisierung der Arbeit, d.h. des Produktionsprozesses von Gütern, veränderte sich auch die Rolle von Mann und Frau. Männer gingen seit der Trennung von Wohn- und Arbeitsort täglich in die Fabrik, um damit den Lebensunterhalt der Familie zu sichern. Der Bereich der Arbeitswelt wurde dadurch wichtiger als der der Lebenswelt. Da vorwiegend Männer in der Fabrik arbeiteten, verblieb die Erledigung der Aufgaben und Verpflichtungen der Lebenswelt bei der Frau. Die Aufteilung der Rollen zwischen den Geschlechtern gestaltete sich fortan so, dass der Mann für den beruflichen Bereich verantwortlich war und die Frau für den privaten. Vor der Industrialisierung waren die Rollen zwischen Mann und Frau auch geschlechtsspezifisch aufgeteilt, jedoch war mit dem Produktions-

---

[45] Im Sinne des Marxschen Terminus der Erzeugung von Mehrwert erwirtschaftet der Arbeiter mit seiner Arbeit mehr Wert als er im Sinne von Leistung und Gegenleistung an Lohn erhält. Der so genannte Mehrwert geht vollständig an den Kapitaleigner des Unternehmens über, der sich durch Nichtarbeit finanziert und weiter Kapital anhäufen kann.

[46] Geißler 1996, S. 24.

[47] Der Begriff des ganzen Hauses bedeutet, dass mehrere Generationen sowohl den Produktionsprozess zum Lebenserhalt sicherten als auch insgesamt für die sozialen Belange verantwortlich waren und jedes Mitglied innerhalb dieses Hauses bestimmte Tätigkeiten ausübte. Beispielsweise beaufsichtigten und erzogen die Alten die Kinder und erhielten dadurch wiederum eine Absicherung durch die jüngere Generation, sowohl finanziell als auch in Form von Pflege und Zuwendung. Vgl. dazu Fuchs-Heintritz et al., 1995.

prozess keine klare Trennung verbunden und damit existierte auch keine explizite Rollenteilung zwischen den Geschlechtern.[48]

Die erhöhte Qualifizierung in Schule und Beruf entwickelte sich durch die Nachfrage der Industrie, die Arbeiter benötigte, die bestimmte Fähigkeiten und Qualifikationen aufweisen konnten. Daraus resultierte eine quantitative und qualitative Zunahme an Bildung und Qualifizierung. Neben dem Entstehen von Schulen und Bildungseinrichtungen nahm die industrielle Revolution auch Einfluss auf die Entwicklung der Familie. Neben der vorindustriellen Mehrgenerationenfamilie entwickelte sich nach und nach die industrielle Zweigenerationenfamilie und andere Formen von Familie.

Die folgende Grafik (Abb. 6) verdeutlicht die Veränderungen innerhalb der Lebens- und Arbeitswelt im Prozess der Industrialisierung:

Abb. 6:　Überblick über die historische Trennung von Arbeits- und Lebenswelt (Quelle: eigene Darstellung)

---

[48]　Vgl. dazu Geißler 1996, S. 23 ff.; Mikl-Horke 1994, S. 66 und Nave-Herz 1989, S. 61 ff.

3.2 Veränderungen der Lebenswelt

In den folgenden Abschnitten werden die durch den Prozess der Industrialisierung ausgelösten Veränderungen innerhalb der Lebenswelt, d.h. des gesellschaftlichen Lebens beschrieben. Diese Veränderungen betreffen die Rolle zwischen Mann und Frau, die Familie, die Trennung von Produktion und Konsum und die Qualifizierung und Bildung von Berufen.

3.2.1 Rolle der Frau und des Mannes

Als eine weitere Folge der Industrialisierung ist die Veränderung der Lebenswelt mit der Rollenaufteilung zwischen Wohn- und Arbeitsstätte zu nennen. Diese Trennung bewirkte eine grundlegende Veränderung der Rollen- und Arbeitsteilung zwischen den Geschlechtern.

Vor der Industrialisierung verrichteten Mann und Frau gleichermaßen die Aufgaben, die für den Lebenserhalt innerhalb und außerhalb des Hauses notwendig waren. Mit der Lohnarbeit und der damit verbundenen Externalisierung des Lebenserwerbs dominierte diese seither das Leben. Die Hausarbeit im klassischen Sinne (Kindererziehung, Kochen, Putzen etc.) wurde in ihrem Status reduziert, da sie für den Lebenserhalt als zwangsläufig nicht wichtig angesehen wurde, und auf die Frau übertragen. Damit entstand die Hausarbeit im heutigen Sinne, die fortan durch die Rollenteilung zwischen Mann und Frau legitimiert und manifestiert wurde.

Den Frauen wurden ab diesem Zeitpunkt die Aufgaben des häuslichen Bereichs zugewiesen, da die Männer nun der Lohnarbeit außerhalb des Wohnortes bzw. des Hauses nachgingen. Die Entstehung des Produktionsprozesses von Warengütern innerhalb von Fabriken und Manufakturen setzte zunehmend bestimmte Fertigkeiten und Kenntnisse von den Arbeitnehmern voraus, um die Arbeiten ausführen zu können. Das Anlernen für bestimmte Aufgaben schrieb die Rollenteilung fort, da nur männliche Arbeitnehmer für diese Tätigkeiten ausgebildet wurden oder Berufe erlernten.

Frauen wurde hingegen eine Berufsausbildung verwehrt, da sie qua Heirat durch die Erwerbstätigkeit ihres Mannes abgesichert waren. Erst Anfang des 19. Jhs. löste sich durch die Möglichkeit der Schul- und Berufsausbildung für Frauen diese Abhängigkeit langsam auf. Eine selbstständige und beruflich wie auch sozial unabhängige Frau war jedoch zumindest in Westdeutschland bis Ende der 60er Jahre des 20. Jhs. gesellschaftlich nicht anerkannt.[49]

Bis zu diesem Zeitpunkt[50] heiratete der überwiegende Teil der Frauen der bundesdeutschen Gesellschaft nach der Berufsausbildung und gab die Berufstätigkeit auf, um im traditionellen Sinne die Aufgaben als Ehefrau, die Hausarbeit und die Kindererziehung zu übernehmen.[51] Dieses (Lebens)Modell kam auch der Wirtschaft zu Gute, da der Arbeitnehmer ausschließlich in seiner Rolle und Funktion und den daraus resultierenden Verpflichtungen und Bedürfnissen betrachtet wurde. Es gab wenig oder keine Konflikte zwischen dem beruflichen und privaten Bereich, da sich der Mann auf die Berufstätigkeit und berufliche Karriere konzentrieren konnte, während dessen Ehefrau die häuslichen Aufgaben und Verpflichtungen übernahm.

Die Emanzipation der Frau und ihre dadurch bedingte Eigenständigkeit bei Berufsausbildung und Berufstätigkeit brachte das gesellschaftlich und wirtschaftlich anerkannte Lebensmodell der Versorgerehe ins Wanken. Frauen wurden ebenfalls wie Männer berufstätig, was eine wirtschaftliche Autonomie zwischen den beiden Geschlechtern bewirkte.

Seit diesem Zeitpunkt entsteht durch die veränderten Rollenverhältnisse zwischen den Geschlechtern und einer immer komplexer werdenden Lebenswelt der Konflikt, den beruflichen und privaten Bereich miteinander zu vereinbaren. Dieses ist besonders bei den jüngeren Alterskohorten zu beschreiben, da diese nicht im traditionellen Lebensmodell der „Versorgerehe" leben. Die Synchronisation beider Lebensbereiche mit all ihren Verpflichtungen und Aufgaben sowie den eigenen Interessen ist unter den derzeitigen Rahmenbedingungen eine zunehmend schwierigere Aufgabe innerhalb unserer Gesellschaft geworden.

3.2.2 Veränderung der Familie

Der Prozess der Industrialisierung löste auch einen Strukturwandel und dadurch eine Differenzierung der Familie aus. Bis in die heutige Zeit

---

[49] Vgl. dazu Limbach 1988, S. 17 ff.

[50] Nave-Herz 1988, S. 5 und 63.

[51] Wie gesellschaftlich anerkannt das Lebensmodell der „Versorgerehe" war, ist an den zu dieser Zeit fast ausschließlich an diesem ausgerichteten Gesetzen zu Familie, Steuern und Kindergeld ablesbar, und widerspiegelt sich auch im geringen Ausbau von Kinderhorten, Ganztagsschulen und Kindergärten. Vgl. dazu Bertram 1997 und Limbach 1988.

entwickelte sich die aus mehreren Generationen bestehende vorindustrielle Familie zur industriellen Familie, in der nur noch zwei Generationen leben. Dieser Strukturwandel löste die ständische Ordnung auf und
veränderte damit das gesamte Familienleben und die hausinterne Produktion. Die vorindustrielle Familie ist als soziale Einheit zu verstehen,
die patriarchalische Strukturen aufweist. Diese Familie kann als ‚ganzes
Haus'[52] bezeichnet werden, das sich aus Blutsverwandten mehrerer
Verwandtschaftsgrade und Angehörigen des Hauses wie Mägden,
Knechten oder Gesellen zusammensetzt. Diese Familie ist als Wirt-
schaftsgemeinschaft zu betrachten, in der alle Mitglieder der Familie ihre
Aufgabe zur Produktion von Gütern zum Leben hatten.[53]

Im Vergleich dazu ist die vorindustrielle Familie dadurch charakterisiert,
dass Produktion und Wohnstätte getrennt sind und die Familie nur aus
zwei Generationen, d.h. aus Eltern und Kind(ern), besteht. Die Rollen-
und Aufgaben sind zwischen beiden Bereichen durch die klare Trennung
von Wohn- und Arbeitsort aufgeteilt und können, müssen aber nicht geschlechtsspezifisch determiniert sein.

Folgende Merkmale sind für die vorindustrielle und die industrielle Familie bezeichnend:

Tab. 1:   Überblick über Merkmale der vor- und industriellen Familie

vorindustrielle Familie	industrielle Familie
Einheit von Produktion und Konsum	Trennung von Produktion und Kon-sum
Mehrere Generationen bzw. mehre-re Personen gehören dem Haushalt an.	Zwei Generationen leben zusammen in einem Haushalt
Bestehen einer mechanischen Ar-beitsteilung unter den Mitgliedern des ‚ganzen Hauses'	Bestehen einer segmentären Arbeits-teilung unter den Mitgliedern
Wirtschaftliche Autonomie	Wirtschaftliche Abhängigkeit
Aufgaben und Tätigkeiten sind nicht klar geschlechtsspezifisch getrennt.	Aufgaben und Tätigkeiten sind meis-tens geschlechtsspezifisch aufgeteilt, müssen aber nicht

---

[52] "Bezeichnung für die vorwiegend für die Landbevölkerung geltende vorbürgerliche
Form des Zusammenlebens, die besser als die Bezeichnung ‚Großfamilie' die
zwei (höchstens drei) Generationen umfassende Blutsverwandtschaftsgruppe
charakterisiert, die zusammen mit dem Gesinde in einer Hausgemeinschaft wohnt
und unter der Herrschaft des Hausvaters die zur Sicherung des täglichen Lebens
notwendigen Arbeiten verrichtet." Fuchs-Heinritz et al. 1994, S. 268.

[53] Vgl. dazu Geißler 1996, S. 23 ff.

Mit dem Wandel der Familie von der Mehrgenerationenfamilie zur Zwei-generationenfamilie lassen sich folgende Formen von Familie beschreiben:

- erweiterte bäuerliche Mehrgenerationenfamilie
- städtische Handwerksfamilien
- bürgerliche Familie
- Industriearbeiterfamilien
- Kleinfamilien und
- unvollständige Familien

Die **erweiterte bäuerliche Mehrgenerationenfamilie** setzt sich aus mehreren Generationen zusammen (Eltern, Kinder, Großeltern und Personen, die keine verwandtschaftlichen Grade aufweisen). Die Produktions- und Wohnstätte in dieser Form der familiären Gemeinschaft stellen eine Einheit dar. Diese Form der Familie blieb nur dort erhalten, „wo es die ökonomischen Bedingungen zuließen oder sinnvoll machten: bei ertragskräftigen Bauern, Handwerkern und Kaufleuten sowie – mit Einschränkungen – im Adel."[54] Nicht allen Teilen der Bevölkerung war es aufgrund von finanziellen Ressourcen möglich, eine bäuerliche Familie und damit auch Produktionsstätte zu gründen. Bestimmten Gruppen der damaligen Gesellschaft war es qua Gesetz nicht erlaubt, zu heiraten und eine Familie zu gründen, da der finanzielle Status für eine Familiengründung fehlte.[55] In der damaligen Gesellschaft existierte daher eine große Zahl von Alleinstehenden, die heute als Singles bezeichnet werden.

Die Familie, die vom Typ der **städtischen Handwerksfamilie** zuordenbar ist, weist ähnliche Strukturen auf wie die der erweiterten bäuerlichen Mehrgenerationenfamilie. In den handwerklichen Familienbetrieben lebten ebenfalls mehrere Generationen und Personen, z.B. Auszubildende, Gesellen und Meister, in einem Familienverbund zusammen. Produktion und Konsum waren zwar nicht gleich, sondern eher als getrennte Einheiten zu betrachten, jedoch der Familienverbund ist der der bäuerlichen Familie vergleichbar. Wohn- und Arbeitsstätte stellte bei der Handwerksfamilie im städtischen Kontext tendenziell eine Einheit dar, wobei die eigentliche Produktionsstätte von den Wohn- und Lebensbereichen separiert war.

Die **bürgerliche Familie** kennzeichnete sich dadurch, dass Wohn- und Arbeitsstätte getrennt waren und neben den eigentlichen Familienmit-

---

[54] Geißler 1996, S. 40 ff.
[55] Vgl. Geißler 1996.

gliedern Bedienstete mit im Haus wohnten. Diese Familienform ist durch ihre Erholungs-, Rekreations- und Entlastungsfunktion charakterisiert. Konsum und Freizeitaktivitäten standen als Hauptfunktion im Mittelpunkt der Familie, nicht die Produktion. Das Leben der bürgerlichen Familie lässt sich als privilegiert beschreiben, weil es finanziell abgesichert war. Die Rollenteilung zwischen den Geschlechtern war traditionell geprägt – der private Bereich war der Frau zugeschrieben, der berufliche dem Mann. Im Vergleich mit anderen Familienformen war die bürgerliche Familie quantitativ innerhalb der damaligen Gesellschaft gering vertreten. Eine Zunahme dieser Familienform lässt sich erst nach dem zweiten Weltkrieg beschreiben.

Kennzeichnend für die **Industriearbeiterfamilie** waren die schlechten Wohn- und Lebensverhältnisse insbesondere in Großstädten.[56] Auch bei dieser Form der Familie sind Wohn- und Arbeitsstätte sowie die Produktion und der Konsum der Waren für den Lebensunterhalt getrennt. Die wirtschaftliche Lage und die finanziellen Ressourcen dieser Familien waren meistens nicht gut, so dass für die Sicherung des Lebenserwerbs Frauen und Kinder ebenfalls mit sorgen mussten – Frauen- und Kinderarbeit waren keine Seltenheit. Die Rollen- und Aufgabenteilung war bei diesem Familientyp traditionell, jedoch arbeitete die Frau zusätzlich außerhalb des Hauses, um die ökonomische Situation zu verbessern. Industriearbeiterfamilien waren meist sehr kinderreich, was das Leben dieser Familien zusätzlich erschwerte.

Die **Kleinfamilie** entwickelte sich bis heute aus der Mehrgenerationenfamilie der vorindustriellen Zeit. In diesen Familien leben nur zwei Generationen zusammen und im Vergleich zu den Großfamilien ist die Anzahl der Kinder meist gering. Ende der 60er Jahre des 20. Jhs. – nach dem so genannten „Pillenknick" – nahm diese Form der Familie in der Bundesrepublik zu. Das moderne Leben und die veränderten Lebensverhältnisse – explizit hier auch die gleiche Berufsausbildung von Frauen und Männern – führte zu einer geringeren Kinderzahl. In der Kleinfamilie existieren zwischen den Geschlechtern sowohl traditionelle als auch neuere Rollenaufteilungen, außerdem ist auch hier eine Trennung von Wohn- und Arbeitsstätte sowie von Produktion und Konsum kennzeichnend.

---

[56] Die Zeichnungen der Malerin Käthe Kollwitz (um 1885) und des Malers Heinrich Zille (um 1900) vermitteln eine Vorstellung vom Leben im Industrialisierungsprozess der damaligen Zeit u.a. in deutschen Großstädten.

31

Die **unvollständige Familie** besteht aus beispielsweise einem Elternteil und Kind(ern), häufig wenn ein Elternteil verstorben ist und es zu keiner Wiederverheiratung gekommen ist, oder aus Knechten und Mägden, denen es per Gesetz verboten war zu heiraten, die aber dennoch als Familie zusammen lebten. Der Lebenserwerb muss von den Familienmitgliedern aufgebracht werden, und in den meisten Fällen liegt die Hausarbeit bei nur einer Person. Die Zunahme an unvollständigen Familien, darunter gerade die Form der Alleinerziehenden mit Kindern, ist in der heutigen Zeit ein deutliches Zeichen für die Auswirkungen der Industrialisierung auf die Gesellschaft.

3.2.3 Trennung von Produktion und Konsum

Durch die während der Industrialisierung entstandenen Fabriken und der damit verbundenen Trennung von Wohn- und Arbeitstätte lag der Produktionsprozess von Gütern, die zum Leben benötigt wurden, außerhalb des Hofes oder des ‚ganzen Hauses'. Die vor der Industrialisierung bestehenden ländlichen Bauern- und Agrargemeinschaften dagegen erarbeiteten sich ihre Güter wie Nahrungsmittel, Kleidung, Möbel etc. weitestgehend selbständig. Das Band von Produktion und Konsum lag in vorindustriellen Zeiten fließend in einer Hand, und Geld in großen Mengen wurde nicht benötigt, weil der Mensch mit seiner eigenen Arbeitskraft seine für den Lebensunterhalt notwendigen Waren selbst produzierte.

Mit der Massenproduktion von Gütern in Fabriken verkaufte das Individuum seine Arbeitskraft an die Fabrikbesitzer und erhielt für die geleistete Arbeit Geld. Die produzierten Warengüter gehörten fortan nicht mehr dem Menschen, der für ihre Produktion zuständig war, und durfte diese folglich ohne Bezahlung auch nicht mehr konsumieren. „Durch die Massenproduktion von Konsumgütern wurde die Trennung von Produktion und Konsum zum allgemeinen Merkmal der Industriegesellschaften. Der räumlich-zeitliche Aspekt dieser Trennung ist das Auseinanderfallen von Wohn- und Arbeitsort, von Arbeitszeit und Freizeit. Die Regel war die kleinbetriebliche Struktur oder die Hausindustrie, wobei sich Arbeits- und Privatsphäre räumlich wie zeitlich vermischten. Erst mit dem Vordringen der Fabrikbetriebe und der Akzeptanz der industriellen Arbeit als Lebensform wurde die Trennung in die ‚Arbeitswelt' und die Privatsphäre zur allgemeinen Lebenssituation."[57] Die Lebenswelt und die Freizeit als

---

[57] Mikl-Horke 1995, S. 66.

ihr integrativer Bestandteil wurde somit zu einem Anhängsel der Arbeitswelt.

Die Trennung von Konsum und Produktion hat auch für die Arbeitsteilung der Geschlechter grundlegende Wandlungen mit sich gebracht. Das Haus war in früheren Zeiten der Lebensmittelpunkt der Menschen, in dem die Arbeit erledigt wurde. Männer und Frauen teilten sich wichtige Tätigkeiten, um so das Überleben zu sichern. Mit einer Verlagerung auf die außerhäusliche Betätigung und damit der Bedeutungszunahme der Lohnarbeit, die der Mann ausübte, während die Frau die als weniger wichtig eingeschätzten Arbeiten im Haus verrichtete, veränderte sich die Arbeitsteilung zwischen den Geschlechtern.

Hausarbeit galt als weniger wert als die außer Haus geleistete „Industriearbeit", da sie das finanzielle Überleben nicht sichern konnte. Die meisten Arbeitsvorgänge der Haushalte, die schon früh industrialisiert wurden, betrafen jene, die ursprünglich den männlichen Familienangehörigen aufgetragen wurden. Die Industrialisierung des Haushalts bewirkte die Ersetzung traditioneller Werkzeuge, Rohstoffe und Arbeitsformen durch neue, industriell gefertigte Güter wie z.B. Herde, Weißmehl, Kerzen, Seife, Schuhe, Tuch etc.[58]

„[D]ie Eliminierung der männlichen Arbeiten im und um das Haus bedeutete eine Mehrarbeit für die Frauen."[59] Die Männer konnten und mussten sich nach bezahlter Arbeit außerhalb des Hauses umsehen, dadurch fiel die Arbeitsteilung im Haus weg und der Haushalt wurde Arbeitsplatz der Frau. Die Hausarbeit war seit diesem Zeitpunkt zur Domäne der Frau geworden, weil die dort zu verrichtenden Tätigkeiten immer schon im Haus ausgeübt worden waren, „und wurden so zu einer nachrangigen, beinahe nicht beachtenswerten Aktivität. Damit ging nicht nur ein Statusverlust dieser Arbeiten und davon ausgehend jedweder Frauenarbeit einher, sondern auch eine Standardisierung und Verarmung der Kultur, die nun nicht mehr ihre Quelle im Haus hatte, sondern eine öffentliche Kultur wurde, die vornehmlich außerhalb des Hauses lokalisiert war."[60]

Als Produktionsort galt fortan nicht mehr der Haushalt und das ‚ganze Haus', sondern die Fabrik, in der die Güter produziert wurden. „Das Individuum aber wurde der Ort, durch den die Trennungslinie verlief, es spal-

---

[58] Vgl. Mikl-Horke 1995.
[59] Schwartz/Cowan 1988, S. 40 ff., zitiert nach Mikl-Horke 1995, S. 67.
[60] Mikl-Horke 1995, S. 67.

tete sich auf in den Arbeiter und den Konsumenten."[61] Damit wurden auch die unterschiedlichen Rollen und Funktionen innerhalb beider Lebenswelten getrennt, und es wurde schwieriger, diese zu synchronisieren.

3.2.4 Qualifizierung und Bildung von Berufen

Mit der Entstehung von Gütern, die in Massen produziert wurden, konnte das erste Mal in der Geschichte systematisch die Arbeit in einzelne Arbeitsschritte aufgeteilt werden. Diese Arbeiten im Produktionsprozess wurden zuerst von Ungelernten ausgeübt, die für die einzelnen Arbeitsschritte angelernt wurden. In der weiteren Entwicklung und mit Verbesserung der Technik und des Produktionsprozesses mussten die Arbeitnehmer bestimmte Vorkenntnisse besitzen, um eine Ware qualitativ hochwertig herstellen zu können. Die Industrie verlangte von den Schulen und Bildungseinrichtungen eine höhere Qualifizierung.

Durch die Forderung der Industrie nach qualifizierten Mitarbeitern entwickelte sich das Schulsystem weiter. Dadurch erhielt ein großer Teil der Bevölkerung eine fundamentale Schulausbildung. Der Anstieg der Qualifizierung innerhalb großer Teile der Gesellschaft hatte Einfluss auf das Schulsystem, welches sich nach Gymnasien, Realgymnasien und Oberrealschulen weiter differenzierte. Es entstanden des Weiteren unterschiedliche Berufe bzw. Berufsausbildungen (Handwerkslehren etc.), in deren Folge auch Berufsschulen entstanden.

Vorerst gingen meist die Jungen zur Schule, da die Mädchen wie ihre Mütter zukünftig durch die Heirat den „unqualifizierten" privaten Bereich versorgen sollten. Den Mädchen war somit eine Schul- und Berufsausbildung verwehrt, wodurch sich die Trennung von Lebens- und Arbeitswelt geschlechtsspezifisch manifestierte. Erst die Einführung des Wahlrechts[62] für Frauen veränderte den Status der Frau innerhalb der Gesellschaft, so dass Mädchen fortan ebenfalls zur Schule gehen konnten. Jedoch übten diese Frauen in den meisten Fällen keinen Beruf aus, sondern versorgten den privaten Bereich mit seinen Verpflichtungen und Anforderungen. Erst in den 60er und Anfang der 70er Jahre begannen Frauen ebenfalls einen Beruf auszuüben.

---

[61] Ebenda.

[62] Das Frauenwahlrecht in Deutschland besteht seit 1918. Quelle: http://www.lexikon-online.info/q/Frauenwahlrecht.

3.3 Veränderungen der Arbeitswelt

In den folgenden Unterabschnitten wird die Entwicklung der Industrialisierung für die Arbeitswelt beschrieben. Hierbei wird die Entwicklung von
Technologien, die Entstehung von Produktionsverfahren und die Organi-
sationsentwicklung innerhalb von Firmen thematisiert.

3.3.1 Entwicklung von Technologien

Die Industrialisierung begann mit der Durchsetzung von technischen
Neuerungen gegen Ende des 19. Jahrhunderts. Vor der eigentlichen Industrialisierung wurden aber mit der so genannten technischen Revolution Maschinen und technische Verfahren entwickelt, die in der Summe
eine Veränderung der damaligen Gesellschaft primär im arbeitsweltlichen Bereich auslösten. Diese Vorphase der Industrialisierung kann
deshalb „als Vorbereitung und Voraussetzung für und als kontinuierlicher
Prozess hin zur Entstehung der modernen Industriegesellschaft"[63] verstanden werden.

3.3.2 Entstehung von Produktionsverfahren

Neue Erkenntnisse in der Naturwissenschaft lösten die Entwicklung von
Maschinen und technischen Verfahren aus. Der Einsatz von Maschinen
wie z.B. der Dampfmaschine ermöglichte eine Produktion, die durch Aufteilung der einzelnen Arbeitsschritte geprägt war. Hierbei wurde in einem
bestimmten Arbeitstakt, den der Mitarbeiter im Produktionsprozess einhalten musste, die Ware produziert. In den Fabriken entwickelten sich so
bestimmte Arbeitsweisen und Organisationsstrukturen.

Nicht die Zerlegung des Produktionsprozesses in einzelne Arbeitsschritte
ist jedoch ein Merkmal der Industrialisierung, sondern die Art und Weise
der Zerlegung, die dadurch gekennzeichnet ist, dass in einem bestimmten Takt bestimmte Arbeitsschritte unter dem Einsatz von Maschinen
ausgeübt werden mussten.

Nach Mikl-Horke lassen sich drei Stufen der Zerlegung der Arbeitsaufteilung im Produktionsprozess beschreiben:[64]

1. Die Analyse des Arbeitsprozesses und die Zerlegung der Arbeit in
   einzelne Schritte findet immer dort statt, wo Menschen eine komplexe

---

[63] Mikl-Horke 1995, S. 24.
[64] Vgl. Mikl-Horke 1994, S. 26.

35

Arbeit ausführen. Auch der Einzelarbeiter, der ein ganzes Produkt herstellt, teilt sich seine Arbeit auf diese Weise ein.

2. Auf der zweiten Stufe werden die Teilschritte auf verschiedene Arbeiter verteilt, die sich untereinander abwechseln und von denen jeder jeden Arbeitsgang ausführen kann.

3. Auf der dritten Stufe ist jedem Arbeiter immer derselbe Teilschritt zugewiesen.[65] Für Unternehmer ist diese Variante rationeller und profitabler, da die Arbeitskraft mit der Zeit immer geschickter und schneller wird und außerdem durch die Spezialisierung nicht mehr so qualifiziert sein muss, sondern für den einzelnen Arbeitsgang angelernt werden kann.

Weitere Merkmale der industriellen Produktion von Warengütern in großen Stückzahlen sind, dass die eingesetzten Maschinen nicht nur die menschliche Arbeit unterstützen, sondern diese auch komplett ersetzen, sowie die Automation dieser Arbeitsschritte, die heute ein fester Bestandteil im Produktionsprozess von Warengütern ist. Grundsätzlich lassen sich drei technische Formen von industrieller Produktion beschreiben, die auch heute noch bestehen:[66]

1. Die handwerkliche Produktion. Sie ist charakterisiert durch die Verwendung von Werkzeugen und Universalmaschinen, die dem Handwerker helfen, ein ganzes Produkt oder einen Bestandteil autonom und bei geringer Teilung der Arbeit weitgehend händisch herzustellen.

2. Die mechanisierte Produktion, bei der unter Verwendung von Spezialmaschinen und Fließbändern in arbeitsteiliger, unqualifizierter und repetitiver Teilarbeit Produkte in großen Serien hergestellt werden.

3. Die automatisierte Produktion, bei der steuernde Maschinensysteme nicht nur das Produkt herstellen, sondern sich auch selbst kontrollieren und korrigieren.

Alle diese Formen der industriellen Produktion sind auch heute noch Bestandteil der industriellen Produktionsweisen und -verfahren, jedoch besteht ein Trend von mechanisierten zu automatisierten Verfahren.

---

[65] Vgl. hierzu auch die Arbeitsaufteilung nach Taylor, insbesondere die Standardisierung von Arbeitsschritten des Produktionsprozesses, in Clarke 2002, S. 27 und Taylor 1911.

[66] Vgl. Mikl-Horke 1995, S. 26.

3.3.3 Organisationsentwicklung und -formen innerhalb der Unternehmen

Der Einsatz von Maschinen während des Produktionsprozesses veränderte auch die Organisation innerhalb der Unternehmen, d.h. der damaligen Fabriken. Mit Regeln, Vorschriften und Qualifikationsanforderungen wurde eine Ordnung innerhalb der Betriebe geschaffen. Die Entwicklung der Organisation in Firmen wird als Kombinationsprodukt von zwei Prozessen betrachtet:

1. „Der Integration und Sozialisierung der Arbeitnehmer in die soziale Vergesellschaftungsform des Betriebs bzw. die rational geplante Organisation und
2. des Strebens nach Erhöhung der Produktivität und Effizienz."[67]

Des Weiteren ist die Fabrik als ein Herrschaftsverband organisiert, der der Zweckbestimmtheit unterliegt, bei dem entweder die Merkmale von Macht, Herrschaft und Kontrolle hervortreten oder die der Rationalisierung und Effizienzsteigerung.[68]

Im Prozess der industriellen Produktion bildeten sich folgende Formen der Organisation innerhalb von Unternehmen heraus:
1. Formale Organisation
2. Linienorganisation
3. Funktionale Organisation
4. Divisionale Organisation
5. Stablinienorganisation
6. Matrixorganisation
7. Arbeiten in virtuellen Teams bzw. Strukturen[69]

Diese unterschiedlichen Organisationsformen lassen sich wie folgt beschreiben:

1. Formale Organisation
Die einzelnen Mitglieder der formalen Organisation haben qua ihrer Position unterschiedliche Aufgaben und Aktivitäten zu erfüllen, die auf „am Organisationsziel orientierten Zweckmäßigkeitsüberlegungen beruhen

---

[67] Mikl.Horke 1995, S. 26.

[68] Vgl. Mikl-Horke 1995, S. 89.

[69] Das Arbeiten in virtuellen Teams bzw. Strukturen kann als neue Organisationsform verstanden werden.

und von der Kerngruppe durch einen offiziellen Akt oder Durchlauf autorisiert werden."[70]

2. Linienorganisation
Die Linienorganisation nach Henri Fayol ist streng hierarchisch strukturiert. Anordnungen, Befehle und Unterweisungen werden nach dem „Top-down-Prinzip" praktiziert.

3. Funktionale Organisation
Die funktionale Organisation nach Taylor bestimmt durch die „Funktionsmeister" typische Bezugspunkte innerhalb der Organisation. „Je nach der Art der Tätigkeit ist der Arbeiter verschiedenen Meistern unterstellt. Die Befehlswege sind in diesem Fall nicht ein für alle Mal vorgegeben, sondern wechseln mit der Funktion; die Unterordnung ist keine eindeutige."[71]

4. Divisionale Organisation
Die divisionale Organisation ist dadurch gekennzeichnet, dass innerhalb des Unternehmens unterschiedliche Geschäftsbereiche wie z.B. Entwicklungs-, Verkaufs-, Personal- und Finanzabteilungen bestehen. Diese Bereiche werden von einem „general office" koordiniert und geleitet. Innerhalb der divisionalen Organisation können in den einzelnen Geschäftsbereichen wiederum Linien- oder Funktionsstrukturen bestehen.

5. Stablinienorganisation
Die Stablinienorganisation stellt eine modifizierte Art der Linienorganisation dar. Die „Linien" sind mit Personen (Managern) besetzt, die mit wachsender Komplexität immer fundiertere Entscheidungen treffen müssen. Daher werden den „Linien"-Positionen so genannte „Stäbe" zugewiesen, die meist mit Jungakademikern besetzt sind, die die Entscheidungen der Linienmanager auf einer inhaltlich-sachlichen Ebene vorbereiten.

6. Matrixorganisation
Die Matrixorganisation besitzt keine Über- oder Unterordnungsfunktionen innerhalb des Unternehmens. Diese sind durch Funktionen innerhalb der Organisation ersetzt und differenzieren sich nach der Struktur von Projektteams und darin festgelegten Aufgaben.

---

[70] Mikl-Horke 1995, S. 90.
[71] Mikl-Horke 1994, S. 91.

7. Arbeiten in virtuellen Teams bzw. Strukturen

Das Arbeiten in virtuellen Teams bzw. Strukturen ist eine relativ neue Arbeits- und Organisationsweise, die laut Weiß (2000) zunehmen wird. Zur Definition bzw. Begrifflichkeit von Virtualität im unternehmerischen/betrieblichen Kontexten existieren zwei Betrachtungsweisen. Virtualität bezieht sich dabei auf inter- und intraorganisatorische Aspekte von Organisations- und Teamstrukturen von Unternehmen. Als virtuelle interorganisatorische Struktur kann bezeichnet werden, „[...] wenn rechtlich unabhängige Unternehmen, Institutionen und/oder Einzelpersonen, die gegenüber Dritten als ein Unternehmen auftreten, kooperieren, um gemeinsame Geschäftsinteressen zu verfolgen."[72] Die Kooperation kann sowohl auf einem stabilen (statischen) als auch dynamischen Netzwerk basieren. Ein charakterisierendes Merkmal, ist ein massiver Einsatz von Informations- und Kommunikationstechnologie zur Unterstützung innerbetrieblicher bzw. zwischenbetrieblicher Koordination und Kooperation. Als intraorganisatorische virtuelle Struktur treten „[...] Aspekte in den Blickpunkt, die sich mit Fragestellungen der Virtualisierung der Arbeitsstrukturen innerhalb eines Unternehmens, mit sogenannten virtuellen Teams und Telearbeit auseinander setzen."[73] Dies bedeutet, dass bei dieser Form der Virtualität dann von „virtuellen Teams" gesprochen werden kann.

---

[72] Vgl. Weiß 2000.
[73] Rott et al. (im Druck), vgl. dazu auch Zwischenbericht Arbeit@vu Universität Karlsruhe, IIP, S. 1.

4 Neuere wissenschaftstheoretische Ansätze zur Trennung von Lebens- und Arbeitswelt

In diesem Kapitel wird ein Überblick über die wissenschaftstheoretischen Ansätze vermittelt, die als theoretische Grundlagen von Work Life Balance – der Trennung von Lebens- und Arbeitswelt – herangezogen werden können. Neben diesem Überblick stellen die Modernisierungs- und Systemtheorie den theoretischen Rahmen der Herleitung von Work Life Balance für diese Arbeit dar. Beide Theorien werden in diesem Kapitel zunächst allgemein erklärt und dann spezifisch auf die Thematik der Work Life Balance adaptiert.

4.1 Überblick über neuere wissenschaftstheoretische Ansätze zur Trennung von Lebens- und Arbeitswelt

Für die theoretische Modellierung des hier vorliegenden Sachverhalts existiert eine Vielzahl von unterschiedlichen Ansätzen, die man unter das Thema Work Life Balance subsumieren kann. Da Work Life Balance ein absolutes Novum in der Wissenschaft ist, existiert hierzu kein expliziter Ansatz, sondern eine Vielzahl von unterschiedlichen Ansätzen, die jedoch nicht explizit den Namen Work Life Balance tragen. Diese können je nach Blickwinkel für das Thema Work Life Balance als wissenschaftstheoretischer Hintergrund herangezogen werden.

Die Modernisierungstheorien beschreiben den Prozess der Industrialisierung und die daraus entstehenden Folgen aus arbeitsweltlicher (technischer) und privatweltlicher (sozialer) Sicht. Die Systemtheorie kann die durch die Industrialisierung bewirkten Veränderungen und die daraus resultierenden Wechselbeziehungen als Folgeprozesse in den einzelnen Bereichen (Subsystemen) innerhalb einer Gesellschaft erklären. Aus diesem Grund sind diese beiden Ansätze für eine wissenschaftstheoretische Herleitung der Work Life Balance besonders geeignet.

In der Soziologie, Betriebswirtschaftslehre/Arbeitswissenschaft, Psychologie, Medizin und Jurisprudenz existieren unterschiedliche theoretische Ansätze, die man mit Work Life Balance in Verbindung bringen kann. Im Folgenden werden diese für die jeweilige wissenschaftliche Disziplin grafisch (Abb. 7, 8, 9, 10 und 11) aufbereitet und kurz vorgestellt.

Betriebswirtschaft/Arbeitswissenschaft

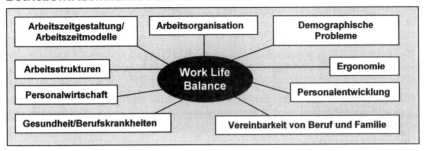

Abb. 7:   Überblick über die unter Work Life Balance subsumierbaren Themen in der Betriebswirtschaftslehre / den Arbeitswissenschaft (Quelle: eigene Darstellung)

Soziologie

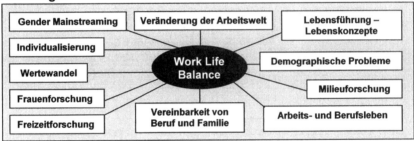

Abb. 8:   Überblick über die unter Work Life Balance subsumierbaren Themen in der Soziologie (Quelle: eigene Darstellung)

Psychologie

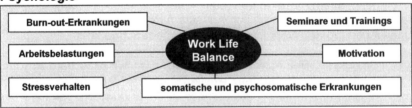

Abb. 9:   Überblick über die unter Work Life Balance subsumierbaren Themen in der Psychologie (Quelle: eigene Darstellung)

42

Medizin

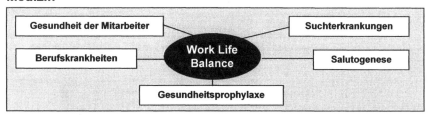

Abb. 10: Überblick über die unter Work Life Balance subsumierbaren Themen in der Medizin. (Quelle: eigene Darstellung)

Jurisprudenz

Abb. 11: Überblick über die unter Work Life Balance subsumierbaren Themen in der Jurisprudenz. (Quelle: eigene Darstellung)

Um den theoretischen Rahmen dieser Arbeit abzustecken, wird nun Work Life Balance anhand der Modernisierungs- und Systemtheorie erläutert (siehe Abb. 12). Die im Überblick gezeigten wissenschaftstheoretischen Ansätze fließen mit in die Arbeit ein, jedoch ohne explizite Kennzeichnung.

Theoretischer Rahmen
Modernisierungstheorien *Prozess der Modernisierung* = Industrialisierung und die Entstehung einer Vielzahl von Veränderungen auf die unterschiedlichen Bereiche der Gesellschaft
Systemtheorien *Systemtheorien* = Erklärung von Auswirkungen der Veränderung auf alle gesellschaftlichen Bereiche und Subsysteme und deren Wechselbeziehungen.
Vielzahl von wissenschaftlichen Ansätzen, die bei der Erklärung bzw. Modellierung von Work Life Balance relevant sind: • Soziologie • Betriebswirtschaftslehre/Arbeitswissenschaften • Psychologie • Medizin • Jurisprudenz

Abb. 12: Überblick über den wissenschaftstheoretischen Rahmen dieser Arbeit
(Quelle: eigene Darstellung)

4.2 Modernisierungstheorie

Die Modernisierungstheorien haben ihren Ursprung Ende des 18. Jahrhunderts und beschreiben den Prozess des wirtschaftlichen Wachstums, d.h. den Prozess der Industrialisierung sowie den sozialen und kulturellen Wandel und der Entwicklung von „[...] neuen Institutionen der wirtschaftlichen, sozialen und politischen Selbststeuerung der Gesellschaft."[74]

Wissenschaftliche Theoriekonstrukte von August Comte, Karl Marx, Herbert Spencer, Ferdinand Tönnies und Emil Durkheim sind von der Basis heute noch relevant, um den Prozess des Wandels zu beschreiben. Die seit ca. Anfang der 70er Jahre bestehenden theoretischen Ansätze zur Modernisierung[75] beschreiben allgemein die Strukturen und Eigenschaften moderner westlicher Industriegesellschaften und deren Folgeprozesse (reflexive Modernisierung[76]). Bezüglich der Work Life Balance wird der

---

[74] Vgl. Lepsius 1990, S. 211–231.

[75] Dieses stellen Ansätze der Modernisierungstheorie nach Zapf, Beck und Lepsius dar.

[76] Unter der reflexiven Modernisierung versteht Ulrich Beck die „[...] Selbsttransformation der Industriegesellschaft (was nicht identisch ist mit der Selbstreflexion dieser Selbsttransformation); also auf- und Ablösung der ersten

44

wissenschaftliche Ansatz der Modernisierung von Ulrich Beck in dieser Arbeit erläutert.

4.2.1 Begriff der Modernisierung

Der Begriff der Moderne ist im Begriffspaar von Traditionalität versus Modernität zu verstehen. Hierbei steht Tradition für die vorindustrielle Gesellschaft mit ihren Produktions- und Sozialstrukturen. Die Modernität beschreibt im Vergleich dazu die Entwicklung der Industrie und die neuen Lebens- und Arbeitsstrukturen dieser (Industrie-) Gesellschaft.

Folgende Definition nach Fuchs-Heinitz et al. fasst den Begriff der Moderne oder vielmehr der Modernisierung:

„Bezeichnung für den Entwicklungsprozess in Richtung auf Modernität. Die Moderne gilt als spezifische Form des zielgerichteten Wandels in der Gegenwart und wird im internationalen Vergleich an der Zunahme des Bruttosozialprodukts und an Veränderungen der sozialen Institutionen des Organisationssystems und an Phänomen wie Bürokratisierung, Urbanisierung, Demokratisierung und sozialer Mobilität gemessen.“[77] Unter Modernisierung kann man die wechselseitigen Strukturveränderungen in den verschiedenen Bereichen (Subsystemen) der Gesellschaft verstehen, die folgende Subsysteme umfasst:

Wirtschaftlicher Bereich:
Industrialisierung, Terzärisierung, Ausbau des Dienstleistungssektors (von der Informations- zur Wissensgesellschaft)

Sozialer Bereich:
Urbanisierung, Bildungsentwicklung, soziale Mobilität

Kultureller Bereich:
Säkularisierung, Rationalität, Universalismus

---

dieser Selbsttransformation); also auf- und Ablösung der ersten durch eine zweite Moderne, deren Konturen und Prinzipien es zu entdecken und zu gestalten gilt. Das heißt: Die großen Strukturen und Semantiken nationalstaatlicher Industriegesellschaften werden (z.B. durch Individualisierungs- und Globalisierungsprozesse) transformiert, verschoben, umgearbeitet, und zwar in einem radikalen Sinne; keineswegs – wie das Allerweltswort ‚reflexive' Modernisierung nahe legt – unbedingt bewusst und gewollt, sondern eher unreflektiert, ungewollt, eben mit der Kraft verdeckter (verdeckt gehaltener) Nebenfolgen.“ Beck 1996, S. 27.

[77] Fuchs-Heinritz et al. 1995, S. 447.

Personaler Bereich:
Individualisierung, Leistungsorientierung, Spezialisierung

Systemisch betrachtet gilt Modernisierung als Steigerung der Selbststeuerungs- und Anpassungskapazitäten, d.h. als positive Bilanz von steigenden Ressourcen und Belastungen (Auswirkungen von quantitativem Wachstum). Historisch ist die Modernisierung die langfristige Folge der industriellen und der französischen Revolution des 18. Jahrhunderts, die einigen Nationen zu internationalen Führungspositionen verholfen haben und weltweite Nachholprozesse in Gang gesetzt hat.[78]

Modernisierungstheorien sind Theorien mittlerer Reichweite und Ansätze der makrosoziologischen Analyse, die sich mit gesamtgesellschaftlichen strukturellen Veränderungen von Gesellschaften in den letzten 3 Jahrhunderten befassen, also mit kulturellen, politischen, wirtschaftlichen und sozialen Belangen des Wandels und der Veränderung von Gesellschaften. Primär gilt es, den Industrialisierungsprozess der westlichen Industrienationen zu erfassen, und sekundär in der Weiterentwicklung der Modernisierungstheorien zu klären, was Gesellschaften modern erhält, wie „Modernität" auf nichtmoderne Gesellschaften transformiert werden kann sowie welche Folgen einer modernen Industriegesellschaft auftreten („zweite Moderne").[79]

Merkmale moderner Gesellschaften sind:
Konkurrenzdemokratie
Marktwirtschaft
Wohlstandsstaat mit Massenkonsum
Wohlfahrtsstaat

Wenn Gesellschaften diese (Basis-)Institutionen gebildet haben, sollen sie anpassungsfähiger gegenüber traditionellen Gesellschaften sein.

Weitere Kriterien bzw. Merkmale moderner Gesellschaften sind nach Zapf:
* Rationalisierung
* Säkularisierung
* Urbanisierung

---

[78] Vgl. dazu Zapf 2002, S. 13–18.
[79] Den Begriff der „zweiten Moderne" hat Beck geprägt, er wird in Abschnitt 4.2.2 näher erläutert. Vgl. dazu auch den Sonderforschungsbereich der Transformationssoziologie: insbesondere bezüglich der DDR und die „Nachwendezeiten".

- Verbreitung von Massenmedien
- Politische Partizipation
- Psychische und soziale Mobilität
- Universalismus
- Rollenerwerb durch Leistungskriterien und funktionale Differenzierung

In der weiteren Folge des Industrialisierungsprozesses der europäischen Staaten bildeten sich die oben beschriebenen Merkmale nach und nach aus und die Staaten wurden zunehmend „moderner". Den Neuerungen Anfang des 20. Jahrhunderts folgten immer mehr Erfindungen und Innovationen. Ab den 70er Jahren traten jedoch erste negative Folgeerscheinungen in ökonomischen, ökologischen, politischen und sozialen Bereichen der Gesellschaften auf.[80] Diese erste Krise der Moderne entstand unter anderem durch das ständige Streben nach quantitativem Wachstum[81] und den damit verbundenen Massenkonsum der (westlichen und modernen) Industrienationen.

Die Errungenschaften der Moderne wie beispielsweise Mobilität, quantitatives Wachstum, Massenkonsum, Liberalisierung der Lebensstile, Bildungsanstieg etc. und die dadurch ausgelösten Folgeprozesse führten zu massiven Veränderungen und Auswirkungen innerhalb aller gesellschaftlichen Bereiche.

4.2.2 Das Modernisierungskonzept von Beck und die Work Life Balance

Unter den zahlreichen Modernisierungstheorien ist das Konzept von Beck[82] am ehesten geeignet, da es die Veränderungen seit der Industrialisierung bis heute identifiziert und erklärt.

---

[80] Beispielsweise die Ölkrise oder die 68er-Bewegung stellten die Grundzüge des damaligen gesellschaftlichen Zusammenlebens und damit auch die Gesellschaft innerhalb eines modernen Verständnisses in Frage. Die Politik musste darauf mit neuen Gesetzen und Bestimmungen reagieren, was wiederum neue Folgeprozesse bewirkte.

[81] Quantitatives Wachstum = stetiges Wachstum und dadurch steigender Massenkonsum bedeuten einen immer höheren Verbrauch an (natürlichen und vergänglichen) Ressourcen der Erde. Vgl. dazu das Kyoto-Abkommen zur Nachhaltigkeit (Sustainability).

[82] Vgl. dazu Beck et al. 1996, S. 10 ff.

Beck unterteilt sein Modernisierungskonzept, zum einen in die Entstehung der Industrialisierung und die in dieser Zeit entwickelten und erfundenen Innovationen, die er auch als „erste Moderne" bezeichnet. Zum anderen in die dadurch entstandenen Veränderungen und Folgeprozesse. Der Entwicklungsprozess der „ersten Moderne" weist als eines der Hauptmerkmale das quantitative Wachstum auf und gerät im Laufe der Zeit in die Krise. Der Begriff „zweite Moderne" beschreibt die Reaktion und Anpassung an die im Laufe der Modernisierung und des modernen Lebens entstandenen Veränderungen aller Bereiche einer Gesellschaft (z.B. Wirtschaft, Familie, Bildung etc.).

Das Modernisierungskonzept von Beck – auch reflexive Modernisierung genannt –bedeutet:

- Mit dem Begriff der „ersten Moderne" werden die Veränderungen im wirtschaftlichen, kulturellen, sozialen und personalen Bereich einer Gesellschaft seit der Industrialisierung identifiziert und erklärt.

- Anhand des Begriffs der „zweiten Moderne" lassen sich die Folgeerscheinungen der Industrialisierung und die damit verbundenen Veränderungen zwischen Lebens- und Arbeitswelt erklären.

Die folgende Grafik (Abb. 13) verdeutlicht den Begriff der reflexiven Modernisierung von Beck:

I. Moderne =
Die Veränderungen, die der Industrialisierungsprozess bewirkte

II. Moderne =
Ist das Reagieren auf die Folgeerscheinungen bzw. die daraus resultierenden Veränderungsprozesse, d.h. mit den Veränderungen umzugehen

Massive Veränderungen des alltäglichen Lebens, d.h. in der	
Lebenswelt	Arbeitswelt

Abb. 13: Überblick über die Modernisierungstheorie im Sinne von Ulrich Beck (Quelle: eigene Darstellung)

Das Thema Work Life Balance wird in dieser Arbeit nach dem Modernisierungskonzept von Beck im Verständnis der „zweiten Moderne" betrachtet, für die es die Veränderungen innerhalb der folgenden gesellschaftlichen Bereiche beschreibt:[83]

Wirtschaftlicher Bereich
Sozialer Bereich
Kultureller Bereich
Personaler Bereich

Die Veränderungen innerhalb dieser Bereiche werden nachfolgend detailliert erläutert.

Wirtschaftlicher Bereich

- Globalisierung
- Wandel von Berufsbiographie und „Normalarbeitsverhältnis"
- Veränderung der Arbeitszeitmodelle
- Altersstruktur der Mitarbeiter
- Technische Neuerungen/Innovationen
- Organisation/Strukturen von Unternehmen
- Führung/Motivation und Unternehmenskultur
- Nachwuchssicherung – Wettbewerb um qualifizierte Fachkräfte und Talente

Globalisierung
Die Globalisierung der Weltwirtschaft entwickelte sich durch den Fortschritt der Informations- und Kommunikationstechnologien, der Liberalisierung des internationalen Handels, des Abbaus von Handelsbarrieren sowie der Reduzierung der Transportkosten.[84] Durch diese Entwicklung sind neue Absatzmärkte entstanden, die eine „neue" Konkurrenz im globalen Wirtschaftsmarkt für Unternehmen bedeuten. Dies bewirkte eine Umstellung der Produktion, des Absatzes, der Beschaffung und der Neuausrichtung der Finanzmärkte und damit eine grundlegende Veränderung der Arbeitswelt. Um weiterhin als Unternehmen im globalen Wirtschaftsmarkt konkurrenzfähig zu bleiben, müssen sich die Unternehmen wie auch die in ihnen agierenden Mitarbeiter an diese Veränderungen anpassen.

---

[83] Die Veränderungen in den einzelnen Bereichen sollen hier allgemein für die Lebens- und Arbeitswelt und für das in beiden Bereichen gleichermaßen agierende Individuum beschrieben werden.

[84] Vgl. dazu Rürup/Sesselmeier 2001, S. 254.

Wandel von Berufsbiographie und „Normalarbeitsverhältnis"

Bei einem „Normalarbeitsverhältnis" arbeitet ein Mitarbeiter dauerhaft, d.h. unbefristet, meist in Voll- oder Teilzeit für ein Unternehmen und wird nach einem Tarifvertrag bei vollen Sozialleistungen entlohnt. Mit dem „Normalarbeitsverhältnis" ist ein geradliniger Verlauf der Berufsbiographie verbunden, d.h. dass nach der Berufsausbildung oder dem Studium bestimmte an das Alter gekoppelte „berufliche Stationen" der Reihenfolge nach durchlaufen werden.

Beides – das „Normalarbeitsverhältnis" und die geradlinige Berufsbiographie – sind heute nicht mehr die Norm,[85] sondern andere Arbeitsverhältnisse und dadurch andere Biographieverläufe bestehen und haben sich entwickelt. Sicherlich existieren gerade in Großunternehmen traditioneller Art immer noch in der überwiegenden Zahl „Normalarbeitsverträge", doch gewinnen neue Vertragsformen wie Leiharbeits-, Zeit-, Werks- und Auftragsverträge zunehmend an Bedeutung. In diesem Zusammenhang weisen immer mehr Personen so genannte Patchworkbiographien[86] auf, die aufgrund ihrer häufig wechselnden Arbeitsorte und Arbeitgeber auch als „Jobnomaden"[87] bezeichnet werden.

Unstetige, unverlässliche und unplanbare Vertragsverhältnisse zwischen Arbeitgeber und -nehmer und dadurch bedingte fragmentarische Lebensläufe machen ein Leben weniger stabil. Dieses bewirkt zum einen eine „Entwurzelung" des Menschen und zum anderen eine Zunahme an Stress und an Situationen, die die Lebensführung schwieriger gestalten. Der berufliche Werdegang und ein daran gekoppeltes Arbeitsverhältnis ist nicht mehr berechenbar und unterliegt ständiger Veränderung, was massive Auswirkungen auf das Leben und das Individuum, explizit das Lebensmodell hat.[88]

---

[85] Vgl. Joas 1998 und Beck-Gernsheim 1998, S. 54.

[86] Als Patchworkbiographie bezeichnet man berufliche Lebensläufe, bei denen unterschiedliche Tätigkeiten und Qualifikationsphasen sich abwechseln und nicht streng nach einer bestimmten zeitlichen Reihenfolge ablaufen. Vgl. dazu Menzel 2000.

[87] Ein häufiger Wechsel von Mitarbeitern innerhalb und zwischen Unternehmen zeigt Flexibilität und Mobilität in einem globalen Wirtschaftsmarkt. Großunternehmen nutzen Mitarbeiter immer mehr auf Zeit, d.h. nur für bestimmte Projekte oder Arbeitsaufträge, um damit die Personaldecke flexibel gestalten zu können. Mit dieser Entwicklung geht einher, dass Personen sehr häufig ihren Arbeitgeber und damit auch den Arbeits- und Lebensort wechseln, die darum auch als „Jobnomaden" bezeichnet werden. Vgl. dazu Horx-Strathern 2001, S. 34 ff.

[88] Vgl. dazu Senett 2000.

Veränderung der Arbeitszeitmodelle

Durch veränderte Rahmenstrukturen innerhalb der Unternehmen, z.B. unterschiedliche Arbeitsvertragsformen und die Umstrukturierung der Arbeitszeit, unterliegen Arbeitszeitmodelle ebenfalls dem Wandel.[89] Dies spiegelt sich besonders in den neueren Arbeitszeitmodellen wider, wie z.B. der Telearbeit, dem Sabbatical, der Vertrauensarbeitszeit oder einer kompletten Aufhebung der vorgegebenen Arbeitszeit.[90] Großunternehmen passen sich diesen Veränderungen häufig an und bieten ihren Mitarbeitern neuere Arbeitszeitmodelle. Diese erlauben dem Mitarbeiter eine gewisse Flexibilität im Arbeitsalltag durch z.B. flexible Gleitzeit ohne Kernarbeitszeit, Telearbeit und auch Vertrauensarbeitszeit.[91] Dadurch wird die individuelle Balance eines Individuums hinsichtlich des Anstiegs an Mobilität in einer modernen Welt durch wechselnde Örtlichkeiten, große Einzugsgebiete (explizit in Großstädten und Ballungszentren) und damit verbundene lange Pendelzeiten ausgeglichen. Jedoch tragen nicht alle neueren Arbeitszeitmodelle dazu bei, für den Mitarbeiter vorteilhaft zu sein (z.B. Vertrauensarbeitszeit und Telearbeit). Besonders Arbeitszeitmodelle, die keine zeitliche Begrenzung haben, führen gerade bei Führungskräften oder leitenden Angestellten oft dazu, dass mehr Arbeit geleistet wird als mit zeitlicher Begrenzung. Eine Überbeanspruchung auf Dauer ist weder für das Unternehmen noch für den Mitarbeiter förderlich.

Altersstruktur der Mitarbeiter

Die seit Ende der 60er Jahre zurückgegangene und anhaltend niedrige Reproduktionsrate der bundesdeutschen Gesellschaft hat nicht nur Auswirkungen auf den Generationenvertrag (Rentensystem), sondern auch auf die Unternehmen.[92] Zum einen wird es zukünftig, laut Prognosen ab

---

[89] Jürgens/Reinecke 1998, S. 17 zeigen auf, dass auch die „Normalarbeitszeit" einem Wandel unterliegt und flexibler und individueller wird, vor allem hinsichtlich der Lebensentwürfe und der Familienplanung.

[90] Vgl. dazu Rürup/Sesselmeier 2001, S. 266.

[91] Vgl. dazu Rürup/Sesselmeier 2001, S. 262.

[92] Geißler 2001, S. 132 merkt zur Bevölkerungsentwicklung an: "Niedrige Geburtenraten und steigende Lebenserwartungen lassen die Bevölkerung demographisch altern; sie machen den Umbau der sozialen Sicherungssysteme (insbesondere Alterssicherung, aber auch Gesundheitssicherung) erforderlich und erzeugen einen langfristigen Bedarf an Arbeitsimmigranten, die angemessen in die deutsche Gesellschaft eingegliedert werden müssen. [...] Trotz Zuwanderung wird die Bevölkerung weiter abnehmen." Die Weltaltersstruktur zeigt ähnliche Tendenzen auf wie die bundesdeutsche Gesellschaft. Vgl. dazu Turek 2001, S. 227.

ca. 2010[93] schwierig werden, genügend gut qualifizierte Mitarbeiter zu rekrutieren, weil sich zwischen den konkurrierenden Unternehmen ein Wettbewerb um diese einstellen wird.[94] Zum anderen wird sich innerhalb der Unternehmen die Altersstruktur der Mitarbeiter in der Quantität – dies betrifft Alterskohorten ab 45 Jahren und älter – deutlich verlagern. Es wird somit anteilsmäßig überproportional die Alterskohorte ab 45 Jahre und älter in den Unternehmen vertreten sein.[95] Dies hat zur Folge, dass gezielt für diese Mitarbeitergruppen veränderte und passende Arbeitsplätze und Strukturen geschaffen werden müssen, damit sie weiterhin leistungsfähig sind. Aufgrund des Mangels an qualifizierten und jüngeren Mitarbeitern werden zunehmend „Arbeitsimmigranten" und Frauen am Arbeitsmarkt nachgefragt. Unternehmen werden sich somit verstärkt um die Bedürfnisse dieser Mitarbeiterzielgruppen der nicht deutschen Mitarbeiter (Diversityaspekte) und der Frauen (Genderaspekte) bemühen müssen, um diese für das Unternehmen zu gewinnen und binden zu können.

Technische Neuerungen/Innovationen
Technische Neuerungen, Innovationen und neue Verfahren innerhalb der Unternehmen, insbesondere im Produktionsprozess sind notwendig, um sich gegenüber dem globalen Wettbewerbsdruck zu behaupten.[96] Diese technischen Neuerungen erfordern von den Mitarbeitern eine hohe Anpassungsfähigkeit bezüglich der auszuführenden Arbeiten, welches ihm in der Folge eine permanente Lernbereitschaft und Flexibilität in seinem Berufsalltag abfordert. Dadurch entsteht eine weitere (Aus-) Differenzierung der Qualifikationen und des Wissens, also Spezialisten, die am Arbeitsmarkt nachgefragt werden.[97]

---

[93] Rürup/Sesselmeier 2001, S. 257 und Geißler 2001, S. 117.

[94] Vgl. dazu Horx-Strathern 2001.

[95] Vgl. Geißler 2001, S. 117 sowie Erkenntnisse aus dem Projekt RESPECT der Universität Karlsruhe (IIP).

[96] Die Technologieentwicklung und die Globalisierung sind zwei sich bedingende Elemente bezüglich der Veränderung von Unternehmen. Vgl. dazu Turek 2001, S. 18 und 219. Computer, Roboter und vollautomatisierte Maschinen sind schon heute im Einsatz der Produktionsprozesse in Unternehmen und werden in Zukunft auch bei Innovationssteigerung eher zu- als abnehmen.

[97] Vgl. dazu Geißler 1996, S. 134 ff. und 249 ff. Geißler zeigt auf, wie sich die Verschiebung von der Industrie zur Wissensgesellschaft gestaltet und welches Verhältnis zwischen hochqualifizierten zu weniger Qualifizierten und Unqualifizierten besteht.

Organisationsstrukturen von Unternehmen
Unternehmen mit flachen Hierarchiestrukturen besitzen schnellere Kommunikationsströme und dadurch auch schnellere Delegationsprozesse. Diese netzartigen Verbindungen zwischen den einzelnen Bereichen in Unternehmen bewirken eine schnellere, flexiblere und effizientere Interaktion bzw. eine optimale Nutzung der Synergien zwischen den einzelnen Unternehmensbereichen. So sind netzartig aufgebaute Organisationen effizienter als nach Hierarchie oder Linie strukturierte.[98] Daneben wird es verstärkt wichtiger werden, auf spezifisches Wissen schnell zugreifen zu können. Ein Wissenstransfer kann jedoch nur in so genannten „Knowledge-Nets"[99] gut funktionieren und dem Unternehmen Nutzen bringen.

Im Kontext der netzartigen Organisation und einer dadurch bedingten Effizienz und Flexibilität innerhalb von Unternehmen müssen diese des Weiteren überprüfen, wo ihre Kernkompetenzen (Spezialistentum in der Abgrenzung zur Konkurrenz) liegen. Damit kann für Tätigkeiten und Arbeitsprozesse, die dem Unternehmen nicht weiter Gewinn bringen und nicht notwendig im Unternehmen ausgeführt werden müssen, überprüft werden, ob es sinnvoll ist, diese weiterhin im Unternehmen auszuführen.[100]

Führung/Motivation und Unternehmenskultur
Neben der Veränderung der Organisationsstrukturen innerhalb von Unternehmen verändern sich auch die Führungsstile und damit verbunden die Unternehmenskultur. Durch den Wandel der Werte innerhalb der Gesellschaft, aber auch hinsichtlich einer „Humanisierung der Arbeitswelt" muss die „humane Ressource" Mensch als wichtigstes und wertvollstes Gut innerhalb von Unternehmen betrachtet werden.[101] Die zunehmende Komplexität innerhalb der Gesellschaft erschwert es den Menschen immer häufiger, die Anforderungen beider Lebensbereiche zu bewältigen, weshalb Unternehmen sich mehr an den Bedürfnissen ihrer Mitarbeiter ausrichten und anpassen müssen. Ohne Menschen, d.h. Mitarbeiter,

---

[98] Vgl. dazu Rürup/Sesselmeier 2001, S. 252.

[99] Diese werden auch kooperative Netzwerke genannt und sind von den Informations- und Kommunikationsmitteln sowie den Wegen innerhalb eines Unternehmens abhängig.

[100] Vgl. Rürup/Sesselmeier 2001, S. 254.

[101] Vgl. dazu Rürup/Sesselmeier 2001, S. 254.

wird ein Unternehmen nichts entwickeln, produzieren und verkaufen.[102] Um dieses wertvolle Gut in seiner Leistungsfähigkeit zu erhalten und zu motivieren, aber auch um die Talente und Potenziale seiner Mitarbeiter zu entfalten und zu nutzen, wird der Führungsstil ein immer wichtigeres Kriterium in der Arbeitswelt werden.

Es wird zukünftig immer weniger Unternehmen geben, die ihre Mitarbeiter innerhalb ihrer Unternehmenskultur nach streng hierarchischen „befehlsdiktatorischen" Gesichtspunkten führen. Der Mensch verlangt im Zuge der Entwicklung der Arbeitswelt danach, als Gesamtpersönlichkeit innerhalb des Unternehmens betrachtet und von den Führungskräften auch so behandelt und geführt zu werden.[103] Wertschätzung und konstruktives Feedback über die geleistete Arbeit sind in einer schnelllebigen und durch permanente Veränderungen geprägten (Arbeits-)Welt wichtige Faktoren, damit der Mensch in ihr bestehen kann. Insbesondere „High Potentials" werden auf den Führungsstil und die Unternehmenskultur besonderen Wert legen, da diese aufgrund ihres Spezialistentums auch die Möglichkeit haben, das Unternehmen wieder zu verlassen.

Nachwuchssicherung – Wettbewerb um qualifizierte Fachkräfte und Talente

Zu Zeiten, als es genügend qualifizierte Arbeitskräfte am Markt gab, mussten sich Unternehmen keine oder wenig Gedanken um die Nachwuchssicherung machen. Aufgrund der demographischen Entwicklung, aber auch durch eine Verschiebung der generellen Werteinstellung zum Leben und den damit verbundenen Zielen wird es zunehmend schwieriger, bestimmte, am Markt besonders begehrte und stark nachgefragte Qualifikationspotenziale zu rekrutieren und an das Unternehmen zu binden. Neben einem prognostizierten Mangel an qualifizierten Fachkräften ab ca. 2010 bedeutet dies, mit neuen Methoden und Verfahren diese Probleme zu bewältigen und zukünftigen Mitarbeitern durch besondere Differenzierungsmerkmale Anreize zu schaffen, sich zu bewerben.[104]

---

[102] Artur Wollert 2001, S. 82 zitiert dazu in seinem Buch zur Führung von Personen Eberhard von Kuenheim, den langjährigen Chef der BMW AG: Er "predigte seinen Führungskräften bei jeder sich bietenden Gelegenheit, 80 % aller Probleme und Fragen eines Unternehmens sind Menschfragen. Der Rest entfällt auf Technik und Finanzen. Ich füge hinzu, dass der Finanzchef ebenfalls Mensch ist und die Technik wiederum von Menschen entwickelt, gefertigt, betrieben und kontrolliert wird."

[103] Vgl. dazu Horx-Strathern 2001, S. 2 ff.

[104] Vgl. dazu auch Horx-Strathern 2001.

E-Recruiting[105] (electronical recruiting) ist ein Weg, auf diese Veränderung zu reagieren und sich den Marktgegebenheiten anzupassen, um zukünftig konkurrenzfähig zu sein. Mit diesem Verfahren wird der Bewerbungsprozess nur noch über das Internet gesteuert, indem die Bewerber durch eine mit einem Matchingverfahren arbeitenden Software vorab nach ihrer Qualifikation ausgewählt und an bestimmte vakante Stellen mit speziellen Anforderungen weitergeleitet. Um genügend gut qualifizierte Mitarbeiter zu werben, müssen diese Verfahren jedoch auf die jeweilige Bewerberzielgruppe abgestimmt werden (z.B. High Potentials, Ingenieure oder Frauen) und die Tools und Programme auf ihre Funktionalität und den Reifegrad überprüft werden.

Sozialer Bereich

- *Veränderung der Familie*
- *Veränderungen der Lebensstile*
- *Rückgang der Reproduktionsrate*
- *Höhere Bedeutung von sozialen Netzwerken/Bereichen*
- *Rollendefinition*

Veränderung der Familie

Der mit der Industrialisierung ausgelöste Wandel der Familie von der Mehrgenerationen- zur Kleinfamilie[106] bewirkte eine Veränderung des Rollenverhältnisses zwischen den Geschlechtern. Dies bedeutet für beide Geschlechter ein gleichberechtigteres Agieren im Berufs- und Privatleben, was letztlich zur Aushöhlung der Familie zur „Reproduktionsparzelle" führte und die Reproduktionsrate in Deutschland auf ein Kind pro Frau reduzierte.[107]

---

[105] Laut der Studie "Global 500 Website Recruiting Survey" des Marktforschungsunternehmens iLogos Research (USA) bieten mittlerweile fast 90 % der größten Unternehmen der Welt, die "Global 500", ihre vakanten Positionen auf den firmeneigenen Websites an, im Jahr 1998 waren es erst 29 % (Quelle: www.4managers.de). Vgl. dazu auch Personalmagazin 2003, S. 4.

[106] Vgl. Geißler 2001, S. 123, Geißler 1996, S. 329 und Beck-Gernsheim 1998, Seite 9 ff.

[107] Vgl. Geißler 2001, S. 116 ff.: Die Reproduktionsrate betrug 1999 in Ostdeutschland 115 und in Westdeutschland 141 Kinder je 100 reproduktionsfähiger Frauen. Siehe dazu auch Beck 2001, S. 4: „Die Frauen haben in der westlichen Welt seit den sechziger Jahren in der Bildung mit den Männern gleichgezogen, sie in einigen Bereichen überholt; entsprechend – wenn auch lange nicht in demselben Ausmaß – ist die Erwerbsbeteiligung der Frauen, ja von Müttern gestiegen. Dies hat dazu beigetragen, dass die Familie ihre Schlüsselbedeutung als ökonomische Einheit immer weiter eingebüßt hat."

Ein Stagnieren auf diesem Niveau wird von Sozialwissenschaftlern für die Zukunft als wahrscheinlich prognostiziert. Unter den derzeitigen Rahmenbedingungen ist es des Weiteren trotz der veränderten Rollenverteilung zwischen den Geschlechtern und damit einer ähnlichen/gleichen Konzentration auf die Erwerbstätigkeit für (gut qualifizierte) Frauen schwierig, sich für die Mutterschaft zu entscheiden. Mangelnde Perspektiven innerhalb der Gesellschaft und der Unternehmen, Mutterschaft, Privatleben und Beruf zu vereinbaren, führen dazu, dass ein Großteil der Frauen, besonders Akademikerinnen, ganz auf Kinder und Familie verzichtet.[108]

Mit dem Wandel der Familie hat sich die Aufgabenverteilung im häuslichen Bereich ebenfalls verändert. Aufgaben und Tätigkeiten wie z.B. die Erziehung, Beaufsichtigung und Bildung der Kinder, die Versorgung der Älteren oder haushälterische Tätigkeiten, die vormals innerhalb der Familie erledigt wurden, werden nun nach außen delegiert, da sie aus Zeitmangel nicht mehr selbständig ausgeführt werden können.[109]

Veränderung der Lebensstile
Neben dem traditionellen Lebensmodell der Ehe existieren heute gleichberechtigt unterschiedliche Lebensweisen, wie beispielsweise Singlehaushalte, nichteheliche Lebensgemeinschaften, Patchworkfamilien und gleichgeschlechtliche Paare jeweils mit und ohne Kind(er).[110]

Durch die Individualisierung[111] und die komplexeren Gesellschafts- und Lebensstrukturen ist es schwieriger geworden, in einer Ehe oder Partnerschaft zu leben. Die Partner sind durch ihre gleichberechtigtere Stellung innerhalb der Lebensgemeinschaft autarker, was dazu führen kann, dass sich die Partner mehr auf sich und ihr eigenes Leben und ihre Interessen bzw. Bedürfnisse fokussieren. Daneben ist es des Weiteren problematischer, die eigenen Bedürfnisse mit denen des Partners innerhalb der Lebens- und Arbeitswelt zu verbinden.

---

[108] Vgl. dazu Statistisches Bundesamt, WZB und Bundeszentrale für politische Bildung 2002, S. 524–540.

[109] Vgl. dazu Beck-Gernsheim 1990, S. 7 ff. und Statistisches Bundesamt, WZB und ZUMA 2002, S. 533 ff.

[110] Vgl. Statistisches Bundesamt, WZB und Bundeszentrale für politische Bildung 2002, S. 524 und Geißler 1996, S. 318 ff.

[111] Vgl. Beck-Gernsheim 1990, S. 11 ff.

Häufig kommt es daher zu Partnerschaften, die nur einen bestimmten Zeitabschnitt andauern und in denen man sich dann auf den so genannten „Lebensabschnittspartner" bezieht. Diese flexiblen und passend für den jeweiligen Lebensabschnitt bestehenden Lebensgemeinschaften werden sich innerhalb der Gesellschaft weiter durchsetzen, da die Notwendigkeit starker Anpassung und Flexibilität[112] noch ansteigen wird und eine feste Bindung als eher hinderlich erscheint. Probleme, die Lebensläufe beider Partner zu synchronisieren, erfordern ein besonderes Konflikt- und Kommunikationsmanagement, das mit einer traditionellen Sozialisation jedoch nicht erlernt wurde und meist erst von beiden Partnern erworben und erprobt werden muss, damit die Partnerschaft nicht scheitert. Das Modell der traditionellen „Versorgerehe" wird sich weiter entdifferenzieren und von den neueren Lebensmodellen substituiert oder überlagert werden.

Höhere Bedeutung von sozialen Netzwerken/Bereichen
Durch das Verschwinden bzw. die Auflösung von traditionellen Familienbindungen[113] gewinnen soziale Kontakte und Netzwerke, so genannte Tauschverhältnisse, eine höhere Bedeutung.[114] Schon Max Weber erklärte Anfang des 20. Jahrhunderts, dass die Verstädterung eine Vereinsamung des Menschen in der Stadt nach sich zieht, da die familiären Strukturen nicht mehr so ausgeprägt sind.[115] Früher übernahm die Familie die Funktion der Fürsorge, des gegenseitigen Helfens und Unterstützens in problematischen Situationen des Lebens, ermöglichte aber auch, Gemeinschaft zu erleben und Dinge zusammen zu unternehmen. Diese Aufgaben und Funktionen werden heute von dem sozialen Umfeld bzw. den sozialen Netzwerken, d.h. Freunden, Bekannten, Arbeitskollegen etc. übernommen, die häufig im selben Alter und ähnlich qualifiziert sind und einen vergleichbaren sozialen Status aufweisen.

---

[112] Vgl. Beck-Gernsheim 1999 und Institut für Mobilitätsforschung 2002, S. 26 ff.

[113] Vgl. dazu Geißler 1996, S. 40.

[114] Hierzu bemerkt Turek 2001, S. 217, der wirtschaftliche, technologische und gesellschaftliche Wandel überfordere viele Menschen: "So fühlen sich ca. 50 % der deutschen Bevölkerung von der enormen Geschwindigkeit des Lebens bedroht. Diese Überforderung wird durch kollektive Sinnverluste in modernen Gesellschaften weiter verstärkt. Kollektive Sinndefizite sind das Ergebnis einer undurchschaubar gewordenen Welt, in der keiner Institution mehr ein Monopol an Sinnstiftung zugebilligt wird."

[115] Großstädte in Deutschland wie beispielsweise Frankfurt/Main, Köln, Berlin und München haben einen sehr großen Anteil an Singles.

Rollendefinition
Lebenskonzepte basieren nicht mehr einzig und allein auf tradierten Rol-
lenmodellen, die das Leben in den Rahmenbedingungen dieser Rollen
definieren. Durch die Veränderung oder den Wegfall von klar geschlechtsspezifischen und damit auch traditionellen Rollenvorgaben[116]
wird es problematischer, das Leben zu organisieren. Spannungsfelder
ergeben sich somit im Bereich des Privatlebens (u.a. der Familie) und
des Berufslebens.

Die Alterskohorte „30 plus" hat meist eine Rolleninternalisierung in traditionellen Versorgerehen erfahren, was ihr Agieren in der heutigen Le-
bens- und Arbeitswelt problematisch macht. Die Loslösung von traditionellen Rollen und das Einlassen auf die „neuen" Rollen ist somit ein
schwieriger Prozess für beide Geschlechter.[117] Des Weiteren bestehen
keine klassisch weiblichen oder männlichen Rollen und ein daran gekoppeltes Verhalten in beiden Lebensbereichen gleichermaßen. Frauen
müssen ihr Rollenverhalten im Beruf und Männer im privaten Bereich
ebenfalls neu gestalten und erproben.

Kultureller Bereich
- *Entwicklung der Bildung – Bildungsexpansion*
- *Freizeitentwicklung*

Entwicklung der Bildung – Bildungsexpansion
Mit der Modernisierung und der damit verbundenen Technisierung und
Weiterentwicklung von Maschinen und Produktionssystemen stieg parallel der Anspruch an Qualifikation und Wissen. Mit der Ausdifferenzierung
und Hochspezialisierung der gesellschaftlichen wie auch der arbeitsweltlichen Strukturen wird sich der Bedarf an spezifischer Qualifikation weiter
erhöhen.[118] Generell lässt sich innerhalb der bundesdeutschen Gesellschaft feststellen, dass bei der Bildung im Zusammenhang mit schicht-
spezifischen Kriterien ein so genannter „Fahrstuhleffekt" zu verzeichnen
ist, d.h. die nächste Generation erreicht im Vergleich zu den Eltern bil-

---

[116] Vgl. dazu Statistisches Bundesamt, WZB und Bundeszentrale für politische Bildung 2002, S. 533 ff.

[117] Vgl. dazu Beck-Gernsheim 1990, S. 23 ff. und 43 ff.

[118] Geißler 2001, S. 109 führt dazu an, dass sich der Prozentsatz der Akademiker
von 1950 mit 3,0 % auf 9,0 % in der heutigen Zeit gesteigert hat. Demgegenüber
ist die Anzahl der ungelernten Arbeiter von 2/3 der Erwerbsbevölkerung auf 25 %
gesunken. Tendenziell lässt sich eine „Umschichtung nach oben" innerhalb der
bundesdeutschen Gesellschaft feststellen.

dungs- und damit auch schichtspezifisch die nächst höhere Ebene und steigt somit gesellschaftlich auf.

Dieses immer höhere Qualifikationsniveau, auch „Bildungsspirale" genannt, impliziert zum einen eine Entwertung der Bildungsabschlüsse und Zertifikate[119] und– zum anderen, dass die Bildungseinrichtungen wie Schulen und Universitäten auf die veränderte Nachfrage reagieren müssen. Die Vermittlung von Bildung und Wissen muss demnach an den Bedürfnissen entwickelt und an sie angepasst werden.

Mit der Gleichberechtigung zwischen Männern und Frauen hat sich die Qualifikation zwischen den beiden Geschlechtern über die Jahre auf einen Status quo eingependelt. Neuere Untersuchungen der jüngsten Vergangenheit haben ergeben, dass die Frauen bezogen auf das Qualifikationsniveau mit den Männern gleichgezogen[120] oder diese sogar schon überholt haben.[121] So machen prozentual mehr Mädchen bzw. Frauen Abitur[122] und haben einen Studienabschluss als Jungen bzw. Männer. Dies hat zur Folge, dass zunehmend mehr Frauen hochrangige Positionen und Ämter bekleiden werden. Weibliche Führungskräfte und Vorstände werden eine Normalität darstellen und männliche sowie weibliche Führungsstile werden sich zukünftig ergänzen.

Freizeitgestaltung
Die starke Leistungsorientierung und Selbstverwirklichung der Individuen innerhalb der Gesellschaft explizit in der Arbeitswelt bewirkt eine Kompensation in der Freizeit.[123] Die Orientierung in der frei zur Verfügung stehenden Zeit hat dadurch eine immer höhere Bedeutung, u.a. auch weil im Langzeitvergleich[124] immer mehr freie Zeit zur Verfügung steht. Dadurch hat sich ein breites Angebot an Aktivitäten in der Freizeit, wie beispielsweise ausgefallene Sportarten und/oder Wellness-, Erholungs-

---

[119] Z.B. reichte früher ein Volksschulabschluss für eine Banklehre aus, heute benötigt man dafür meist Abitur.

[120] Statistisches Bundesamt, WZB und Bundeszentrale für politische Bildung 2002, S. 77.

[121] Vgl. Geißler 2001, S. 121.

[122] Bei der Alterkohorte der heute 20-30 Jährigen machten 33% der Männer Abitur bzw. Fachhochschulreife, Frauen zu 38%. Vgl. dazu Statistisches Bundesamt, WZB und Bundeszentrale für politische Bildung 2004, S. 8.

[123] Vgl. Meulemann 2001, S. 206.

[124] Vgl. Statistisches Bundesamt, WZB und Bundeszentrale für politische Bildung 2002, S. 149.

und Sinnfindungskurse und -urlaube am (Freizeit)Markt entwickelt, welches offensichtlich nachgefragt wird.

Eine eindeutige Beschreibung des Freizeitverhaltens innerhalb der bundesdeutschen Gesellschaft liegt derzeit nicht vor, weil es schwierig zu definieren ist, was man überhaupt unter Freizeit verstehen kann. Generell lassen sich Freizeitaktivitäten im kulturellen Bereich (Theater, Museen, Galerien, Bibliotheken etc.), aber auch im Massenkonsumbereich ausmachen (Kino, Sporteinrichtungen und Vereine, Fernseh- und Hörfunk etc.).[125]

Personaler Bereich

- *Wertewandel*
- *Individualisierung*
- *Selbstregulierung/Selbststeuerung des eigenen Lebens*
- *Leistungsorientierung*
- *Spezialisierung*

Wertewandel

Generell ist zum Wandel der Werte innerhalb der Gesellschaft festzustellen, dass die traditionellen Werte in allen gesellschaftlichen Bereichen (Wirtschaft, Schule, Familie, Kirche etc.) sich verändern und weiter entwickeln, jedoch in ihrer Bedeutung nicht abnehmen.[126] Die Einstellung zum eigenen Leben und zu den selbst zu steuernden oder handhabbaren Elementen ist dadurch ebenso im Wandel begriffen.

Die überwiegende Anzahl der Bundesbürger[127] gibt trotz massiver Veränderungen an, dass sie „Familie" als zweitwichtigsten Wert im Leben betrachten, gefolgt von „Liebe und Zuneigung". Erst an die neunte Stelle (in einem Ranking von zehn) setzen die Bundesbürger „Erfolg im Beruf". An Bedeutung hat der Wert „Glaube" innerhalb der Gesellschaft zugenommen, was vermuten lässt, dass die Lebens- und Arbeitswelt in ihren Strukturen komplexer und damit unsicherer geworden sind und der Glaube Halt vermittelt.

---

[125] Vgl. Statistisches Bundesamt, WZB und Bundeszentrale für politische Bildung 2002, S. 151 ff.

[126] Der Grund für die Veränderung oder auch den Werteverfall liegt in der sozialpsychologischen Veränderung der Gesellschaft. Vgl. dazu Klages 2001.

[127] Vgl. Statistisches Bundesamt, WZB und Bundeszentrale für politische Bildung 2002, S. 453.

Nach Klages hat sich die Bedeutung von „Familie- und Partnerorientierung, Freundschaft und Unabhängigkeit" im Vergleich zu 1987 kaum verändert.[128] Dies lässt sich damit begründen, dass mit zunehmender Härte in der Gesellschaft (z.B. auch in der Arbeitswelt) Familie oder Partnerschaft als soziale Nische des „Auftankens" desto mehr an Bedeutung und Wert gewinnen. So lässt sich auch erklären, dass trotz Veränderung der Familie im traditionellen Sinne[129] sich ein neuer Wertetyp entwickelt hat, der des „aktiven Realisten", der als eine Wertesynthese von traditionellen und „modernen" Werten und als Modifikation der traditionellen Familie angesehen werden kann. Trotz einer Besinnung auf Familie und Glauben entwickeln sich jedoch die Werte der Selbstentfaltung und Individualisierung als „moderne Werte" innerhalb der Gesellschaft weiter.[130]

Individualisierung
Die Sozialstruktur der bundesdeutschen Gesellschaft, die noch in der „ersten Moderne" als Indikator für die Gesellschaft stand, beginnt sich aufzulösen.[131] Es existieren keine gültigen Werte, Normen und Hierarchien, die als allgemeingültige Werte fungieren. Beck sagt dazu: „Individualisierung verflüssigt die Sozialstruktur der modernen Gesellschaft. Zentrale Institutionen wie zivile, politische und soziale Grundrechte sind an das Individuum adressiert, gerade nicht an Kollektive oder Gruppen. Das Bildungssystem, die Arbeitsmarktdynamik, Karrieremuster, ja Mobilität und Märkte ganz allgemein haben individualisierende Konsequenzen. Flexibilisierung der Erwerbsarbeit bedeutet Individualisierung von Risiken und Lebenszusammenhängen."[132] Handlungen sind als individuell zu betrachten und an das Individuum gebunden, dies erschwert eine Aggregation oder Gruppenbildung dieser individuellen Handlungen und Verhaltensweisen. Individualistisch zu sein bedeutet somit nicht nur, viele Optionen wählen zu können, sondern sich auch nicht konform mit dem Durchschnitt oder der Norm zu verhalten und z.B. Mutter oder Hausmann genauso wie Karrieremann/-frau sein zu können.

Mit der Individualisierung ist auch ganz allgemein das „[...] Rollenmodell des sozialen Lebens, nach dem das eigene Leben als Kopie nach der

---

[128] Vgl. Klages 2001, S. 10.

[129] Vgl. Meyer 1996, S. 306 ff.

[130] Vgl. Beck et al. 1996; Beck-Gernsheim 1990 und Beck-Gernsheim 1998.

[131] Vgl. Beck 2001 und Beck-Gernsheim 1990, S. 11.

[132] Vgl. Beck 2001, S. 3.

Vorgabe traditionaler Blaupausen gelebt werden konnte [...]"[133], verschwunden. Dieser Mangel an Rollenvorgaben macht es schwierig, den Ausgang des eigenen Lebens zu bestimmen, und verwandelt es oft freiwillig oder unfreiwillig in eine experimentelle Situation mit offenem Ausgang.

Selbstregulierung/Selbststeuerung des eigenen Lebens

Mit den Umbrüchen und Veränderungen innerhalb der Gesellschaft, die Familie, Lebensstile, Arbeitswelt, Bildung, Rollen zwischen den Geschlechtern etc. betreffen, verläuft das Leben nicht mehr geradlinig ab, also nicht mehr nach „vorgezeichneten", verbindlichen, normativen und modellhaften Lebensentwürfen, Sequenzen und Vorgaben.[134] Durch diesen unplanbaren Lebensverlauf müssen Individuen ihr Leben selbst regulieren und steuern, was ohne diese normativen Vorgaben die Gefahr oder das Risiko des Scheiterns impliziert. Die Regulierung und Selbststeuerung des eigenen Lebens ist somit nicht mehr an normative gesellschaftliche Vorgaben gekoppelt, sondern an individuelle Rollen- und Handlungskonzepte.

Leistungsorientierung

Durch die höhere Verantwortung, Selbststeuerung und Regulierung des Lebens und das Risiko des Scheiterns muss das Individuum sich immer mehr auf sich fixieren. Das bedeutet, dass die Leistungsorientierung neben der Selbstverwirklichung und der Identitätsbildung ein wichtiger Bestandteil im Leben ist, um sich behaupten zu können. Mit der Leistungsorientierung und der damit verbundenen Absicherung des eigenen Lebens steht in diesem Zusammenhang auch die gesellschaftliche und soziale Stellung. Wurde Anfang des 19. Jahrhunderts die gesellschaftliche Position qua Geburt erworben, so gilt heute das Leistungsprinzip, das diese determiniert. Daher kann Leistung auch als „[...] die Chance der individuellen Selbstverwirklichung durch Spezialisierung [...]"[135] verstanden werden. So ist die Leistungsorientierung eine weitere wichtige Determinante im Wandel der Gesellschaft, die für das Individuum zunehmend an Bedeutung gewinnt und dadurch die Gesellschaft weiter verändert .

---

[133] Vgl. Beck 2001, S. 4.

[134] Vgl. Hierzu auch Hornberger (im Druck), S. 20 ff.

[135] Vgl. Meulemann 2001, S. 186.

Spezialisierung

Im Zuge der oben ausgeführten Sachverhalte findet innerhalb der Gesellschaft eine funktionale Differenzierung und damit eine Spezialisierung statt. Mit dieser Ausdifferenzierung entwickelt sich das Individuum über nicht einfach zu bewältigende Anpassungs- und Lernprozesse zum „Multitasking-Menschen" auf allen Ebenen der Lebens- und Arbeitswelt. Daneben fordert die „[...] funktionale Differenzierung auf der anderen Seite, dass die Menschen ihre spezialisierte Arbeit nicht als Einschränkung, sondern als Chance zur Selbstverwirklichung durch Leistung sehen."[136]

4.3 Systemtheorie

Im Folgenden werden Begrifflichkeit, Ursprung und Entwicklung der Systemtheorie erläutert, die dann im Verständnis eines ganzheitlichen, d.h. organischen Ansatzes im Sinne Durkheims und in ihrer weiteren Entwicklung nach Talcott Parsons diskutiert und auf das Thema Work Life Balance projiziert wird.

4.3.1 Begriff der Systemtheorie

Der Begriff des Systems ist vom Ursprung griechischer Herkunft und besteht seit der Antike. Seiner Bedeutung nach wird er „[...] als Bezeichnung für natürliche oder künstliche Gebilde verwendet, die ein Ganzes bilden, deren Teile in Abhängigkeit voneinander stehen und so eine bestimmte Ordnung aufweisen."[137] Eine systemische Betrachtungsweise verwendet diese immer theoretische Konstruktion, um sich ihrem „[...] jeweiligen Gegenstand mit bestimmten Begriffen und unter einem bestimmten Gesichtspunkt zu nähern (nämlich die Elemente und ihre Beziehungen, etwa ihre Interaktion, mit der Umwelt zu verknüpfen)."[138] Des Weiteren kann das System „[...] als ein operatives Konzept, eine Vorgehensweise, eine Strategie" betrachtet werden, die einen „bestimmten Bereich als einen Komplex von Elementen, Beziehungen, Interaktionen, Wechselwirkungen usw. thematisier[t], analysier[t] und organisier[t]."[139]

---

[136] Meulemann 2001, S. 186.
[137] Vgl. Jensen 1983, S. 15.
[138] Fuchs-Heinritz et al. 1995, S. 661.
[139] Jensen 1983, S. 14.

Genau betrachtet ist die Systemtheorie keine Theorie, da sie keine Aussagen zur Systematisierung eines sozialen Sachverhaltes macht oder beiträgt. Sie kann jedoch als Methode verstanden werden, die Ergebnisse wissenschaftlicher Forschung kodifiziert und damit in ihren Wirkungszusammenhängen, „[...] in die der Mensch eingreifen will [...]"[140] erfasst, rekonstruiert und operationalisiert. Die Basis dieser Methode ist die Betrachtung von Begriffen, Verhalten, Erleben und Handeln in einer Welt von ständigen Veränderungen und dadurch bedingter Wechselwirkungsprozesse, in die der Mensch eingreifen will, um sie zu erklären, steuern und kontrollieren.

Die Entstehung der Systemtheorie beginnt mit der „Erfindung der Methode"[141] und damit, dass Erfindungen planbar, d.h. auf einer rationalen Methodologie basieren. Das Systemkonzept wird mit der Erfindung der Methode fortan mit diesem gleichgesetzt und ist zeitlich dem 19. Jahrhundert zuzuordnen. Dies ist auch der Zeitpunkt, an dem die Philosophie durch die empirisch orientierten Wissenschaften (z.B. Naturwissenschaft) ersetzt wurde.

Die Systemtheorie, wie sie heute verstanden werden kann, „[...]" entstand im wesentlichen im zweiten Weltkrieg aufgrund militärisch-ökonomischer Planungsbedürfnisse. In Verbindung mit biologischen und mathematischen Modellen (L. von Rertalanffy, A. Rapoport) wurde sie dann schnell zum führenden Paradigma der Nachkriegszeit und in alle Wissenschaftsbereiche übernommen."[142] Die Systemtheorie wurde im Bereich der Soziologie vorwiegend durch den amerikanischen Soziologen Talcott Parsons geprägt. In Deutschland hat Niklas Luhmann wesentlich zu ihrer Weiterentwicklung beigetragen, wobei er ihr mit seiner speziellen Kodifizierung eine besondere Richtung in der Wissenschaft gab. In vielen unterschiedlichen Wissenschaftsbereichen wird die Systemtheorie unter entsprechenden Perspektiven verfolgt und angewendet.[143]

4.3.2 Die Systemtheorie im Verständnis von Parsons

Talcott Parsons nennt die Systemtheorie eine struktur-funktionale Theorie, die „[...] ein theoretisches System generalisierter Annahmen und Funktionsbezeichnungen über die Struktur und Funktion sozialer Syste-

---

[140] Ebenda, S. 9.
[141] Jensen 1983, S. 17.
[142] Fuchs-Heinritz et al. 1995, S. 666.
[143] U.a. in der E-Technik, der Physik und der Betriebswirtschaftslehre.

me [...]"[144] ist. In diesem Theorieverständnis müssen soziale Systeme bestimmte Aufgaben erfüllen, d.h. strukturelle Grundprobleme lösen, um sich selbst zu erhalten. Diese sind:

- Umweltanpassung,
- Zielverwirklichung,
- Integration und
- Strukturerhaltung.

Daneben hat der Funktionsbegriff in diesem Theorieverständnis eine ebenso entscheidende Bedeutung: „Er fasst die Wirkungen dynamischer Elemente im Hinblick auf die Lösung jener strukturellen Grundprobleme."[145]

Nach der hier im Sinne von Parsons als struktur-funktionalistischer Ansatz verfolgten Systemtheorie[146] wird die Gesellschaft als ein Organismus (System) verstanden, der unterschiedliche Organe (Subsysteme[147]) beinhaltet, die alle bestimmte Strukturen und Funktionen aufweisen, damit der Organismus am Leben bleibt und weiter in seiner Umwelt bestehen kann. Dieser Organismus ist als ein in sich geschlossenes System zu begreifen, welches jedoch in Wechselbeziehung mit seiner Umwelt steht. Innerhalb des Organismus existieren einzelne Organe, die in einer wechselseitigen Bedingtheit zueinander stehen.

Talcott Parsons verfolgt mit seiner Systemtheorie die Frage, wie Gesellschaften sich so erhalten, dass sie strukturell so bleiben, wie sie sind. Hierbei geht es also um die zentrale Frage des Gleichgewichts innerhalb sozialer Systeme, die aufgrund von Wechselbeziehungen mit ihrer Umwelt permanenter Veränderung unterlegen sind. „Das System bleibt er-

---

[144] Vgl. Fuchs-Heinritz et al. 1995, S. 678.

[145] Fuchs-Heinritz et al. 1995, S. 678.

[146] In dieser Arbeit wird nur exemplarisch und stark vereinfachend auf die Systemtheorie nach Parsons eingegangen. Zur tieferen Erläuterung vgl. Parsons 1976 und Jensen 1983.

[147] Als funktionale Subsysteme innerhalb einer Gesellschaft gelten z.B. die Familie, Schule/Bildungseinrichtungen, öffentliche Institutionen, die Politik, Wirtschaftsorganisationen etc., „die ein soziales System ausgliedert, um nach dem Prinzip der Arbeitsteilung seine zentralen Probleme zu lösen. Die funktionalen Subsysteme sind verantwortlich für die Erhaltung des sozialen Systems insgesamt, sind jedoch von diesem umgekehrt insofern abhängig als jedes funktionale Subsystem auf die Leistung der anderen funktionalen Subsysteme angewiesen ist." Fuchs-Heinritz et al. 1995, S. 658.

halten, wenn seine Struktur erhalten bleibt."[148] Daher bezieht sich die Systemtheorie in diesem Verständnis auf die Strukturerhaltung und Strukturimmanenz von Gesellschaften. Die Strukturerhaltung und damit die Ordnung der Gesellschaft erfolgt über die bestehenden Werte innerhalb eines sozialen Systems.

Überträgt man das vereinfachte Modell dieses organischen Ansatzes auf die Gesellschaft, so existieren im Parsonschen Kontext folgende Subsysteme, die sich auf das menschliche Handeln bzw. Interaktionen beziehen:
- Soziales Subsystem
- Kulturelles Subsystem
- Subsystem der Persönlichkeit
- Verhaltensorganismus als Subsystem

Diese vier Subsysteme haben die Aufgabe, unterschiedliche Funktionen für ihre Struktur und damit die Systemerhaltung zu erfüllen. Diese Funktionen werden über das so genannte AGIL-Schema erfüllt:

A steht für Adaption und bedeutet die menschliche Fähigkeit, sich an die Umwelt anzupassen.
G steht für Goal attainment, die Zielerreichung, die die Aufgabe des personellen Systems (der Persönlichkeit) ist.
I steht für Integration, was die Integration von Werten und Normen innerhalb des Systems bedeutet.
L Latency/Pattern Maintenance bedeutet, mit bestimmten Mustern des Systems die Struktur zu erhalten.

Im nächsten Abschnitt wird nun die Systemtheorie modellhaft auf die Thematik von Work Life Balance übertragen.

4.3.3 Systemtheorie im Kontext von Work Life Balance

Nach der Systemtheorie besteht die Gesellschaft aus unterschiedlichen Subsystemen. Für die Subsystemerhaltung muss die inhärente Struktur erhalten bleiben, wofür die Subsysteme bestimmte Funktionen erfüllen müssen.

Die Systemtheorie auf die Work Life Balance in einem ganzheitlich-organischen Verständnis (siehe Abb. 14) anzuwenden heißt, dass die

---

[148] Vgl. Korte 1995, S.181 ff.

Lebens- und Arbeitswelt das System als Ganzes darstellt, das unterschiedliche Subsysteme beinhaltet, die in wechselseitiger Beziehung stehen und bestimmte Funktionen für ihre Systemerhaltung erfüllen müssen. Das Individuum im Erlebnishorizont des Alltags steht hier interagierend im Mittelpunkt zwischen der Lebens- und Arbeitswelt, da es nur dauerhaft und langfristig bestehen kann, wenn es in Balance zwischen der Lebens- und Arbeitswelt ist.

Finden nun Veränderungen durch innersystemische Veränderungen oder externe Impulse statt, müssen sich die Subsysteme in ihren strukturell-funktionalen Bezügen anpassen. Dieser Prozess hat in der Wechselwirkung wiederum Auswirkungen oder Folgen auf das Individuum. Verändert sich zum Beispiel die Struktur des Subsystems „Familie", wird dieses für die Anpassung und Subsystemerhaltung andere Funktionen erfüllen müssen, was wiederum eine Anpassung für das in diesen Subsystemen agierende Individuum nach sich zieht. Bezogen auf Work Life Balance heißt dies, dass das Individuum hohe Anpassungskapazitäten zu erfüllen hat, um eine Balance zwischen der Lebens- und Arbeitswelt zu erzielen.

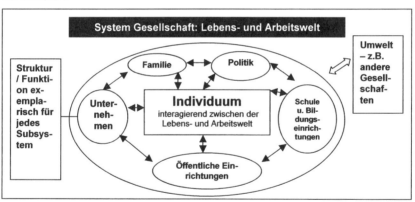

Abb. 14: Work Life Balance im Sinne eines systemisch struktur-funktionalistischen Verständnisses (Quelle: eigene Darstellung)

Durch die Folgeprozesse der „ersten Moderne" innerhalb der Lebens- und Arbeitswelt hat sich die Gesellschaft grundlegend gewandelt. Dies löste auch für die „zweite Moderne" und bis heute Veränderungen und damit verbunden Wechselwirkungsprozesse innerhalb der Subsysteme aus. Für das Individuum bedeutet dies eine zunehmende Anpassung an diese Veränderung der Wechselfunktionen, um eine Balance herstellen zu können.

5 Work Life Balance als personalpolitisches Thema in Unternehmen

In diesem Kapitel wird Work Life Balance aus einer personalpolitischen und unternehmerischen Perspektive explizit für den Standort Deutschland betrachtet und zunächst der Ursprung der personalpolitischen Dimensionen des Themas und die Gründe für eine Einführung in Firmen beleuchtet. Weitere Aspekte in diesem Kapitel sind die unterschiedlichen Parameter, Dimensionen und personalpolitischen Handlungsfelder von Work Life Balance innerhalb von Wirtschaftsunternehmen.

Eine Bestandsaufnahme zur Work Life Balance erfasst, inwieweit das Thema in Unternehmen am Standort Deutschland relevant ist und zeigt des Weiteren die Forschungsdefizite zu diesem Thema in einem wissenschaftlichen und unternehmerischen Fokus auf.

5.1 Aufkommen der personalpolitischen Auseinandersetzung mit dem Thema Work Life Balance in Unternehmen

Das Thema Work Life Balance wird als personalpolitisches Thema innerhalb von Wirtschaftsunternehmen seit Ende der 80er Jahre zum ersten mal in den USA relevant.[149] Studien aus den USA belegen, dass Mitarbeiter weniger leistungsfähig, geringer motiviert und häufiger krank sind, wenn seitens des Unternehmens wenig oder keine Rücksicht auf ihre privaten Bedürfnisse und Belange (explizit ging es hier um die Kinderbetreuung) genommen wird.[150] Mit dieser Erkenntnis und aufgrund des zu diesem Zeitpunkt einsetzenden Trends der voll berufstätigen Frau in den USA begannen US-amerikanische Firmen, auf ihre Mitarbeiter und deren Belange einzugehen und entwickelten dazu Konzepte bzw. Programme.

Die Zielgruppe waren hierbei primär jedoch Frauen, die Kinder und eine Familie zu versorgen hatten und für die es schwierig war, Beruf und Fa-

---

[149] Vgl. dazu die wissenschaftlichen Aufsätze zu den Anfängen des Themas Work Life Balance in den USA im Harvard Business Review 2000. In der vorliegenden Arbeit wird Work Life Balance allerdings nur im deutschen Kontext betrachtet, da ein allumfassender Vergleich mit anderen Ländern den Rahmen dieser Arbeit sprengen würde. Der Vergleich zu den USA ist dadurch legitimiert, dass sie als Ursprungsland und hier als Referenz zu Deutschland gelten können.

[150] Vgl. Galinsky et al. 1991.

milie zu vereinbaren. So waren die in den Unternehmen damals entwickelten Programme dadurch gekennzeichnet, dass der Fokus einzig auf Frauen und deren Schwierigkeit der Organisation von Kinderbetreuung gerichtet war. In der weiteren Entwicklung dieser Programme wurden jedoch auch Mitarbeiter berücksichtigt, die keine Familie hatten oder nicht in einer Partnerschaft lebten. Die Programme wurden erweitert und auf die Bedürfnisse dieser Personengruppen angepasst.[151]

Heute ist meist in vielen Unternehmen und Organisationen in den USA das Thema Work Life Balance ein fester Bestandteil der Programme und Konzepte des Personalbereichs, jedoch bezieht sich dieser größtenteils immer noch auf die Zielgruppe Frauen oder Themen wie flexiblere Arbeitszeitmodelle, Telearbeit oder genügend Urlaub.[152]

In Deutschland ist das Thema Work Life Balance seit ca. Mitte/Ende der 90er Jahre im Personalbereich von Unternehmen präsent,[153] die meist über Trendscouting als Frühwarnsystem auf das Thema stießen, ohne genau zu wissen, was sich dahinter verbirgt. In einem ersten Verständnis wurde Work Life Balance als personalpolitisches Thema im Bereich der Frauenpolitik als „Vereinbarkeit von Beruf und Familie" verstanden und im Weiteren auch mit „Telearbeit", „Sabbatical" oder flexibler Arbeitszeit in Verbindung gebracht. Unternehmen wie auch das in dieser Arbeit untersuchte begannen zu recherchieren, inwieweit Work Life Balance zukünftig ein ernstzunehmendes Thema innerhalb des Personalbereichs sein wird.

Beratungsunternehmen und der damit verbundene „Trainingsbereich" begannen, das Thema bei den Unternehmen weiter publik zu machen. Publikationen auf populärwissenschaftlichem Niveau sowie Veröffentlichungen insbesondere in Fachzeitschriften, aber auch in Tages- und

---

[151] Vgl. Hierzu Galinsky et al. 1991; Hochschild 2002; Freier 2000, Harvard Business Review 2001.

[152] Bei den Recherchen der Verfasserin konnten keine integrativen Work Life Balance Programme oder Konzepte in den USA identifiziert werden. Auch in der Wissenschaft wurde in Verbindung mit Work Life Balance „nur" eine Zusammensetzung von unterschiedlichen Themen wie flexible Arbeitszeitmodelle oder Telearbeit aufgefunden, jedoch wird in der Literatur thematisiert, dass bei den Managern ein neues Bewusstsein einsetzt, den Mitarbeiter als Gesamtpersönlichkeit und damit zwischen den Anforderungen in Beruf wie Privatleben agierend zu betrachten. Vgl. dazu Stewart et al. 1998, S. 8 und Hochschild 2002.

[153] Vgl. dazu Personalführung Plus 1999.

Wirtschaftszeitungen[154] und dem Internet wurden immer häufiger. Dabei ging es Ende der 90er Jahre hinsichtlich Work Life Balance hauptsächlich darum, Frauen die Möglichkeit zu geben, Berufstätigkeit und Mutterschaft zu vereinbaren. Erst Anfang 2000 hat sich der Fokus der Zielgruppe dahingehend verschoben, dass nunmehr Manager unter dem gesundheitlichen Aspekt mit dem Thema in Verbindung gebracht werden.[155] Politik und Institutionen[156] waren in den 90er Jahren ebenso Akteure, die das Thema Work Life Balance für Unternehmen weiter vorantrieben.

Zur derzeitigen Bedeutung[157] von Work Life Balance in Unternehmen am Wirtschaftsstandort Deutschland ist festzustellen, dass das Thema in großen Unternehmen zwar bekannt ist, jedoch immer noch eher als „Frauenthema" oder als eine Erweiterung dessen betrachtet wird.

Zum Zweck der Rekrutierung von neuen hoch qualifizierten Mitarbeitern werben einige Unternehmen in der jüngsten Zeit (seit ca. 2002/2003) auf

---

[154] Vgl. dazu Stuttgarter Zeitung 2001, Handelsblatt 2000, VDI Nachrichten 1999.

[155] Vgl. dazu die Studie von Kienbaum 2003. Work Life Balance wird aber auch zu diesem Zeitpunkt als gruppendynamischer Prozess für Abteilungen innerhalb von Unternehmen verstanden. So wird Mitarbeitern angeboten, nach Feierabend und am Wochenende gemeinsame Freizeitaktivitäten (hier insbesondere Sport) zu unternehmen und damit eine Balance zwischen Beruf und Privatleben herzustellen. Betty Zucker verweist in diesem Zusammenhang auf eine mögliche negative Auswirkung der Work Life Balance innerhalb von Unternehmen, wenn nämlich Mitarbeiter derartigem Gruppenzwang ausgesetzt seien, an diesen Aktivitäten teilzunehmen und dadurch wiederum in Dysbalance gerieten. Vgl. dazu Zucker 2002, S. 20. Ob dieses Verständnis von Work Life Balance bei den Unternehmen vorherrscht, ist fraglich, denn in Deutschland wird das Privatleben und die es betreffenden Verpflichtungen, Aktivitäten und Ereignisse immer noch als ein Bereich betrachtet, der für das Unternehmen als tabu gilt.

[156] Hier ist die gemeinnützige Hertie-Stiftung in Frankfurt am Main zu nennen, die mit dem Thema „Vereinbarkeit von Beruf und Familie" ein großes Forschungsprojekt an der Schnittstellen zwischen Universitäten und Unternehmen initiiert hat und damit als Wegbereiter auch für das Thema Work Life Balance verstanden werden kann. Ebenso ist der Familienservice (Gründerin ist Gisela Erler), der als erstes (Pilot)Unternehmen der BMW AG in München Anfang der 90er Jahre ein breites Angebot von Dienstleistungen zur Vereinbarkeit von Beruf und Familie offeriert hat. Der Familienservice hat sich mittlerweile in Deutschland fest etabliert und macht auch das Thema Work Life Balance innerhalb der Unternehmen weiter publik, z.B. mit einem Netzwerk zur Work Life Balance in München, bei dem Personalvertreter dieser Unternehmen sich regelmäßig austauschen. (Quelle: Familienservice und gemeinnützige Hertie-Stiftung)

[157] Zum wissenschaftlichen Stand von Work Life Balance und den damit verbundenen Forschungsdefiziten vgl. Abschnitt 5.6 dieser Arbeit.

ihren Internetseiten mit Work Life Balance[158] im Sinne von: „Den Mitarbeitern die Möglichkeit zu bieten, Beruf und Privatleben vereinbaren zu können". Hierbei ist wenig plausibel und transparent, was konkret die Unternehmen unter Work Life Balance verstehen. Meist sind es international operierende Unternehmen mit Standorten in Deutschland und hier explizit Unternehmen, die ihren Stammsitz in den USA haben, denen die Begrifflichkeit „Work Life Balance" geläufig ist oder die zumindest vorgeben, dass innerhalb der Unternehmenskultur das Thema Work Life Balance ein fester Bestandteil sei. Unternehmen oder Firmen nicht US-amerikanischen Ursprungs verbinden jedoch mit dem Begriff letztlich immer noch synonym Themen, wie „Diversity", „Gender", „Vereinbarkeit von Beruf und Familie", „Chancengleichheit" und „Frauenförderung".[159]

Die folgende Grafik (Abb. 15) gibt einen Überblick über die im Kontext von Work Life Balance stehenden Themen und deren zeitliche Entwicklung. Diese ist auf die Entwicklung der in Deutschland ansässigen Unternehmen zu beziehen.

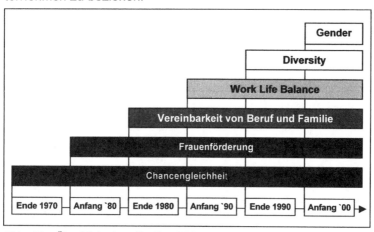

Abb. 15: Überblick über die Entwicklung von Themen in der BRD, die im Kontext von Work Life Balance stehen (Quelle: eigene Darstellung)

---

[158] Die Siemens AG, die Dresdner Bank AG und DuPont sind hier als Beispiele zu nennen.

[159] Vgl. dazu Freier 2001. Im Rahmen einer Auftragsrecherche des hier untersuchten Automobilkonzerns wurden in Deutschland ansässige Unternehmen zum Thema Work Life Balance befragt.

Das Auftreten unterschiedlicher artverwandter Themen von Work Life Balance erklärt jedoch nicht deren inhaltliche Abgrenzung. Daher ist neben der zeitlichen Entwicklung der Themen in Unternehmen eine inhaltliche Klärung bzw. Differenzierung wichtig, die Abbildung 16 wiedergibt.

Chancen-gleichheit	Frauenför-derung	Vereinbar-keit v. Beruf u. Familie	Work Life Balance	Diversity	Gender
Gewähren gleicher Chancen für Frauen wie für Männer in der Arbeitswelt	Förderung von Frauen im Beruf und in der Arbeitswelt	Maßnahmen, die vorwiegend Frauen mit Kindern eine Vereinbarkeit von Beruf und Familie ermöglichen	Mitarbeitern die Möglichkeit geben, eine Balance zwischen Beruf und Privatleben zu realisieren	Unterschiede der Mitarbeiter auf unterschiedlichen Ebenen eines Unternehmens nutzbar machen	Geschlechts-spezifische Aspekte im Unternehmen fokussieren und nutzen
Verständnis der einzelnen personalpolitischen Themen, die artverwandt zu Work Life Balance sind.					

Abb. 16: Verständnis der einzelnen personalpolitischen Themen, die artverwandt zu Work Life Balance sind. (Quelle: eigene Darstellung)

In der Folge der Emanzipation wurden Frauen Ende der 70er, Anfang der 80er Jahre ebenso berufstätig wie Männer. Die Personalabteilungen erkannten schnell, dass sie Frauen und Männern die gleichen beruflichen Chancen innerhalb der Arbeitswelt einräumen sollten. In den 80er Jahren entwickelte sich dann die Frauenförderung, um damit ausschließlich Frauen in der Arbeitswelt in ihrem Beruf besser zu qualifizieren und zu unterstützen.

Mit dem Wertewandel und der damit verbundenen veränderten Einstellung zu Beruf und Privatleben wurden auch Frauen mit Familie und Kindern immer häufiger berufstätig. Um diese Mitarbeitergruppe innerhalb der Arbeitswelt zu unterstützen, wurde Ende der 80er, Anfang der 90er Jahre in den Unternehmen verstärkt das Thema der „Vereinbarkeit von Beruf und Familie" diskutiert. Mit Programmen und Maßnahmen sollte gezielt Frauen, insbesondere mit Kindern, eine Vereinbarkeit beider Lebensbereiche ermöglicht werden. Als eine Weiterentwicklung dieses Themas ist das Aufkommen der Work Life Balance zu betrachten, mit der allen Mitarbeitergruppen durch Maßnahmen und Unterstützung eine Vereinbarkeit zwischen Beruf und Privatleben erleichtert bzw. ermöglicht werden soll.

Neben Work Life Balance sind mit einem geringen Zeitverzug die Themen Diversity (Ende 90er Jahre) und Gender Mainstreaming (ab 2000)
entstanden. Diversity bedeutet, die Mitarbeiter und Kunden mit ihren unterschiedlichen Merkmalen wahrzunehmen und diese Differenzierungen
für das Unternehmen marketingmäßig und personalpolitisch nutzbar zu
machen. Gender Mainstreaming hat zum Ziel, geschlechtsspezifische
Aspekte unter einem positiven Fokus innerhalb des Unternehmens zu
integrieren (z.b. in Leitbildern oder Richtlinien).

5.2 Gründe und Vorteile für die Einführung von Work Life Balance in Unternehmen

Eine der zentralen Gründe für die Einführung von Work Life Balance ist,
in einer sich permanent verändernden und dadurch unbeständigen und
unsicheren Welt eine Vertrauensbasis zwischen Mitarbeitern und Unternehmen zu schaffen.

In der letzten Zeit machte die Personalpolitik von großen deutschen Unternehmen Schlagzeilen, die bei Managementfehlern schlagartig „huma-
nes Kapital" als Lösung sinkender Aktienkurse frei setzen, ohne den
nächsten Folgeschritt zu überdenken. Dem Unternehmen geht dadurch
nach innen wie außen massiv Vertrauen verloren, und bei einer Konjunk-
tursteigerung muss dieses freigesetzte Personal unter erschwerten Bedingungen wieder zu rekrutieren versucht werden. Das Wegrationalisie-
ren von Prozessen, Aufgaben und insbesondere Menschen sollte eigentlich dazu dienen, etwas zu verbessern und mehr Gewinn zu erzielen.
Geschehen ist jedoch das genaue Gegenteil – die Mitarbeiter dieser Unternehmen sind stark verunsichert und einigen dieser Unternehmen geht
es wirtschaftlich schlecht.[160]

Eine solche Vertrauenserosion kann nicht durch materielle[161] und schein-
idealistische Anreize kompensiert und nivelliert werden. Menschen sind
keine Maschinen und lassen sich auch unter den härtesten Rahmenbedingungen wie z.B. wirtschaftlicher Rezession in ihrer Lebenseinstellung,
ihrer Werthaltung, ihrem Empfinden, vor allem aber in der Motivation der
Leistungserbringung nicht oder nur wenig beeinflussen.

---

[160] Vgl. dazu auch Horx-Strathern 2001, S. 3.

[161] Sicherlich spielt hier die Rangreihe der primären Bedürfnisse eine Rolle und der
damit verbundene Sättigungsgrad. Jedoch kompensieren Geld oder Sachwerte
auf Dauer kaum das Gefühl, nicht als Gesamtpersönlichkeit betrachtet, geachtet
und wertgeschätzt zu werden.

Mitarbeiter, die sich innerhalb einer Unternehmenskultur nicht wohl fühlen, in der wenig beiderseitiges Vertrauen besteht und die sich als
Mensch in ihrer Gesamtpersönlichkeit nicht wahrgenommen fühlen, werden nur „Dienst nach Vorschrift" machen, ohne sich mit ihrem eigenen
Produkt, ihrer Arbeit oder ihrem Arbeitgeber zu identifizieren. Auf lange
Sicht werden diese Mitarbeiter keine hochproduktiven, innovativen und
leistungsfähigen Mitarbeiter sein, was sich letztlich stark negativ auf die
Kosten von Unternehmen in den verschiedenen Bereichen auswirken
wird. Für Menschen, die im Alltag immer mehr Stress, Belastungen und
Unsicherheiten ausgesetzt sind, wird Vertrauen und Sicherheit neben
den rein monetären Aspekten immer wichtiger. Unternehmenskulturen,
die durch Misstrauen und Unsicherheit geprägt sind und in denen „ge-
sichts-, charakter- und persönlichkeitslose" Führungskräfte agieren[162],
führen dazu, dass der Mitarbeiter mit sich und der Umwelt nicht in Balance steht und dadurch weniger leistet, als er könnte.

Mit diesen mehr innerhalb des Unternehmens bestehenden Ursachen
transportieren unzufriedene, frustrierte und nicht balancierte Mitarbeiter
ein negatives Image des Unternehmens nach außen, welches in der
Multiplikation der Sozialkontakte immensen Schaden für das Unternehmen auf mehreren Dimensionen bedeutet.

Neben den rein formalen Kriterien eines Arbeitsverhältnisses – d.h. einem gegenseitigen Nehmen und Geben – werden hier drei „Verträge"
aufgeführt, wie Unternehmen verschiedene Tausch- und Währungsver-
hältnisse herstellen können, um Mitarbeiter für das Unternehmen zu gewinnen, Vertrauen zu schaffen und damit die Leistungsfähigkeit zu erhalten und zur Innovationsfähigkeit zu motivieren:

---

[162] Vgl. dazu Höhler 2003.

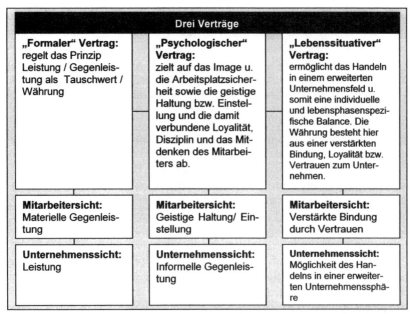

Drei Verträge		
„Formaler" Vertrag: regelt das Prinzip Leistung / Gegenleistung als Tauschwert / Währung	„Psychologischer" Vertrag: zielt auf das Image u. die Arbeitsplatzsicherheit sowie die geistige Haltung bzw. Einstellung und die damit verbundene Loyalität, Disziplin und das Mitdenken des Mitarbeiters ab.	„Lebenssituativer" Vertrag: ermöglicht das Handeln in einem erweiterten Unternehmensfeld u. somit eine individuelle und lebensphasenspezifische Balance. Die Währung besteht hier aus einer verstärkten Bindung, Loyalität bzw. Vertrauen zum Unternehmen.
Mitarbeitersicht: Materielle Gegenleistung	Mitarbeitersicht: Geistige Haltung/ Einstellung	Mitarbeitersicht: Verstärkte Bindung durch Vertrauen
Unternehmenssicht: Leistung	Unternehmenssicht: Informelle Gegenleistung	Unternehmenssicht: Möglichkeit des Handelns in einer erweiterten Unternehmenssphäre

Abb. 17:   Das Verhältnis von Tauschwert/Währung zwischen Mitarbeiter und Unternehmen (Quelle: nach Freier/Knauth 2003)

Die drei Verträge stellen somit ein Tausch- und Währungsverhältnis zwischen Unternehmen und Mitarbeiter dar. Das Unternehmen kann sich dabei auf den Mitarbeiter in seiner Leistungsfähigkeit und Leistungsbereitschaft verlassen. Der seine Arbeitskraft zur Verfügung stellende Mitarbeiter wiederum vertraut auf das Unternehmen hinsichtlich der Arbeitsplatzsicherheit, Entlohnung, Führung und Unternehmensentscheidungen sowie darauf, in einem erweiterten Unternehmenskontext für sich handeln zu können, also seine privaten und beruflichen Bedürfnisse und Belange im Einklang halten zu können. Folglich steht in erster Linie durch dieses Tausch- bzw. Währungsverhältnis der Aspekt „Vertrauen"[163] im Vordergrund.

Betrachtet man die drei Verträge nun unter veränderten gesellschaftlichen Rahmenbedingungen, so sind *Zeit, Demographie und Wertewandel* drei Aspekte, die die Entstehung und die Entwicklung der drei Verträge in ihrer Zusammensetzung und Gewichtung verändern. Unter

---

[163] Vgl. hierzu Freier/Knauth 2003.

dem Aspekt Zeit können die drei Verträge folgendermaßen betrachtet werden:
Die einzelnen Verträge sind zeitlich nacheinander entstanden, zuerst entstand der „formale Vertrag", in den 80er Jahren der „psychologische Vertrag" und heute zeichnet sich der „lebenssituative" ab. Durch demographische Veränderungen werden die drei Verträge wiederum andere Gewichtungsverhältnisse und Bedeutung gewinnen, denn durch die geburtenschwachen Jahrgänge wird sich der Arbeitsmarkt zum Vorteil der Arbeitnehmer verändern, wodurch Unternehmen neue Anreize schaffen werden müssen.[164] Der gesellschaftliche Wertewandel bewirkt bezüglich der drei Verträge, dass Menschen in der Arbeit nicht ihren alleinigen Lebensinhalt und ihr einziges Lebensziel sehen. Die Bedeutung der Arbeit ist laut Elisabeth Noelle-Neumann rückläufig und nicht mehr so stark wie noch in den 60er Jahren.[165] Ein weiterer Aspekt, der mit dem gesellschaftlichen Wertewandel verbunden werden kann, ist die grundlegende Veränderung der Lebensverhältnisse: Menschen möchten auch in anderen Lebensbereichen außerhalb der Arbeits- und Berufswelt handeln und mehr Erfahrungen sammeln.

Somit regeln die hier aufgezeigten gesellschaftlichen Rahmenbedingungen heute und zukünftig die Gewichtung der drei Verträge, die den Vertrauensgewinn der Mitarbeiter und damit die Erhaltung der Beschäftigungs- und Leistungsfähigkeit sowie die Bindung von Mitarbeitern bestimmen.

Vorteile für Unternehmen durch Work Life Balance
Neben dem oben beschriebenem Hauptziel, beiderseitiges Vertrauen mit Work Life Balance innerhalb von Firmen und Betrieben zu schaffen, ist ein weiteres wichtiges Unterziel, den so genannten „War for talents" zu gewinnen. Nur mit genügend qualifizierten, leistungsfähigen und -willigen Mitarbeitern wird dauerhaft der Unternehmenserfolg gesichert werden können. Darüber hinaus existiert eine weitere Anzahl von Vorteilen (siehe Abb. 18), die man mit der Einführung von Work Life Balance erzielen kann und die hier kurz beschrieben werden:[166]

---

[164] In bezug auf die Demographie sind noch weitere Aspekte zu verfolgen, wie z.B. dass der quantitative Anteil an älteren Mitarbeiter in den Unternehmen überproportional steigen wird und dadurch als „Kompensation" mehr Frauen rekrutiert werden müssen. Vgl. dazu auch Horx-Strathern 2001.
[165] Vgl. dazu Nölle-Neumann 2001, S. 21.
[166] Entnommen aus dem Original von Freier/Knauth 2003, S. 181–182.

Abb. 18: Gründe bzw. Vorteile von Work Life Balance für Unternehmen (Quelle: eigene Darstellung)

- **Gewinner des „Wettbewerbs um Talente" – attraktiver Arbeitgeber**

Um aufgrund demographischer Veränderungen und daraus zukünftig resultierender Schwierigkeiten genügend qualifizierte Mitarbeiter zu rekrutieren und als Arbeitgeber attraktiv zu sein, gilt es neue Anreize zu schaffen.

- **Image-Gewinn**

Allgemeiner Image-Gewinn mit Work Life Balance, um damit bei Kunden ein gutes sozialgesellschaftliches Ansehen zu erlangen.

- **Erhaltung der personellen Qualifikation**

Kann das Unternehmen dem Mitarbeiter mit Maßnahmen und Programmen ermöglichen, seine individuelle Balance zwischen Beruf und Privat-

78

leben zu erhalten, wird dies auf Dauer zu einer Leistungssteigerung und dadurch zum Erhalt der personellen Qualifikation führen.

- **Mitarbeiterbindung (Retention)**
Mitarbeiter realisieren durch ein Bewusstsein von Work Life Balance, wie wichtig sie für das Unternehmen sind, und werden sich dadurch stärker mit dem Unternehmen identifizieren, wodurch auch die Bindung an und das Vertrauen in das Unternehmen steigt.

- **Alleinstellungsmerkmal der Abgrenzung von der Konkurrenz**
Produkte lassen sich hinsichtlich ihrer Qualität und des Preises kaum mehr unterscheiden. Mit Image- und Marketingkampagnen beispielsweise zur Work Life Balance wird versucht, auf die persönliche Situation bestimmter Konsumentenschichten abzuzielen, damit für die Wahl des Produktkaufs Abgrenzungsmerkmale geschaffen werden können.

Reduzierung der Fluktuations- und Recruitingkosten, des Krankenstands, der Burn-out-Folgekosten und der Anzahl der Leistungsgewandelten. Präventiv werden die Mitarbeiter durch Maßnahmen der Work Life Balance oder integrative Konzepte in ihrer psychischen und physischen Konstitution ausgeglichener und gesunder sein. Dies führt zu einer Reduzierung von Burn-out-Erkrankten. Generell wird es den Krankenstand und die Anzahl der Leistungsgewandelten minimieren.

- **Gewinnung des Vertrauens der Mitarbeiter**
Wer mit einem ganzheitlichen Bewusstsein speziell auf die Mitarbeiter einzugehen versteht, wird damit ihr Vertrauen und ihre Loyalität gewinnen.

5.3   Parameter der Work Life Balance

Eine Vereinbarkeit von Beruf und Privatleben bzw. eine Balance zwischen beiden Bereichen herzustellen ist von vielen Parametern abhängig, die sich in einer gewissen Weise gegenseitig bedingen und daher ein hochkomplexes Geflecht bilden. Um systematisch Stellhebel in diesem Geflecht zu identifizieren, muss jedoch vorab geklärt werden, wie die einzelnen Parameter definiert bzw. beschrieben werden.

Betrachtet man das Privat- und Berufsleben als alltäglichen Ablaufprozess, in dem in beiden Bereichen gleichermaßen Ereignisse stattfinden, so ist einer der Hauptparameter von Work Life Balance der Faktor Zeit (vgl. dazu Abb. 19). Durch die heutigen zum Teil starren zeitlichen Rahmenbedingungen ergeben sich viele Folgeprozesse im alltäglichen Ablaufprozess, die sich als Kollision von Verpflichtungen und Interessen darstellen, die größtenteils an Zeit gekoppelt sind.

Beruflich verpflichtete Zeit (Arbeitswelt)	Vertragliche Arbeitszeit	
	Berufsnebenzeit, Überstunden, Fahren von und zur Arbeit, beruflich-soziale Verpflichtungen	
Nicht verpflichtete Zeit (Lebenswelt)	Regeneration und persönliche Versorgung	Schlaf
		Ernährung, Hygiene, Versorgung
	Zeit für Rollen mit Muss-Charakter	Familiäre und soziale Verpflichtungen
	Individuell disponible Freizeit	Materiell nützliche Tätigkeiten wie Fortbildungen etc.
		Politische, sozial karitative oder religiöse Tätigkeiten
		Nutzfreie Zeit

Abb. 19: Überblick über die Einteilung der Zeit im Kontext der Lebens- und Arbeitswelt als Tagesablauf betrachtet. (Quelle: Voß 1991 zitiert nach Prahl: Freizeitsoziologie, München 1977, S. 61)

Neben dem Parameter „Zeit" existiert jedoch noch eine Vielzahl anderer Parameter, die sich zum einen aus dem beruflichen und privaten Bereich, jedoch auch in Abhängig der eigenen Persönlichkeit ergeben. Die unterschiedlichen Parameter sind, wie die Abbildung 20 zeigt, auf drei Ebenen zu identifizieren und zu definieren.

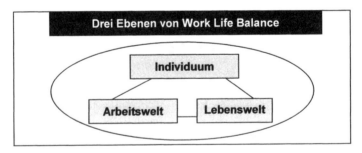

Abb. 20: Überblick über die drei Ebenen von Work Life Balance (Quelle: eigene Darstellung)

Diese Parameter werden in den folgenden Abschnitten für die Ebene der Arbeits- und Lebenswelt und auf der Ebene des Individuums beschrieben.[167]

5.3.1 Parameter des Individuums:

Für die Ebene des Individuums sind für diese Arbeit folgende Parameter relevant:

- Alter
- Stressempfinden
- Charakter
- Physische und psychische Konstitution
- Persönlicher Arbeitsstil

Alter

Das Alter bestimmt zum einen die einzelnen Lebensphasen[168], aber auch, in welcher körperlichen und geistigen Verfassung sich das Individuum befindet. In jeder dieser einzelnen Lebensphasen, die bezüglich der Work Life Balance sowohl für den privaten als auch für den beruflichen Bereich teilweise altersspezifisch bestimmbar sind, erlebt das Individuum berufliche und private Ereignisse auf unterschiedliche Weise. Aufgrund der Individualisierung in unserer Gesellschaft steht das Alter als Parameter jedoch nur noch bedingt als Indikator für die nach einer bestimmten Reihenfolge ablaufenden Ereignisse im Lebensverlauf.[169]

Stressempfinden

Das Stressempfinden trägt ganz entscheidend dazu bei, ob sich ein Individuum im Kontext der Lebens- und Arbeitswelt in Balance fühlt oder nicht. Unter Stress werden „[...] physische und psychische Belastungen des Organismus [verstanden], die stets außer jeweils spezifischen Folgen auch zahlreiche unspezifische Reaktionen auslösen."[170] Stress wird sehr unterschiedlich und individuell empfunden und ist von unterschiedli-

---

[167] Die für die jeweilige Ebene beschriebenen Parameter überschneiden sich teilweise und lassen sich inhaltlich nicht immer klar trennen.

[168] Vgl. dazu Graf 2001, die unterschiedliche Lebensläufe (biologische, berufsbezogene etc.) unter Berücksichtigung des Alters bezüglich einer lebensphasenorientierten Personalentwicklung betrachtet.

[169] Vgl. dazu Beck-Gernsheim, 1990.

[170] Fuchs-Heinritz 1994, S. 651.

chen Faktoren abhängig, wie den Stressoren, der Reaktion auf diese Stressoren, der Stresserfahrung und -verarbeitung, dem Stressmanagement bzw. Stresskonzept und den Entspannungsmöglichkeiten, um den Stress abzubauen.[171]

Dem Stressempfinden geht eine Bewertung voraus, ob der Stress als positiv (so genannter Eustress) oder als negativ (so genannter Disstress) empfunden wird. Diese Bewertung ist auch davon abhängig, welche Stresserfahrung zugrunde liegt und welche Verarbeitungsstrategien entwickelt sind. Das Stressempfinden und die Reaktion darauf bzw. die Stressverarbeitung bestimmen letztlich die innere Ausgeglichenheit bezüglich einer Work Life Balance. Die vorhandenen Ressourcen tragen ebenso dazu bei, den Stress abzubauen. Permanenter und lang andauernder Stress wird zu psychosomatischen und somatischen Störungen führen, die den Menschen leistungsunfähig und krank machen und damit außer Balance bringen.

Charakter
Der Charakter oder auch die Persönlichkeit von Menschen bestimmen neben Aspekten der Sozialisation die Handlungsmuster im Alltag (im beruflichen und auch privaten Bereich) und damit den Umgang mit Ereignissen.[172] Die unterschiedlichen charakterlichen Anlagen bestimmen so die Reaktion und damit das Handeln in alltäglichen Situationen im beruflichen wie auch privaten Bereich. Die persönlichkeits- und stressbedingten Parameter stehen hiermit in engem Zusammenhang und haben massiven Einfluss darauf, wie sich das Individuum mental fühlt, d.h. ob es ausgeglichen ist oder nicht.

Physische und psychische Konstitution
Die physische und die psychische Konstitution bestimmen die Bewältigung des Alltags im beruflichen und privaten Bereich eines Individuums. Ist ein Mensch physisch, d.h. durch körperliche Defizite belastet,[173] wird dies wiederum auch Auswirkungen auf die psychische Konstitution haben. Ob nun eine der beiden Formen oder eine gleichermaßen physi-

---

[171] Für den Ausgleich bzw. Abbau von aus den beiden Lebensbereichen resultierendem Stress kann z.B. mentale Entspannung (Meditation), Sport oder das soziale Umfeld wie die Familie beitragen. Vgl. dazu Cassens 2003 und Seiwert 2002.

[172] Dies sind beispielsweise ängstliche, risikobereite, pedantische etc. Charakterzüge, die Individuen in bestimmten Situationen beider Lebensbereiche zeigen, um damit ihren Alltag zu bewältigen.

[173] Das können z.B. Krankheiten wie Depressionen, Migräne oder eine Grippe sein.

sche und psychische Belastung vorliegt, dies beeinflusst die Leistungsfähigkeit und damit die Art, inwieweit der Lebensalltag positiv oder negativ bewältigt und empfunden wird.

Persönlicher Arbeitsstil
Als weiterer Parameter, der die Ebene des Individuums betrifft, ist der
persönliche Arbeitsstil zu nennen. Dieser entscheidet darüber, wie Aufgaben aus dem beruflichen wie auch privaten Bereich bearbeitet werden.
Der Arbeitsstil ist abhängig vom individuellen Zeitmanagement, organisatorischen Know-how und der Erfahrung, Aufgaben zu bearbeiten oder zu
koordinieren. Dieses Bündel an Eigenschaften bestimmt ebenfalls die
Work Life Balance.

5.3.2 Parameter der Lebenswelt

Für die Ebene der Lebenswelt sind für diese Arbeit folgende Parameter
relevant:

- (Frei)Zeit
- (Ehe-)Partner
- Familie, Pflege von Verwandten, Kind(er)
- Soziales Umfeld
- Haushaltsorganisation
- Finanzielle Situation

(Frei)Zeit
Der Parameter Zeit, der im privaten Bereich zur Verfügung steht, bezieht
sich auf die eigentlich frei zur Verfügung stehende Freizeit.[174] Diese beinhaltet die „Ich-Zeit", d.h. die Zeit, die ein Individuum für sich alleine
nutzt oder auch benötigt (wie beispielsweise für Musikhören, Lesen,
Nachdenken, Entspannen, Hobbys u.a.). Daneben steht die „Familienzeit", während der man sich der Familie (z.B. Freizeitaktivitäten), dem
Lebenspartner oder auch dem sozialen Umfeld (Freunde, Bekannte und
Verwandte) widmet. Des Weiteren steht der Parameter Zeit ebenso für
Verpflichtungen (z.B. Einkaufen, Putzen etc.), die im Alltagsablauf enthalten sind.

---

[174] Zum Begriff der Freizeit vgl. Kapitel 2.

(Ehe-)Partner

Als weiterer Parameter steht der Partner – dies kann die/der Ehefrau/-mann bzw. Lebenspartner/-in sein. Bezüglich einer Vereinbarkeit von Beruf und Privatleben stellt neben dem eigenen, auf das Individuum bezogenen Ablauf in den verschiedenen Bereichen der (Tages)Ablauf des Partners einen entscheidenden Faktor dar. Auch hier müssen im Sinne einer ganzheitlichen Betrachtung die beiden Bereiche, in denen der Partner agiert, mit einbezogen werden.

Für das Zusammenspiel zwischen den beiden Partnern sind folgende Ereignisse bzw. Abläufe zu beachten, die objektiv betrachtet nur einen Partner betreffen: Beruf bzw. Karriere, Hobbys und Freizeitaktivitäten, Ich-Zeit, Verpflichtungen, Pendelzeiten zur Arbeitsstelle, Rollenverständnis – jedoch stehen alle diese Ereignisse in Wechselbeziehung zu den Ereignissen und Abläufen des anderen Partners, teilweise aufgrund von organisatorischen Belangen, teilweise aber auch aus zeitlichen Gründen.

Familie und Kinder

Weitere bestimmende Parameter bezüglich einer Work Life Balance sind die Familie, die Anzahl der Kinder, das Alter der Kinder, die Hobbys der Kinder, die Betreuung bzw. Erziehung der Kinder, die Verpflichtungen von Aktivitäten der Kinder (z.B. Elternabend, Ausflüge, Arztbesuche) und Pflege von Familienangehörigen.

Der Parameter Familie umfasst hauptsächlich Personen mit verwandtschaftlichen Verbindungen, z.B. Eltern, Kinder, Schwiegereltern, Kinder aus vorangegangenen Beziehungen oder Ehen, die mit im Haushalt leben, sowie nahe stehende Verwandte. Die Anzahl und das Alter der Kinder sind weitere wichtige Aspekte bezüglich der Work Life Balance. Es geht dabei um die Frage, wie, wer und wann zu welchen Teilen die Erziehung und Betreuung der Kinder übernimmt. Ebenso bestehen Verpflichtungen und Aktivitäten der Kinder, die in den alltäglichen Ablauf der Eltern einzupassen sind. Ebenso ist die Pflege und Betreuung von Familienangehörigen für diesen Parameter relevant.

Soziales Umfeld

Das soziale Umfeld kann mit Freunden, Nachbarn, Sportkollegen und allen mehr oder minder nahe stehenden Personen beschrieben werden, die für das Individuum und seine Einbindung in den sozialen Kontext wichtig sind. Um das soziale Umfeld zu pflegen, sind Aktivitäten mit Freunden bzw. dem Freundeskreis, aber auch Verpflichtungen wie z.B. die Pflege von Eltern/Verwandten oder Aktivitäten mit der/den Kernfamilie(n) (Eltern) im Alltag des privaten Bereichs enthalten. All diese Aktivitäten oder Verpflichtungen sind an den Faktor Zeit gekoppelt und müssen in den alltäglichen Ablauf passen und wichtig für die Balance des Individuums sein.

Haushaltsorganisation

Jedes Individuum hat einen Haushalt zu versorgen, da es in einer Wohnung oder einem Haus lebt. Wer im Haushalt welche Aufgaben und Verpflichtungen übernimmt, ist davon abhängig, ob man in einer Partnerschaft zusammenlebt oder nicht, welches Rollenverständnis zwischen den beiden Partnern existiert und ob man externe Hilfe zur Unterstützung im Haushalt beansprucht oder nicht (Reinigung der Wohnung, Waschen der Wäsche und Erledingung von Einkäufen). Wie auch bei den anderen Parametern hängt im Kontext von Work Life Balance die Haushaltsorganisation mit all ihren Aktivitäten und Verpflichtungen im Alltag vom Zeitfaktor ab.

Finanzielle Situation

Die finanzielle Situation eines jeden Haushalts bestimmt die Flexibilität bezüglich einer Vereinbarkeit von Beruf und Familie. Folgende Aspekte definieren die finanzielle Situation: Höhe des Einkommens, Höhe der monatlichen Ausgaben (u.a. Fixkosten), Definition des Lebensstandards.

Die Höhe des monatlichen Einkommens bestimmt, wie viel Geld neben den monatlichen Ausgaben noch für andere Dinge zur Verfügung steht und welcher Lebensstil bzw. nach welchem Lebensstandard gelebt werden kann (z.B. wie häufig und welche Form und Dauer von Urlaub gemacht werden kann, ob eine Haushaltshilfe angestellt werden kann etc.). Personen oder Familien sind damit bezüglich ihrer Work Life Balance von ihren finanziellen Ressourcen abhängig, weil sie mit diesen bestimmte Dienste erwerben und so eine Balance herstellen können.

5.3.3 Parameter der Arbeitswelt

Für die Ebene der Arbeitswelt sind für diese Arbeit folgende Parameter relevant:

- Arbeitszeit
- Arbeitsorganisation/Arbeitsinhalte
- Dienstleistungs- und Serviceangebote vom Unternehmen
- Führungsstil der unmittelbaren und höher gestellten Vorgesetzten
- Unternehmenskultur
- Zusatzleistungen des Unternehmens
- Informations- und Kommunikationspolitik
- Entgeltbestandteile und geldwerte Leistungen des Unternehmens
- Personalentwicklung

Arbeitszeit
Die Gestaltung der Arbeitszeit beinhaltet Arbeitszeitmodelle, Arbeitszeit-strukturen und Pendelzeiten zur Arbeit, die alle an eine Vereinbarkeit von Beruf und Privatleben gekoppelt sind. Je flexibler die Zeit beziehungs-weise die Rahmenbedingungen (Arbeitszeitmodelle und Arbeitszeitstruk-turen) gestaltet sind, umso besser lassen sich Verpflichtungen und Er-eignisse aus dem beruflichen mit denen aus dem privaten Bereich ver-einbaren.

Arbeitsorganisation/Arbeitsinhalte
Die Aufteilung der Arbeit bzw. die Inhalte von Projekten und Arbeitsauf-gaben bestimmt ebenfalls, inwieweit eine Balance zwischen Beruf und Privatleben realisiert werden kann. Ob und in welchem Umfang Teamar-beit, Einzelarbeit und Ressourcenplanung eines Projekts sowie ein Leis-tungsverständnis des Unternehmens an seine Mitarbeiter bestehen, sind wiederum tragende Faktoren einer guten Work Life Balance.

Dienstleistungs- und Serviceangebote vom Unternehmen
Unterschiedliche Serviceangebote und Dienstleistungen wie z.B. ein Wäsche- und Bügelservice, Reinigungsservice, Einkaufsservice, Ge-sundheitsdienst und andere von Seiten des Unternehmens angebotene Leistungen erleichtern und unterstützen eine Work Life Balance.

Führungsstil der unmittelbaren und höher gestellten Vorgesetzten
Der Führungsstil und das Bewusstsein über Work Life Balance des un-mittelbaren Vorgesetzten spielen für die Realisierung einer Vereinbarkeit von Beruf und Privatleben eine wichtige Rolle. Hat der Vorgesetzte selbst keine Probleme mit der Work Life Balance, d.h. besteht kein oder nur wenig Bewusstsein für diese Thematik, wird dieser wenig Verständ-

nis haben, wenn seine Mitarbeiter diesbezüglich Probleme und daraus resultierende Bedürfnisse artikulieren und diese durchsetzen möchten.

Unternehmenskultur

Eng verbunden mit dem Führungsstil ist die Unternehmenskultur, die darum ebenso entscheidend dazu beiträgt, ob Belange und Bedürfnisse, die Work Life Balance betreffend, tabuisiert oder artikuliert werden dürfen. Daneben ist für deren Realisierung ebenso bestimmend, ob die Mitarbeiter sich gegenseitig unterstützen und im Rahmen ihrer Möglichkeiten den Kollegen helfen.[175] Inwieweit die Kultur eines Unternehmens eine Vereinbarkeit von Beruf und Privatleben zulässt, ist daher sowohl von den Führungskräften als auch von dem Umgang der Mitarbeiter untereinander abhängig.

Zusatzleistungen des Unternehmens

Die zusätzlichen Leistungen, die eine Firma ihren Mitarbeitern oder ganz spezifischen Mitarbeitergruppen neben dem regulären monatlichem Gehalt vergütet, erleichtern ebenfalls eine Vereinbarkeit von Beruf und Privatleben. Häufig handelt es sich hierbei um Leistungen, die dazu beitragen, das Privatleben zu erleichtern, wie z.B. Kindergartenzuschuss, Führungskräftedienstwagen, zusätzliche Urlaubstage, Wohnungsmakler u.a.. Die Bandbreite der Zusatzleistungen und ihr Einsatz innerhalb von Unternehmen kann sehr unterschiedlich sein.

Informations- und Kommunikationspolitik

Die Art bzw. die Breite der Informations- und Kommunikationspolitik im Unternehmen bezüglich Work Life Balance ist einerseits dafür ausschlaggebend, ob alle Mitarbeiter auf dem gleichen Wissenstand sind und wissen, welche Maßnahmen, Programme und Dienstleistungen innerhalb des Unternehmens bestehen und in Anspruch genommen werden können, und andererseits, wie schnell arbeitsspezifische Informationen weitergeleitet werden und Sachverhalte transparenter werden, um Entscheidungen für den Arbeitsprozess zu treffen. Mangelt es an ausreichender Information und Kommunikation über die Maßnahmen und arbeitsrelevanten Sachverhalte, so sind in der Folge Arbeitsprozesse schwieriger abzuschätzen und zu gestalten, was dann Auswirkungen auf die Koordination des Privatlebens hat.

---

[175] Z.B. Urlaubsvertretungen oder die Bereitschaft, beim Ausfall eines Kollegen dessen Arbeit zu übernehmen.

Entgeltbestandteile und geldwerte Leistungen des Unternehmens
Für eine Vereinbarkeit von Beruf und Privatleben entscheiden die zur
Verfügung stehenden finanziellen Ressourcen jedes Mitarbeiters über
die Möglichkeiten, bestimmte im Privatbereich existierende Tätigkeiten
wie z.B. Putzen, Einkaufen, Handwerkstätigkeiten, Wäscheservice u.a.
zu externalisieren. Ob und in welcher Höhe geldwerte Leistungen bzw.
Entgeltbestandteile vom Unternehmen gewährt werden, ist sehr unterschiedlich. Sie tragen ebenfalls dazu bei, inwieweit eine Balance zwischen Arbeit und Privatleben unterstützt und erleichtert werden kann.

Personalentwicklung
Die im Rahmen der Personalentwicklung bestehenden Maßnahmen,
welche unter Work Life Balance subsumiert werden können, wie z.B.
Seminare für Stressmanagement, Selbstfindung, Führungskompetenz
etc., beziehen sich in erster Linie auf Sachverhalte der Arbeitswelt. Viele
Unternehmen bieten jedoch mittlerweile auch Maßnahmen und Seminare an, die die Sachverhalte der Lebenswelt ebenso unterstützen, wie z.B.
Seminare für werdende Eltern, Ehepaare (Partnerseminare) etc. Alle
Maßnahmen und Aktivitäten, ob nun der Fokus mehr auf der Unterstützung der Lebens- oder der Arbeitswelt liegt, tragen zu einer Unterstützung der Balance zwischen beiden Bereichen bei.

5.4 Personalpolitische Handlungsfelder bezüglich Work Life Balance

Durch den Mangel einer klaren Definition, was man unter Work Life Balance verstehen kann, besteht ein breites Spektrum an Perspektiven
oder Bedeutungen zur Work Life Balance innerhalb von Unternehmen.
Ein Überblick über diese unterschiedlichen Perspektiven im Bezug auf
die Handlungsfelder in Unternehmen wird in diesem Abschnitt vorgenommen.[176]

Folgende Handlungsfelder (Abb. 21) werden mit Work Life Balance innerhalb der Unternehmen in Verbindung gebracht:

---

[176] Vgl. dazu Personal 2003, DGFP 1999, Gemeinnützige Hertie-Stiftung 1991,
Hochschulanzeiger 2002, Freier 2001.

Personalpolitische Handlungsfelder bezüglich Work Life Balance

Recruiting

Gesundheits-
förderung

Frauen- und
Familienpolitik

Arbeitszeit-
modelle

Einrichtungen und
Dienstleistungen

Retention

Personal-
entwicklung

Einzelmaßnahmen

Abb. 21: Übersicht über die personalpolitischen Handlungsfelder im Kontext von Work Life Balance innerhalb von Unternehmen (Quelle: eigene Darstellung)

Das auf die Work Life Balance bezogene Handlungsfeld **Gesundheitsförderung** betrachtet die Gesundheit des Mitarbeiters aus einer arbeitsweltlichen Perspektive. Neben gesetzlichen Vorschriften, bestimmte Standards einzuhalten, die die medizinische Versorgung innerhalb eines Unternehmens betreffen, können unterschiedliche Maßnahmen und Konzepte, die vorwiegend der Balance dienen, z.B. „Wellness"-Angebote, Sportprogramme, Rückenschule, Gesundheitsprophylaxe, Mottoseminare („Wie ernähre ich mich gesund" etc.), bestimmte Gesundheitsprogramme für Führungskräfte usw., unter das Handlungsfeld Gesundheit subsumiert werden.

Des Weiteren steht das Handlungsfeld **Frauen- und Familienpolitik**[177] innerhalb von Unternehmen in Beziehung zur Work Life Balance. Es umfasst alle Aktivitäten, Maßnahmen und Programme, die im Kontext der Vereinbarkeit von Beruf und Familie zu sehen sind und primär die Gruppe berufstätiger Mütter und erst sekundär Männer anspricht. Darunter fallen z.B. personalpolitische Grundsätze zur Frauen- und Familienpolitik in Unternehmensleitlinien und -bildern, Seminare und Informationen für werdende Mütter, Kindergärten oder ähnliche Einrichtungen, Serviceeinrichtungen zur Vermittlung von Kinderbetreuung oder die Pflege von Familienangehörigen.

In Verbindung mit dem Handlungsfeld **Retention** ist Work Life Balance als Mittel zu betrachten, Mitarbeiter an das Unternehmen binden zu kön-

---

[177] Das Handlungsfeld der Frauen- und Familienpolitik umfasst auch Maßnahmen, wie „Frauen in Führungspositionen" (z.B. Mentoringprogramme) und Recruitingmaßnahmen, um gezielt Frauen anzusprechen; vereinzelt sind hier auch Männer angesprochen, die ihren Vaterpflichten nachkommen möchten.

nen. Dabei ist entscheidend, welche Zielgruppe innerhalb des Unternehmens welche Bedürfnisse hat, so dass unter Berücksichtigung der Work Life Balance zielgruppenspezifisch auf die Bedürfnisse abgestimmte Anreize definiert werden, die dann in Form von unterschiedlichen Maßnahmen wie besonderen Incentives, (z.b. ein Wellnesswochenende für gestresste Manager und Führungskräfte) oder monetären und nichtmonetären Zusatzleistungen, die eine Balance zwischen beiden Lebensbereichen erleichtert (Putzhilfen, Umzugsservice etc.), umgesetzt werden müssen.

Innerhalb des Handlungsfeld Recruiting bedeutet Work Life Balance, sich gegenüber der Konkurrenz als attraktiver Arbeitgeber abzuheben, d.h. Differenzierungsmerkmale und besondere Attraktoren zu schaffen. Insbesondere sollen von Maßnahmen, Konzepten und Programmen zur Work Life Balance hoch qualifizierte, am Arbeitsmarkt schwer zu findende und zu rekrutierende Bewerber angezogen werden. Verschiedene Maßnahmen wie z.B. Veranstaltungen auf Hochschulmessen, Nachwuchs- und Führungskräftetagungen sowie Kooperationen mit Universitäten dienen alle dazu, das Unternehmen als potenziellen Arbeitgeber attraktiver darzustellen.

Im Sinne der **Personalentwicklung** innerhalb von Firmen kann Work Life Balance als integrativer Bestandteil in vielen Seminaren und Trainingsmaßnahmen zur Förderung der Balance zwischen Beruf und Privatleben verstanden werden. Diese Maßnahmen, wie z.B. Seminare zur eigenen Balanceanalyse und zum Zeitmanagement oder Partnerschaftstrainings, sollen die Mitarbeiter darin unterstützen, ihre Leistungs- und Beschäftigungsfähigkeit zu erhalten.

Unter dem Handlungsfeld **Einrichtungen und Dienstleistungen** sind Serviceleistungen der Unternehmen zu verstehen, die es dem Mitarbeiter erleichtern, Verpflichtungen aus dem Privatleben schneller und komfortabler zu erledigen. Sie umfassen ein breites Spektrum, z.B. Poststelle, Schuster, Supermarkt, Fitnessstudio, Bibliotheken, Einkaufsservice, betrieblicher Kindergarten etc.

Im Handlungsfeld **Arbeitszeitmodelle** stehen verschiedene Instrumente zur Verfügung, die zur Flexibilisierung und Erleichterung der Work Life Balance beitragen. Häufig werden hier von den Unternehmen flexible Gleitzeit-, Vertrauenszeit, Lebensarbeitskonten, Sabbatical und Telearbeit als Maßnahmen der Work Life Balance genannt.

Das Handlungsfeld **Einzelmaßnahmen** umfasst Aktionen, die nicht einem bestimmten anderen Handlungsfeld innerhalb des Unternehmens zugeschrieben werden können, aber in Verbindung mit Work Life Balance stehen. Diese Einzelmaßnahmen können z.b. ein Tag der offenen Tür oder Seniorenveranstaltungen für ehemalige Mitarbeiter sein und sollen dazu beitragen, eine Verbindung zwischen Arbeits- und Lebenswelt herzustellen.

5.5 Bestandsaufnahme von Work Life Balance in Unternehmen am Standort Deutschland

Im Rahmen dieser Arbeit wurden unterschiedliche Recherchen zum Thema Work Life Balance für den Wirtschaftsstandort Deutschland angestellt. Verschiedene Quellen, wie ein Benchmark, Artikel aus Fachzeitschriften, Internetseiten und persönliche Gespräche im Austausch innerhalb eines Work Life Balance Netzwerks etc., sind in diese Recherchen mit eingeflossen. Anhand dieser gesammelten und ausgewerteten Informationen, wird hier ein Überblick über Work Life Balance bei Unternehmen, d.h. die Handhabung von Work Life Balance, das Verständnis sowie die unterschiedlichen Maßnahmen, Programme oder Konzepte gegeben.

5.5.1 Übersicht über Work Life Balance in Unternehmen am Standort Deutschland

Als erstes soll anhand des Benchmarks[178] ein Überblick über den heutigen Stand im Allgemeinen und damit die Präsenz von Work Life Balance in Unternehmen innerhalb Deutschlands vermittelt werden, auch wenn sich dort das Thema mittlerweile höchstwahrscheinlich weiter entwickelt hat. Der Benchmark spiegelt zwar nicht allumfassend die gesamte Situation der Work Life Balance aller am Standort Deutschland ansässigen Unternehmen wider, er vermittelt jedoch vermutlich einen realistischen Eindruck zum Thema. Anonymisiert wird hierbei aufgezeigt, inwieweit die Firmen Work Life Balance als personalpolitisches Thema handhaben. Im zweiten Schritt wird dann eine allgemeine Einschätzung und die Entwicklung zum Thema formuliert, die aus einer Vielzahl von Quellen entstan-

---

[178] Dieser Benchmark wurde im Auftrag des in dieser Arbeit untersuchten Unternehmens erarbeitet. Der Befragungszeitraum lag zwischen Ende 2001/Anfang 2002. Die Firmen wurden je nach ihrer Erreichbarkeit befragt und per Zufall ausgewählt. Das Ranking wurde aus Datenschutzgründen anonymisiert.

den ist. Anhand der befragten Unternehmen wurden drei Typen der Ausprägung von Work Life Balance generiert:

Work Life Balance Typ I: hohe Ausprägung von Work Life Balance
Bei Unternehmen, die Typ I entsprechen, besteht ein ausgeprägtes Be-
wusstsein über Work Life Balance. Das Thema wird als wichtig bewertet,
ist teilweise Bestandteil in personalpolitischen Aussagen und wird von
Vorständen und dem Management unterstützt. Einige Firmen behaupte-
ten, es sei für sie eine Selbstverständlichkeit, den Menschen innerhalb
der Unternehmenskultur ganzheitlich zu betrachten. Häufig sind diese
Unternehmen US-amerikanischen Ursprungs und dem High-Tech-
Bereich zuzuordnen. Sie weisen ein breites und überdurchschnittliches
Angebot an Maßnahmen zur Work Life Balance auf, wie z.B. Arbeitszeitmodelle, Einrichtungen, Servicedienstleistungen etc.[179] Eines der
Hauptziele, die diese Firmen mit Work Life Balance verbinden, liegt neben Retention- und Recruitingaspekten darin, den Mitarbeitern langfristig
ein angenehmes Arbeitsumfeld zu schaffen, damit diese balanciert sind
und gute Arbeit leisten können.

**Work Life Balance Typ II: mittlere Ausprägung von Work Life Bal-
ance**
Innerhalb der Unternehmen des Typs II besteht ein Bewusstsein von
Work Life Balance teilweise nur "inoffiziell" und persönlichkeitsabhängig,
ist jedoch nur schwach ausgeprägt und nicht offiziell von Vorständen und
Management in die Unternehmenskultur integriert. Offizielle Statements
oder festgeschriebene Grundsätze zum Thema bestehen nur in Aus-
nahmefällen. Die Führungskräfte und Mitarbeiter entwickeln aufgrund
ihrer eigenen Erfahrung und Situation ein individuelles Verständnis von
Work Life Balance, das nicht einheitlich und hierarchieabhängig ist.

Bei diesen Firmen bestehen im Vergleich zu anderen Unternehmen alle
gängigen Arbeitszeitmodelle, die eine Work Life Balance erleichtern und
unterstützen. Es konnten Maßnahmen identifiziert werden, die der Work
Life Balance zugeschrieben werden können, jedoch schon vor der Existenz des Themas in den Unternehmen bestanden. Häufig befinden sich
diese Unternehmen in der Anfangs- oder Aufbauphase von Work Life
Balance, weil das Thema strategisch aus einer personalpolitischen Sicht

---

[179] Auch hier muss man anmerken, dass es nur einzelne Maßnahmen sind, die dem
Thema Work Life Balance zugeordnet werden können. Bei keinem der befragten
Unternehmen konnte ein integratives Konzept oder Programm zur Work Life Ba-
lance identifiziert werden.

im Moment ansteht. In erster Linie werden bei dieser Ausprägung der Work Life Balance Aspekte wie Retention, Recruiting oder Know-how-Sicherung verbunden.

Work Life Balance Typ III: geringe Ausprägung von Work Life Balance

Firmen, die Typ III zugeordnet werden können, haben so gut wie kein Bewusstsein von Work Life Balance. Deshalb kann man bei diesen Firmen auch davon ausgehen, dass das Thema in den Entscheidungsgremien noch nicht vertreten, sondern lediglich als personalpolitischer Trend identifiziert ist. Innerhalb dieser Unternehmen bestehen einige Arbeitszeitmodelle und wenige Einrichtungen bzw. Dienstleistungen und Maßnahmen. Alle Maßnahmen sind als Einzelmaßnahme zu verstehen, die unabhängig von einer Work Life Balance in den Unternehmen bestehen. Pläne oder Strategien, wie mit dem Thema zukünftig verfahren werden soll, gibt es meistens nicht.

Nach dieser Typisierung wurden die Unternehmen in folgende Rangfolge gebracht (siehe Abb. 22):[180]

---

[180] Entnommen aus Freier 2001. Die Typisierung des Benchmarks basiert auf einem 3-Ebenen-Erhebungsmodell: Work Life Balance – Bewusstsein, Entwicklung/Existenz, Umsetzung/Erleben. Vgl. dazu Anhang B für eine konkretere Übersicht der Erhebungsindikatoren und Anhang C für eine Aufstellung der einzelnen Unternehmen.

Branchen	Anonymisiertes Ranking: 3 Work Life Balance-Typen		
	Typ I	Typ II	Typ III
Automobilkonzerne		●●●	○
Banken	●		○○
Chemie	●	●●●	○○
Computer/Datenverarbeitung	●●●		
Elektronik	●		○○
Einzelhandel		●	
Fluggesellschaften			○
Flugzeugbau			○
Paketdienst/Transport		●●	○
Medizinische Technik		●	
Unternehmensberatung		●	○○○
Versicherung			○
Verwaltung/öffentlicher Dienst		●	
Gesamt	32	6	12	4	10

Abb. 22: Ranking der Unternehmen, die zum Thema Work Life Balance befragt wurden. (Quelle: aus dem Original von Freier 2001). Jedes Oval steht für ein untersuchtes Unternehmen.

Generelle Einschätzung zum Thema Work Life Balance bei Unternehmen am Standort Deutschland

In der Momentaufnahme zum Thema Work Life Balance ist allgemein für den Standort Deutschland festzustellen, dass das Thema Work Life Balance nach der ersten Phase Mitte/Ende der 90er Jahre aufgrund von Trendscouting in den Personalabteilungen der Firmen[181] stark publik wurde. Einige Unternehmen, vor allem die, die in irgendeiner Weise Leidens- und damit Handlungsdruck hatten, haben sich intensiver mit dem Thema Work Life Balance auseinandergesetzt und gezieltere Maßnahmen entwickelt.

---

[181] Diese Informationen basieren auf Gesprächen mit Personalvertretern unterschiedlicher Unternehmen, die die Verfasserin im Rahmen dieser Untersuchung geführt hat.

94

Dadurch, dass das Thema Work Life Balance sowohl von den Unternehmen als auch von der Wissenschaft nie konkret inhaltlich definiert wurde, konnte sich Work Life Balance von artverwandten Themen, insbesondere der Frauen- und Familienpolitik nie richtig differenzieren und abheben. Derzeit ist Work Life Balance ein immer noch häufig genanntes Personalthema, welches jedoch aufgrund der unklaren Definition und damit verbundenen schwierigen praktischen Anwendung in den Unternehmen momentan auf dem gleichem Niveau verblieben ist.

Nachdem vermehrten Aufkommen des Themas Work Life Balance in den 90er Jahren in Firmen, konnten innerhalb Deutschlands keine wirklichen Konzepte oder Programme zur Work Life Balance gefunden werden. Artverwandte Themen haben vom Trendgehalt und der Aktualität die Work Life Balance überholt, die heute eher als eine Mischung aus Frauen- und Familienpolitik, Diversity und Gender verstanden werden kann, aber nicht als eigenständiges personalpolitisches Thema.

Ein weiterer Grund, warum Work Life Balance nie aus der Anfangs- und Trendphase innerhalb der Unternehmen herausgekommen ist, liegt darin, dass zum einen das Thema Frauen- und Familienpolitik sehr stark in den Unternehmen etabliert ist und dieses thematisch mit Work Life Balance gleichgesetzt wurde. Des Weiteren wurde außerhalb der Unternehmen in der Beratungs- und Trainerbranche Work Life Balance als Thema gleichgesetzt mit vorangegangenen Themen vorwiegend aus der Personalentwicklung wie z.B. Motivation, Zeitmanagement, Reflektion der eigenen Persönlichkeit und Gesundheits-Check-ups.[182] Diese Themen hatten aber von den Inhalten keinen Neuigkeitsgehalt zu bieten, was innerhalb der Unternehmen erneut Verwirrung bezüglich Work Life Balance schaffte.

Die derzeit wirtschaftlich schlechte Lage der Unternehmen in Deutschland begünstigt es ebenfalls nicht, eher als „soft" betrachtete Themen wie Work Life Balance einzuführen, ehe geklärt ist, was Work Life Balance ist, noch quantitative Maßzahlen im Sinne eines Instruments existieren, die den Nutzen von Work Life Balance operationalisieren und somit eine Einführung von Work Life Balance unternehmerisch begründen

---

[182] Nach dem Motto „Alter Wein in neuen Schläuchen" wurden schon existierende Themen in einen anderen Kontext gesetzt und mit Work Life Balance etikettiert. Dies hat nicht gerade zur inhaltlichen Klärung von Work Life Balance beigetragen, sondern im Gegenteil dazu, dass Unternehmen sich von dem Thema mit der Begründung abwandten, diese sei schon Bestandteil ihrer Personalpolitik und in den Seminaren und Maßnahmen der Personalentwicklung.

könnten.[183] Des Weiteren sind gerade Firmen in der Großindustrie eher im Begriff Personal abzubauen und sehen daher keinen Nutzen darin, sich mit Work Life Balance zu befassen.

Als Fazit zum Stand von Work Life Balance ist festzuhalten, dass das Thema aufgrund der dargelegten und diskutierten Argumente in Zukunft ein wichtiges Thema sein wird. Derzeit verspüren Unternehmen in der großen Mehrzahl jedoch keinen Handlungsdruck, sich des Themas anzunehmen. Diese Betrachtungsweise wird aus einer strategischen Perspektive jedoch nur kurzfristig erfolgreich und mittel- bis langfristig nicht Erfolg versprechend sein. Es ist fraglich, ob diese Unternehmen zu einem Zeitpunkt, an dem Work Life Balance seine Renaissance erfährt, ad hoc Programme entwickeln und diese innerhalb kürzester Zeit in die Unternehmenskultur implementieren können.[184]

---

[183] Aus der Praxis der Work Life Balance wurde die Forderung nach einem Messinstrument laut. Momentan haben einige Beratungsagenturen an der Schnittstelle zu Wissenschaft und Politik Versuche unternommen, ein solches Instrument zu entwickeln, diese sind jedoch gegenwärtig nicht überzeugend und in ihrer Messung stark realitätsverzerrend. Als einen Ansatz ist hier die sogenannte „Prognos-Studie" vom Bundesministerium für Familie, Senioren, Frauen und Jugend, dem Bundesministerium für Wirtschaft und Arbeit und dem Bundesverband der Deutschen Industrie zu nennen. Bei einer differenzierten Betrachtung zielt diese Studie und damit die Messung des Nutzens von Work Life Balance jedoch lediglich auf die Zielgruppe Frauen und Familienpolitik ab. Von einem Messinstrument, was Work Life Balance allumfassend für alle innerhalb eines Unternehmens bestehenden Zielgruppen und damit verbundenem Nutzen für Unternehmen misst, kann bei dieser Studie nicht gesprochen werden.

[184] Als Beispiel ist hier die Entwicklung des Arbeitsmarkts für IT-Kräfte in den 90er Jahren in Deutschland zu nennen. Anhand von Aussagen des VDI sowie der Zahlen zur Entwicklung von Hochschulabsolventen bestimmter Studien- und Berufsgruppen des statistischen Bundesamtes war das Dilemma, nicht genügend IT-Fachkräfte auf dem deutschen Markt zu haben, lange absehbar und prognostizierbar. Wirtschaftsunternehmen ist hier der Vorwurf zu machen, dass sie ihre Personalpolitik, explizit ihre Rekrutierungsstrategien- und methoden, strategisch besser ausrichten hätten müssen, um diesem Problem früh beizukommen. Eine Parallele besteht hier zur Work Life Balance, weil aufgrund von harten Faktoren der Demographie der Trend wiederum jetzt schon absehbar ist, die Unternehmen jedoch momentan nicht reagieren, aber möglicherweise bei einem erneuten Wirtschaftswachstum wieder über den Mangel an qualifizierten Fachkräften am deutschen Arbeitsmarkt klagen werden.

5.5.2 Verständnis der Work Life Balance in deutschen Unternehmen

An der historischen Entwicklung von Work Life Balance und dem Beginn als personalpolitisches Thema bei Unternehmen in Deutschland wurde deutlich, dass das Thema relativ neu ist. Die überwiegende Anzahl der Unternehmen, die für diese Recherche kontaktiert wurden, betrachtet Work Life Balance größtenteils als synonym mit dem Thema Vereinbarkeit von Beruf und Familie[185] und in einem entfernteren Sinne im Kontext mit Frauenförderung oder Chancengleichheit, Diversity oder Gender.

Im Vergleich mit dem, was Work Life Balance sein kann, und dem, was Unternehmen darunter verstehen, hat sich sehr klar abgebildet, dass in den meisten Fällen Work Life Balance mit Frauen- und Familienpolitik, d.h. der Vereinbarkeit von Beruf und Familie gleichgesetzt wird und Maßnahmen umfasst, die die beruflichen und familiären, im weiteren Sinn auch privaten Interessen der Mitarbeiter besser miteinander vereinbar machen sollen. Der Fokus liegt hier, jedoch wie erwähnt primär auf Frauen, die eine Familie und Kinder zu versorgen haben.[186]

Eine Verankerung in personalpolitischen Grund- und Leitsätzen sowie Führungs-/Unternehmensleitbildern explizit unter dem Namen Work Life Balance besteht ebenfalls nicht oder wurde zumindest nicht gefunden. Bei vielen Unternehmen existieren jedoch in den personalpolitischen Prämissen häufig indirekte Aussagen über Work Life Balance, die gleichgesetzt sind mit Diversity, Gender und Frauenförderung. Inhaltlich wird Work Life Balance, ohne dass explizit die Begrifflichkeit benutzt wird, bei Seminaren, unter anderem auch Führungskräfteseminaren berücksichtigt.

---

[185] Vgl. dazu auch Badura 2003, S. 171 ff. Hier stellen Unternehmen ihre Programme zur Work Life Balance vor, wie z.B. die BfA, SAP AG, VW AG. Diese stehen jedoch wieder unter Themenaspekten wie Frauen und Familie, Gesundheit, Stressreduktion hinsichtlich der Familie (Doppelbelastung). Der Mangel einer Definition, was unter Work Life Balance tatsächlich verstanden werden kann, besteht auch in dieser wissenschaftspragmatischen Auseinandersetzung mit dem Thema.

[186] In den wenigsten Fällen werden andere Zielgruppen angesprochen. Als Ausnahme ist hier das Programm zur Work Life Balance der Siemens AG zu nennen, das "Promoting Diversity – Work Life Balance bei Siemens, Strategien und Maßnahmen" heißt und explizit auch andere Zielgruppen innerhalb des Unternehmens nennt. Bei diesem Programm wird jedoch schon am Namen deutlich, dass es hier etliche Überschneidungen zu anderen Themenkomplexen geben wird.

5.5.3 Konzepte, Programme und Maßnahmen zur Work Life Balance in deutschen Unternehmen

Die Recherche zu Programmen, Konzepten und Maßnahmen zur Work Life Balance ergab, dass das Spektrum hinsichtlich dessen, was alles von den Unternehmen unter Work Life Balance verstanden wird, sehr heterogen und vielfältig ist. Meistens werden von den Unternehmen primär Arbeitszeitmodelle, Dienstleistungen und Einrichtungen, die einer Work Life Balance förderlich sind, als entsprechende Maßnahmen benannt. Viele der angeblichen Maßnahmen zur Work Life Balance lassen sich jedoch unabhängig davon auch unter andere personalpolitische Themen subsumieren (z.B. diverse Arbeitszeitmodelle, flexible Gleitzeit oder auch Telearbeit), die schon weit vor dem Aufkommen von Work Life Balance in Unternehmen eingeführt worden sind.

Entscheidend für die Existenz von Work Life Balance in Unternehmen ist, dass ein Bewusstsein für Work Life Balance besteht, ohne das es meistens sehr viele so genannte Work-Life-Balance-Maßnahmen gibt, die aber meistens nicht innerhalb der Unternehmenskultur gelebt, d.h. letztlich von den Mitarbeitern nicht in Anspruch genommen werden. Existiert aber ein starkes Bewusstsein in der Unternehmenskultur, machen also der Vorstand oder das obere Management konkrete Aussagen zu Work Life Balance und gehen auch mit gutem Vorbild voran, um im Unternehmen Maßstäbe für das reale Leben vorzugeben, können Einrichtungen und Dienstleistungen rund um den beruflichen und privaten Alltag eine Balance zwischen beiden Bereichen erst ermöglichen und erleichtern. Unternehmen, die dies erkannt haben, schaffen Rahmenbedingungen und Maßnahmen weit über das Übliche oder Durchschnittliche hinaus.

Der Status von Work Life Balance steht meist nicht signifikant mit der Größe bzw. Breite des Angebots und der Existenz an Arbeitszeitmodellen, Einrichtungen und Dienstleistungen in Zusammenhang. Beispielsweise gaben Unternehmen an, sich im Status „wird gelebt" zu befinden, hierbei war das Angebot an Einrichtungen und Dienstleistungen jedoch relativ klein und größtenteils durch Arbeitszeitmodelle definiert. Somit muss sehr stark differenziert werden, welche Maßnahmen im Kontext von Work Life Balance in den Firmen bestehen und welche tatsächlich in Anspruch genommen werden.

Programme und Konzepte von Unternehmen in Deutschland zu Work Life Balance bestehen nach den Recherchen der unterschiedlichen Quellen nicht in „Reinform."

5.6 Forschungsdefizite

Anhand der Recherchearbeiten, die dieser Arbeit zu Grunde liegen, wurde festgestellt, dass Work Life Balance innerhalb der meisten hauptsächlich großen Industriebetriebe in Deutschland zwar ein Begriff ist, den Unternehmen jedoch nicht konkret und eindeutig klar ist, was Work Life Balance überhaupt beinhaltet.

Aus Ermangelung dieses Wissens und der damit verbundenen Unkenntnis spezifisch die Work Life Balance innerhalb von Unternehmen betreffend konnten während der Forschungszeit dieser Arbeit von Ende 2001 bis jetzt (2005) keine überzeugenden Best-practice Beispiele zu Work Life Balance in der deutschen Industrie aufgefunden werden.[187] Alles, was zum Thema Work Life Balance in diesem Zeitraum gesichtet wurde und sich Work Life Balance nannte, war meist ein Konglomerat aus allen möglichen personalpolitischen Maßnahmen und Themen, die schon weit vor dem Aufkommen von Work Life Balance in den Unternehmen bestanden haben. Ein Neuigkeitsgehalt innerhalb des personalpolitischen Bereichs, den das Thema konkret betrifft, konnte nicht aufgefunden werden.

Dieser Mangel an Wissen und praktischen Erkenntnissen spiegelt sich auch im Stand der Wissenschaft wider. Innerhalb der „scientific community" des deutschsprachigen Raums bestehen zwar Forschungsergebnisse, jedoch sind diese entweder nur entfernt mit Work Life Balance in Verbindung zu bringen (wie z.B. Forschungen über Lebensläufe von unterschiedlichen Berufsgruppen, Zeitverläufe und -abläufe im Lebensalltag, Entwicklung von Lebensmodellen, Wertewandel etc.) oder befinden sich gerade in der Anfangsphase,[188] das Thema akademisch, wissenschaftlich und allumfassend aufzuarbeiten und zu ergründen.

---

[187] Die Verfasserin stand während dieser Forschungsarbeit im regelmäßigen Austausch mit großen Unternehmen in Deutschland – u.a. im Netzwerk zur Work Life Balance des Familienservices. Die Gespräche und ausgetauschten Informationen innerhalb dieser Netzwerke spiegeln identisch den Stand zu Work Life Balance in der Industrie in Deutschland wider. Vgl. Freier 2000.

[188] Beim WZB in Berlin in Kooperation mit der Hans-Böckler Stiftung besteht ein Forschungsprojekt zum Thema.

Die größte Anzahl an wissenschaftlichen Erkenntnissen in Verbindung mit Work Life Balance gibt es zum Thema „Vereinbarkeit von Beruf und Familie". Hierbei handelt es sich um Arbeiten explizit über Frauen, wie Beruf und Familie zu vereinbaren sind, über Manager im Bezug auf ihre Familie und ihre Gesundheit, allgemein über das Zeitmanagement von Führungskräften sowie um ein Aufzeigen von familienfreundlichen Maßnahmen innerhalb von Unternehmen, die häufig in Verbindung mit Arbeitszeitflexibilität und Arbeitszeitmodellen gebracht werden.[189]

Innerhalb der Wissenschaft und der Unternehmen fehlen:

- Ein klares Verständnis darüber, was konkret Work Life Balance ist (pragmatisch und wissenschaftlich) – und damit eine genaue Definition.
- Ein allumfassender Überblick, welche unterschiedlichen Forschungszweige in der Wissenschaft bestehen und wie diese synergetisch und sinnvoll verknüpft werden können.
- Innerhalb der Unternehmen ein Verständnis zu schaffen, wie unter der Vielzahl von Maßnahmen und personalpolitischen Themen, die mit Work Life Balance verbunden werden können, integrative Konzepte zu entwickeln sind, die sinnvoll und realisierbar sind.
- Ein Instrument, welches konkret die Kosten-/Nutzeneffekte für Unternehmen von Work Life Balance operationalisiert und damit kontinuierlich anzeigt, welche Anpassungen innerhalb der Unternehmen vorgenommen werden müssen.

---

[189] Vgl. dazu Gemeinnützige Hertie-Stiftung 1999; Auer 2000; Kasper et.al. 2004; Bundesministerium für Familie, Senioren, Frauen und Jugend 2003. Mit in die Recherche zu diesem Thema sind unveröffentlichte Diplomarbeiten eingeflossen.

6 Theoretischer Bezugsrahmen für die Zielgruppenanalyse zur Work Life Balance

Im folgenden Kapitel wird der theoretische Bezugsrahmen der vorliegenden wissenschaftlichen Untersuchung beschrieben und das aus diesem entwickelte Work Life Balance Modell erläutert. Darüber hinaus werden die wissenschaftlichen Annahmen und Thesen für die Datenerhebung der nachfolgenden explorativen Untersuchung vorgestellt.

6.1 Theoretischer Bezugsrahmen

Der theoretische Bezugsrahmen der Arbeit basiert auf der Modernisierungstheorie, die die Veränderungen innerhalb der Gesellschaft bis heute beschreibt.[190] Die dadurch im Verständnis der „zweiten Moderne" entstandenen Folgeprozesse einer modernen Industriegesellschaft, also die Wechselwirkungsprozesse innerhalb der Subsysteme (hier spezifisch auf Aspekte der Work Life Balance bezogen) werden anhand der Systemtheorie exemplarisch aufgezeigt.

Im weiteren Verständnis dieses theoretischen Bezugsrahmens wird Work Life Balance unter einer systemisch-ganzheitlichen Perspektive verfolgt: **systemisch**, weil hier Gesellschaft als ein System mit Subsystemen verstanden wird, in dem die einzelnen Subsysteme untereinander bestimmte Wechselbeziehungen zueinander haben, sich also gegenseitig bedingen, und **ganzheitlich**[191], weil nicht nur ein Ausschnitt, also ein Teil des Sachverhalts oder Systems betrachtet wird, sondern das ganze System der Lebens- und Arbeitswelt.

Die Lebens- und Arbeitswelt mit ihren heutigen Anforderungen, Verpflichtungen und Aktivitäten ist immer schwieriger zu synchronisieren. Dies bedeutet unter einer ganzheitlichen und systemischen Perspektive, dass Belastungen aus beiden Lebensbereichen sich gegenseitig bedingen und auf das Individuum einwirken, und es daher schwierig ist, eine Balance zwischen Lebens- und Arbeitswelt zu realisieren. Aus dieser

---

[190] Vgl. dazu auch Kapitel 3 und 4 dieser Arbeit.

[191] Wie schon in Kapitel 2 erläutert, sind hier keine mentalen, geistigen oder religiösen Aspekte gemeint, sondern ein holistisches Konzept, das „[...] bei Organismen, Kollektiven, Systemen die Eigenschaften des Ganzen, der Gesamtheit, heraus[stellt], die nach dieser Ansicht nicht auf die Eigenschaften der Teile zurückführbar sind und auch dann erhalten bleiben, wenn die Teile ausgetauscht werden." Fuchs-Heinritz et al. 1995, S. 278.

Perspektive gilt es in dieser Arbeit, unterschiedliche Zielgruppen und deren Work Life Balance Situation aus einer wissenschaftlich/pragmatischen Sichtweise zu identifizieren.

Mit einer Zielgruppenanalyse werden damit die Belastungen aus dem beruflichen und privaten Bereich im Zusammenhang mit der Stressverarbeitung bzw. dem Stressempfinden des Individuums eruiert, um bestehende Defizite für eine Realisation der Work Life Balance aufzuzeigen. Daraus kann spezifisch der Handlungsbedarf innerhalb von Unternehmen abgeleitet werden, um den Personen der einzelnen Zielgruppen eine (u.a. auch bessere) Work Life Balance zu ermöglichen.

Belastungen werden aus dieser Perspektive nach DIN definiert als die „Gesamtheit der äußeren Bedingungen und Anforderungen im Arbeitssystem, die den physischen und/oder psychischen Zustand einer Person ändern kann."[192] In diesem Kontext werden Belastungen im Bezug auf Work Life Balance, als aus der Lebens- und Arbeitswelt auf das Individuum einwirkende Einflussfaktoren verstanden, die Reaktionen des Organismus auslösen. Da die interviewten Probanden den Begriff Stressempfinden besser verstehen, als Beanspruchungsempfinden[193], wird der zweite Begriff in dieser Arbeit nicht weiter verwendet.

Im Weiteren soll unter Stress im Bezug auf Work Life Balance folgendes verstanden werden: „Nach Lazarus bezieht sich Stress auf einen Bewertungsprozess, der zwischen den belastenden Faktoren [hier Belastungen aus der Lebens- und Arbeitswelt] einer Situation und der Stressreaktion der Person vermittelt. Im Zentrum der Überlegungen steht der Begriff der Bedrohung, der als notwendige Bedingung einer Stressreaktion betrachtet wird. Nach diesem Konzept werden Reize aus der Umwelt in einer primären Bewertung zunächst danach beurteilt, ob sie für die Person hinsichtlich ihrer Handlungsziele schädigenden oder bedrohlichen Charakter annehmen können. Eine Person baut ein Bedrohungspotenzial umso stärker auf, je eher bestimmte Situationsanforderungen ihren Fä-

---

[192] Hornberger (im Druck), S. 119 aus dem Original von DIN V ENV 26385: Prinzipien der Ergonomie in der Auslegung von Arbeitssystemen, zitiert nach Hammer, W. (Wörterbuch, 1997), S. 432.

[193] Arbeitsbeanspruchung wird hier nach DIN als „die Auswirkung der Arbeitsbelastung auf eine Person in Abhängigkeit von ihren individuellen Eigenschaften und Fähigkeiten" definiert. Hornberger (im Druck), S. 124, aus dem Original von DIN V ENV 26385: Prinzipien der Ergonomie in der Auslegung von Arbeitssystemen, zitiert nach Hammer, W. (Wörterbuch, 1997), S. 2.

higkeiten nicht entsprechen (Misfit erster Ordnung)."[194] Nach dieser Definition von Stress bedeutet dies, dass das Individuum unter bestimmten Belastungen aus der Lebens- und Arbeitswelt auf unterschiedliche Stressoren reagiert und individuell je nach Beurteilung der Situation und Stresserfahrung, darauf reagiert.

Das wissenschaftliche Novum, welches mit diesem Vorgehen verbunden ist, besteht darin, generell Work Life Balance Zielgruppen zu identifizieren und dies aus der Perspektive der Lebens- und Arbeitswelt als ein einander bedingendes System zu betrachten. Des Weiteren die für die Zielgruppen und deren Work Life Balance wissenschaftlichen Determinanten zu operationalisieren und zu erforschen.

6.2   Work Life Balance Modell

Das entwickelte Work Life Balance Modell wird, wie oben beschrieben, unter einer systemisch-ganzheitlichen Perspektive der Gesellschaft betrachtet (hier explizit als organischer Ansatz).[195] Angenommen wird dabei, dass jede beliebige Gesellschaft Veränderungen unterliegt. Nach statisch dynamischen Gesetzen[196] betrachtet verändert dies die Gesellschaft insgesamt, d.h. innerhalb und zwischen den Subsystemen (soziale Einheiten wie z.B. Familie, Wirtschaftsunternehmen, staatliche Einrichtungen etc.) und die damit verbundenen Wechselbeziehungen.

Überträgt man den systemisch-ganzheitlichen Ansatz auf das Thema Work Life Balance, ergibt sich daraus folgendes Modell (Abb. 23):

---

[194] Vgl. dazu Stresskonzepte unter www.netzwerkt-online.de, S. 2.

[195] Vgl. dazu auch Kapitel 4.

[196] Vgl. dazu Auguste Comte und die Aussagen zu Statik und Dynamik von Gesellschaften bei Korte 1995, S. 25 ff.

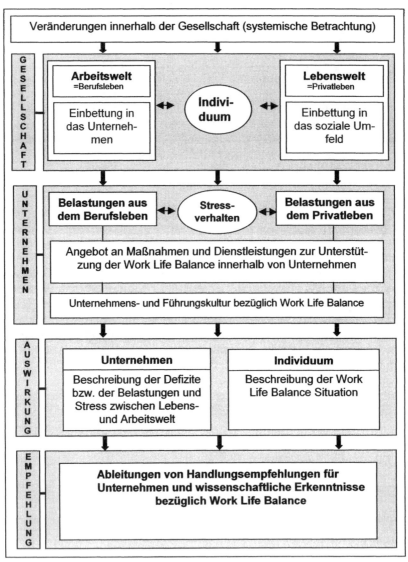

Abb. 23: Work Life Balance Modell unter einer systemischen Perspektive (Quelle: eigene Darstellung)

Im Modell wird davon ausgegangen, dass Veränderungen innerhalb der Gesellschaft wie z.B. Wertewandel, Individualisierung, Emanzipation und neue Lebens- und Arbeitsweisen Auswirkungen auf das Individuum haben.[197] Dieses ist wiederum eingebettet in die Lebens- und Arbeitswelt und den damit verbundenen sozialen und strukturellen Gegebenheiten, die sich gegenseitig in ihren Interaktionen und Handlungen und damit in ihren Auswirkungen bedingen. Zu beachten ist hierbei, dass Veränderungen auch in der Lebens- und Arbeitswelt existieren (z.B. Globalisierung, neue technische Verfahren und Arbeitsweisen, Externalisierung von Haushaltsaufgaben, verändertes Freizeitverhalten etc.).

Das Ziel dieser Untersuchung besteht darin, Work Life Balance Zielgruppen zu identifizieren, um dann die jeweilige Work Life Balance Situation zu beschreiben. Da eine Work Life Balance, also die Synchronisation beider Lebensbereiche, jedoch derzeit eher schwierig zu realisieren ist und in einem problematischen Kontext steht, liegt das Interesse dieser Arbeit darin, die „Stellhebel", d.h. die eine Balance hemmenden Aspekte (hiermit Belastungen und Stress) zu ergründen, um damit intervenierende Maßnahmen insbesondere für Wirtschaftsunternehmen zu entwickeln. Daher wird gemäß dieses Modells die Situation der Work Life Balance aufgrund der notwendigen Synchronisation von beiden Lebensbereichen operationalisiert, wie also die Bewältigung der Belastungen und des Stresses aus beiden Lebensbereichen vom Individuum empfunden wird. Die Belastungen aus beiden Lebensbereichen, der Umgang mit Stress und welche Auswirkungen dies wiederum durch Rückkoppelungen und kausale Verknüpfungen auf das Individuum und das Unternehmen hat, spielt in einer systemischen Betrachtung eine fundamentale Rolle. Bestehende Maßnahmen, die in Unternehmen existieren und zu einer Unterstützung bzw. Erleichterung der Work Life Balance beitragen, werden hinsichtlich ihrer Nutzung ebenfalls im Modell berücksichtigt. Die Unternehmens- und Führungskultur der Unternehmen sind ebenso entscheidende Faktoren, ob eine Work Life Balance zu realisieren ist, und daher im Modell gleichfalls enthalten.

Die Betrachtung von positiven Einflüssen (stattfindende Ereignisse oder in der Lebens- und Arbeitswelt bestehende Umstände), die die negativen Belastungen kompensieren könnten, sind in diesem Modell nicht berücksichtigt, da im Sinne dieser Exploration ein Schwerpunkt gesetzt und damit die Bandbreite der Forschung auf diesen fokussiert wird. Weiterhin kann dieses Verfahren damit begründet werden, dass in balancierten Systemen die Aspekte, die positiv das Gleichgewicht unterstützen, nicht unausweichlich das System zusätzlich verbessern, also doppelt kompensieren, so wie es z.B. auch in der Natur nicht automatisch zu einem

---

[197] Vgl. dazu Kapitel 3 und 4.

Ausgleich oder einer Verringerung einer Umweltverschmutzung kommt, wenn aus dieser Perspektive heraus lediglich die positiven Effekte, die das System in Balance halten, identifiziert werden würden.

Aus der Operationalisierung der Belastungen aus beiden Lebensbereichen und der damit verbundenen Stresswahrnehmung und -verarbeitung des Individuums lässt sich die Situation der Work Life Balance des Individuums und damit für Unternehmen der Handlungsbedarf bzw. die Handlungsfelder ableiten. Work Life Balance Determinanten lassen sich des Weiteren für die Wissenschaft erforschen.

6.3 Wissenschaftliche Annahmen der Work Life Balance Zielgruppenanalyse

Diese Untersuchung wird aufgrund fehlender fundierter wissenschaftlicher und auch pragmatischer Erkenntnisse aus der Wirtschaft explizit zum Thema Work Life Balance als Exploration[198] verstanden. Die erwarteten Annahmen bezüglich der Modellierung werden für die Ebene des Individuums, der Lebens- und der Arbeitswelt wie folgt beschrieben:

Das Individuum betreffende Annahmen
Soziodemographische Annahmen
Als entscheidend im Zusammenhang mit Work Life Balance werden folgende Indikatoren angenommen: Alter, Geschlecht, Familienstand (verheiratet, mit und ohne Kinder), Berufsposition, Partner, Berufstätigkeit des Partners, Arbeitsverhältnis des Befragten und des Partners.

Es wird angekommen, dass der Familienstand ein entscheidender Indikator ist, welcher die Work Life Balance bestimmt. Dabei wird erwartet, dass Personen, die in einem traditionellen Verständnis verheiratet sind, insbesondere Männer, sich höchstwahrscheinlich mehr auf den Beruf konzentrieren und mehr Zeit für diesen aufbringen. Die Ehefrauen werden dagegen kaum oder nur geringfügig berufstätig sein und sich mit einer höheren Gewichtung um die Familie und die Belange des Haushalts kümmern. Dieses Lebensmodell wird mit großer Wahrscheinlichkeit von eher älteren Menschen gelebt (Alterskohorten ab 40 Jahren).

Bei Personen, die nicht im traditionellen Lebensmodell leben (es werden hier jüngere Alterskohorten zwischen 25–40 Jahren angenommen), wer-

---

[198] Vgl. hierzu Schnell et al. 1993 und Fuchs-Heinitz et al. 1994, S. 191.

den die Rollenteilungen und damit auch die Gewichtung der Lebensbereiche weniger klar, d.h. traditionell und damit geschlechtsspezifisch aufgeteilt sein. Diese Alterskohorten werden daher die beiden Lebensbereiche Beruf und Privatleben eher gleich gewichten, jedoch weniger nur auf einen Bereich das volle Gewicht legen. Personen, die jüngeren Alterskohorten zu zuordnen sind, werden höchstwahrscheinlich weniger oft verheiratet sein und dies in einem traditionellen Eheverständnis mit geschlechtsspezifischer Rollenteilung. Wenn ein Lebenspartner vorhanden ist, dann wird dieser wahrscheinlich ebenso eine berufliche Karriere verfolgen oder diese nur temporär unterbrechen, um sich privaten Aspekten zu widmen. Es wird angenommen, dass von diesen Alterskohorten häufiger pluralistischere Lebensformen und Lebensmodelle gelebt werden.

Bezüglich der Berufstätigkeit des Partners wird angenommen, dass es im Falle einer Vollzeitberufstätigkeit des Partners schwieriger ist, die Belange im häuslichen Bereich und die des Partners mit den Belangen des beruflichen Bereichs zu vereinbaren. Ist der Partner ausschließlich für den privaten Bereich zuständig, so ist es wahrscheinlich, dass beide Lebensbereiche gut in Einklang zu bekommen sind, da beide Partner ihre gesamte Energie ausschließlich nur für einen Bereich aufwenden müssen.

Des Weiteren wird erwartet, dass die berufliche Position bestimmt, welche Verantwortung und welches (zeitliche) Engagement dem beruflichen Bereich gewidmet wird. Mit einer entsprechend hohen Position wird auch die Gewichtung und Konzentration im beruflichen Bereich höher sein als im privaten Bereich.

Annahmen zu Stress
Als entscheidend im Zusammenhang mit Work Life Balance werden folgende Indikatoren angenommen: Stressempfinden, aus dem beruflichen, privaten oder beiden Bereichen gleichermaßen resultierender Stress, Stresshäufigkeit, Stressoren und Umgang mit Stress.

Mit entscheidend für eine Work Life Balance ist der Bereich, aus dem der Stress resultiert (beruflicher und/oder privater). Es ist anzunehmen, dass das Lebensmodell in Verbindung mit der Konzentration auf einen oder beide Lebensbereiche steht und daher auch der meiste Stress aus dem Bereich kommt, auf dem die meiste Konzentration liegt. Personen, die sich mehr auf den beruflichen Bereich fokussieren, werden daher häufiger in einem traditionellen Lebensmodell leben und dadurch wahrscheinlich mehr Stress aus dem beruflichen Bereich erleben.

Des Weiteren wird erwartet, dass Personen, die häufiger Stress haben, diesen auch häufig als belastend empfinden. Je nachdem, wie der Stress empfunden wird und welche Stresserfahrungen zu Grunde liegen, wird der Stress als negativ oder positiv bewertet. Personen, die eher Eu-Stress empfinden, werden besser mit Stress umgehen und sich schneller entspannen, als Personen, die eher Dis-Stress empfinden.

Die Lebenswelt betreffende Annahmen
Annahmen über Belastungen aus dem privaten Bereich
Als entscheidend im Zusammenhang mit Work Life Balance werden folgende Indikatoren angenommen: Familie, Haushaltsorganisation, Aktivitäten und Verpflichtungen, soziales Umfeld.

In Bezug auf den privaten Bereich und die damit verbundenen Belastungen spielen die Familie und der Partner, wenn vorhanden, ebenso wie Kinder eine entscheidende Rolle. Für Personen, die sehr stark auf den Beruf fokussiert sind und daher weniger Zeit für den privaten Bereich haben, wird es schwieriger sein, Aktivitäten und Verpflichtungen der Familie, Kinder oder Personen aus dem privaten/sozialen Umfeld mit den beruflichen Verpflichtungen und Aktivitäten zu vereinbaren und dies vermutlich daher auch als belastend empfunden. Personen, die allein stehend sind, werden ebenfalls bei starker beruflicher Konzentration Schwierigkeiten haben, das Privatleben mit dem Beruf zu vereinbaren, jedoch wird angenommen, dass es aufgrund einer stärkeren Flexibilität einfacher ist, das Privatleben zu gestalten.

Des Weiteren wird angenommen, dass bei Personen, die in einer Partnerschaft oder Ehe leben, die Rollenteilung im Haushalt ebenfalls an das Lebensmodell gekoppelt ist. Dieses ist daher dafür ausschlaggebend, ob der Haushalt bezüglich einer Work Life Balance eher als belastend empfunden wird oder nicht – bei einer traditionellen Rollenteilung (Mann/Beruf und Frau/Haushalt) wird die Belastung geringer sein, bei nicht-traditioneller Rollenteilung kann es sein, dass z.B. Frauen voll berufstätig sind und auch noch den gesamten Haushalt erledigen. Wenn Kinder vorhanden sind, wird angenommen, dass es für Personen, die sehr stark beruflich engagiert sind, schwieriger ist und daher auch belastender, die Kinder und deren Aktivitäten bzw. Verpflichtungen mit dem beruflichen Bereich zu vereinbaren. Dies wird auch hinsichtlich pflegebedürftiger Personen als zutreffend angenommen.

Für Personen, die allein oder in flexibleren Lebensgemeinschaften leben, werden die Aktivitäten mit dem sozialen Umfeld und Freizeitaktivitäten als Kompensation oder auch Substitut zur Familie einen hohen Stellenwert einnehmen. Die Gewichtung der Lebensbereiche und die daran gekoppelten Lebensmodelle werden als ausschlaggebender Indikator angenommen, der entscheidend dazu beiträgt, ob eine Balance zwischen Beruf und Privatleben realisiert werden kann und welche Belastungen daher bestehen.

Annahmen über Belastungen aus dem beruflichen Bereich
Als entscheidend im Zusammenhang mit Work Life Balance werden folgende Indikatoren angenommen: Arbeitsmenge, Anforderungen und Leistungserwartungen, Arbeitszeit und Unternehmenskultur.

Bezüglich der Arbeitsmenge und dem damit verbundenen Leistungsverständnis, d.h. den Erwartungen an den Mitarbeiter wird angenommen, dass es schwieriger sein wird, Beruf und Privatleben zu vereinbaren, je mehr Arbeitsaufgaben und damit verbundenem Leistungsverständnis bestehen, d.h. dass dann der berufliche Bereich als eher belastend erscheint. Personen, die sich sehr stark auf den beruflichen Bereich konzentrieren, werden sehr wahrscheinlich zu Gunsten der Karriere Abstriche im privaten Bereich in Kauf nehmen.

Mit der Menge an Aufgaben und dem damit verbundenen Leistungsverständnis steht auch die Arbeitszeit in Verbindung. Je größer die Arbeitsaufgaben, desto wahrscheinlicher wird auch die Arbeitszeit höher sein, was es erschwert, die privaten Belange mit den beruflichen in Einklang zu bringen. In diesem Zusammenhang steht auch die Unternehmenskultur. Wenn die Unternehmenskultur sehr stark auf Leistung ausgerichtet ist und Schwäche eher als negativ betrachtet wird, wird der Beruf und die daran gekoppelte Leistung im Vordergrund stehen. Daher wird es wahrscheinlich sein, dass private Angelegenheiten eine eher geringe Priorität innerhalb der Unternehmenskultur haben und eine Work Life Balance schwieriger zu realisieren sein wird.

Annahmen zur Unternehmens- und Führungskultur des untersuchten Unternehmens
Unterstützung/Nutzung der angebotenen Maßnahmen im Unternehmen
Als entscheidend im Zusammenhang mit Work Life Balance werden folgende Indikatoren angenommen: welche Angebote und Maßnahmen bestehen, wie kulturkonform diese bei Nutzung/Inanspruchnahme (z.B. Sabbatical) sind, bestehende Restriktionen bezüglich des Angebots.

Es wird angenommen, dass eine Work Life Balance ebenfalls davon abhängig ist, welches Angebot an Maßnahmen zur Unterstützung besteht und wie passend, d.h. unterstützend die Maßnahmen für die jeweiligen Mitarbeiterbedürfnisse sind. Dabei ist zu beachten, dass im Rahmen von Incentives oder auch Anreizsystemen in Unternehmen, bestimme Angebote auch nur bestimmten Mitarbeitergruppen vorbehalten sind. Es wird erwartet, dass Angebote bzw. Maßnahmen, die zwar im Unternehmen bestehen, wie z.b. Sabbatical, jedoch aufgrund einer starken Leistungsorientierung innerhalb der Unternehmenskultur weniger oft in Anspruch genommen werden, nicht kulturkonform sind.

Unternehmenskultur/Führungsverhalten

Als entscheidend im Zusammenhang mit Work Life Balance werden folgende Indikatoren angenommen: Stellenwert von Work Life Balance im Unternehmen, Bewusstsein des Vorgesetzten bezüglich Work Life Balance, Vertrauen zum Vorgesetzten, Unterstützung durch den Vorgesetzten.

Der Stellenwert der Work Life Balance, d.h. welche personalpolitischen Aussagen und Prämissen im Unternehmen dazu bestehen, werden ganz entscheidend dazu beitragen, wie Work Life Balance innerhalb der Unternehmenskultur betrachtet und gelebt wird. Bezüglich des Führungsverhaltens wird erwartet, dass der Vorgesetzte wenig oder kein Verständnis für seine Mitarbeiter und deren Bedürfnisse zur Work Life Balance haben wird, wenn er selbst kein entsprechendes Bewusstsein hat, d.h. keine Probleme hat, Beruf und Privatleben in Einklang zu halten. Ebenfalls wird in diesem Fall erwartet, dass dann von der Mitarbeiterseite aus wenig Vertrauen besteht, dem Vorgesetzten Probleme im Kontext der Work Life Balance mitzuteilen.

110

7 Work Life Balance als Fallbeispiel in einem deutschen Automobilkonzern

Das Kapitel 7 umfasst eine Kurzcharakteristik des deutschen Automobil-konzerns, in dem diese explorative Fallstudie durchgeführt wurde. Es werden die Leitlinien und strategischen Schwerpunkte der Personalpoli-tik beschrieben und die personalpolitischen Instrumente und Maßnah-men vorgestellt, welche in Bezug auf eine Work Life Balance zu betrach-ten sind.

7.1 Kurzcharakteristik des Unternehmens

Das untersuchte Unternehmen agiert weltweit in der Automobilbranche und ist als Group organisiert, die sich aus allen nationalen und internati-onalen Standorten und Tochterunternehmen des gesamten Unterneh-mens sowie einer Aktiengesellschaft zusammensetzt. Der Hauptsitz der AG befindet sich am Standort München.

Die AG entwickelt, fertigt und vertreibt eigene Automobile und Motorrä-der und von ausländischen Tochtergesellschaften. Der Vertrieb erfolgt dabei über eigene Niederlassungen, selbständige Händler, Tochterun-ternehmen und Importeure.

Der Konzern hat weltweit das Image, ein traditionsreicher deutscher Au-tomobilhersteller und der erfolgreichste Premiumhersteller am Markt zu sein. Zum Stand 31.12.2003 waren weltweit 104.342[199] Mitarbeiter be-schäftigt, rund 25.773 Mitarbeiter davon im Ausland. 75 % der gesamten Mitarbeiter arbeiten in Deutschland, dies entspricht einer Zahl von 78.569 Beschäftigten im Jahr 2003. Der Anteil an Frauen beträgt 12,8 % Frauen und der, an Männern 77,2 %.

Die folgende Tabelle gibt einen Überblick über die Mitarbeiter der Group zum Stand 31.12.2003 in den einzelnen Segmenten:

---

[199] Quelle: Geschäftsbericht 2003 des Unternehmens.

111

Tab. 2: Übersicht über die Verteilung der Mitarbeiter innerhalb der Group (Quelle: Geschäftsbericht 2003 des Unternehmens)

Mitarbeiter der Group	
Automobile	95.913
Motorräder	2.954
Finanzdienstleistungen	2.476
Sonstige – davon:	2.999
Software	(1.045)
Corporate	(64)
Sonstige UK-Gesellschaften	(1.890)
Gesamt:	**104.342**

Das Unternehmen agiert in 130 Ländern und kann daher als „Global Player" bezeichnet werden. Es existieren 23 Produktionsstätten und 32 eigene Vertriebsstandorte sowie Forschungs- und Entwicklungsverbünde weltweit (siehe dazu Tab. 3).[200]

Folgende internationale und nationale Standorte bestehen:

Tab. 3: Überblick über die unterschiedlichen Standorte des Unternehmens weltweit (Quelle: Geschäftsbericht 2003 des Unternehmens)

Zentrale	Forschung und Entwicklung	Produktion
München	München	München
		Berlin
	Österreich	Dingolfing
		Eisenach
		Leipzig
		Landshut
		Regensburg
		Wackersdorf
		Goodwood (GB)
		Hams Hall (GB)
		Oxford (GB)
		Swindon (GB)
		Rosslyn (Südafrika)
		Spartanburg (USA)
		Steyr (Österreich)
		Curitiba (Brasilien)

---

[200] Die Befragung fand am Standort München im Bereich der AG statt. Zur Spezifizierung der befragten Bereiche vgl. Kapitel 8.

Work Life Balance Aspekte im Unternehmen

Bezüglich Work Life Balance hat das Unternehmen schon sehr früh in der Entwicklung der Personalpolitik innovative Ansätze gefunden und entwickelt, die sich in der Personalpolitik widerspiegeln. In den 80er Jahren wurde mit dem Konzept der werteorientierten Personalpolitik, von Professor Dr. Artur Wollert und Gerhard Bihl ein für die damalige Zeit hoch innovativer Ansatz in einem Wirtschaftsunternehmen eingeführt, der bis in die heutige Zeit Bestandteil der Personalpolitik des Unternehmens ist.[201]

Bei diesem Ansatz handelt es sich allgemein um den Versuch, auf die außerhalb des Unternehmens sich verändernden Rahmenbedingungen und den dadurch bedingten Wertewandel der Gesellschaft einzugehen und diesen als Impuls aufzufassen, d.h. als Grundlage der langfristigen personalpolitischen Strategie.[202] Damit ist es möglich zu überprüfen, inwieweit auch im Unternehmen eine Veränderung bzw. Anpassung sinnvoll ist. Dieser systemische Ansatz erlaubt einen permanenten Prozess von Statik und Dynamik innerhalb und außerhalb des Unternehmens. Im evolutionären Sinne[203] findet so eine ständige und kontinuierliche Anpassung an die Veränderung statt, welche in diesem Fall dem Unternehmen als „Up-date" dienlich ist. Mit dieser kontinuierlichen Überprüfung und Verbesserung ist das Unternehmen gegenüber anderen konkurrenzfähiger.

In der werteorientierten Personalpolitik sind eindeutige Prämissen formuliert, die den Mitarbeiter nicht nur als „humane Ressource" beschreiben, sondern als Mensch und Individuum, welches nach besten Möglichkeiten sein Talent, seine Qualifikation und Leistungsbereitschaft entfalten bzw. verbessern kann. Zwei Orientierungspunkte liegen der werteorientierten Personalpolitik bei der Gestaltung der Personalpolitik zu Grunde:[204]

---

[201] Vgl. dazu Bihl 1995.

[202] Ebenda, S. 37.

[203] Vgl. dazu Parsons 1976, der in seinem Aufsatz über die evolutionären Universalien die Anpassungskapazitäten von Tieren vergleicht und feststellt, dass Tiere (hier die Fledermaus), die sich nicht an ihre Umwelt anpassen, auf ihrem Entwicklungsniveau verbleiben und es für sie dauerhaft schwierig ist, in dieser Umwelt zu überleben. Dieses Prinzip ist ebenfalls auf Gesellschaften und Organisationen übertragbar.

[204] Vgl. Bihl 1995, S. 38.

- das Unternehmensinteresse [besteht] insbesondere [in der] Wirtschaftlichkeit, Produktivität und Kostenauswirkung personalpolitischer Maßnahmen [und]
- [an einer] Orientierung an den Bedürfnissen, Interessen und Wertevorstellungen der Mitarbeiter

Bihl stellt die These auf, dass „[...] die Mitarbeiterorientierung der Personalpolitik [...] die Wirtschaftlichkeit des Unternehmens [sichert], denn auf Dauer wird eine Personalpolitik, die nicht mitarbeiterorientiert ist, immer zu negativen Kostenauswirkungen führen und damit unwirtschaftlich sein."[205]

Die Richtlinien und Prämissen der werteorientierten Personalpolitik enthalten indirekt Aussagen zur Work Life Balance: „Die Ziele des Unternehmens werden durch Menschen verwirklicht. Daraus ergibt sich als Grundfunktion der Personalpolitik, die Ziele von Mitarbeitern und Unternehmen zu integrieren."[206] Im Unternehmen besteht jedoch kein Konzept, explizit zum Thema Work Life Balance.

Die werteorientierte Personalpolitik nach Work Life Balance Gesichtspunkten betrachtet, enthält Aspekte einer humanen Arbeitswelt in Form von Vorgaben, Rahmenbedingungen und Richtlinien. Demnach können Aspekte wie Chancengleichheit, gegenseitige Wertschätzung, Familienfreundlichkeit etc. in diesem Zusammenhang unter Work Life Balance subsumiert werden. In der weiteren Betrachtung fehlt jedoch eine Erweiterung, den Mensch nicht nur in der Arbeitswelt zu betrachten, sondern auch außerhalb des Unternehmens in der Lebenswelt. Dies bedeutet, den Mitarbeiter in seinem Rollen- und Funktionsgefüge ganzheitlich, d.h. mit seinen Verpflichtungen, Interessen und Aktivitäten in der Lebens- und Arbeitswelt gleichermaßen agierend zu betrachten. Unter Work Life Balance Gesichtspunkten bedürfte es einer Anpassung der personalpolitischen Grundsätze im hier untersuchten Unternehmen.

Im Unternehmen besteht eine Vielzahl von Maßnahmen, Einrichtungen und Servicedienstleistungen, die sukzessive nach Bedarf entstanden sind und vom Personalwesen entwickelt wurden. Diese Maßnahmen können teilweise einzelnen personalpolitischen Themen oder Handlungsfeldern zugeordnet werden, sind jedoch nicht integrativer Bestandteil eines einheitlichen Konzepts oder einer Strategie. Ex post können

---

[205] Ebenda, S. 39.
[206] Bihl 1995, S. 38.

jedoch viele dieser Instrumente und Maßnahmen dem Thema Work Life Balance zugeordnet werden.

Um eine Transparenz an Maßnahmen, Einrichtungen und Instrumenten über alle Standorte hinweg zum Thema Work Life Balance innerhalb der Automobilfirma hinaus zu erhalten, wurde eine elektronische Plattform[207] im Intranet eingestellt. Diese Plattform stellt ein Ordnungssystem nach den Richtlinien der werteorientierten Personalpolitik dar, nach dem alle als Work Life Balance zu bezeichnenden Maßnahmen einsortiert bzw. eingetragen werden können. Über alle Standorte des Unternehmens hinweg ist so ein Überblick über die vorhandenen Maßnahmen und Aktivitäten möglich, der einen Austausch zwischen den Standorten bewirken soll.

Inwieweit das Thema Work Life Balance im Entwicklungsprozess weiter Beachtung und strategische Berücksichtigung in der Personalpolitik findet, ist bis dato innerhalb des Unternehmens nicht eindeutig und klar.[208]

7.2 Leitlinien der Personalpolitik

Die Leitlinien der Personalpolitik des hier beschriebenen Unternehmens sind integriert in die so genannte LPP (langfristige Personalpolitik). Diese enthält folgende 4 Bestandteile (Abb. 24):[209]

---

[207] Diese im Intranet des Unternehmens bestehende Plattform wurde nach den personalpolitischen Grundsätzen entwickelt und stellt ein Raster dar, in dem alle Maßnahmen der Standorte im Kontext von Work Life Balance eingespeist werden können und somit Transparenz erzeugt. Diese Plattform wurde im Rahmen des Forschungsprojekts von der Verfasserin dieser Arbeit entwickelt.

[208] Das Thema Work Life Balance existiert nicht unter diesem Namen, sondern firmiert unter "Vereinbarkeit von Beruf und Privatleben". Bei einem Vorstandsworkshop in Anwesenheit der Personalleiter wurde beschlossen, dass derzeit kein eigenständiges Projekt Work Life Balance betreffend initiiert wird, da die Richtlinien, Maßnahmen und Grundsätze der werteorientierten Personalpolitik derzeit als ausreichend erachtet werden.

[209] Die Leitlinien der Personalpolitik sind dem Originalschriftsatz des Unternehmens entnommen.

1. Bestandteil: Personalpolitik der Unternehmenspolitik

2. Bestandteil: Ziele und Leitlinien der Unternehmenspolitik - Zielsetzung - 8 Leitlinien

3. Bestandteil: Selbstverständnis des Personalwesens im Veränderungsprozess

4. Bestandteil: Strategische Handlungsfelder der Personalpolitik

Abb. 24: Die vier Bestandteile der langfristigen Personalpolitik des Unternehmens (Quelle: eigene Darstellung)

Der **erste Bestandteil** bezieht sich auf die **„Personalpolitik als Teil der Unternehmenskultur".** Dieser versteht sich darin, dass die Personalpolitik mit strategischen, konzeptionellen und strukturellen Entscheidungen zu einer langfristigen Ausrichtung und damit zum Erfolg des Unternehmens führt. Eine Veränderung der Personalpolitik wird mit der Überprüfung interner und externer Einflüsse bewirkt, die dadurch eine Anpassung auslöst. Der internationale Wettbewerbsdruck wird als einer der entscheidensten Treiber für eine Veränderung betrachtet, dem mit Effizienz und Erhöhung der Leistung entgegen gewirkt wird.

Als **zweiten Bestandteil** sind die **„Ziele und Leitlinien"** der Personalpolitik zu nennen. Die Basis der Ziele und Leitlinien ist das Konzept der werteorientierten Personalpolitik aus dem Jahr 1983, welches heute noch Gültigkeit hat. Die Grundthese der werteorientierten Personalpolitik besagt, dass die Mitarbeiterorientierung der Personalpolitik die Wirtschaftlichkeit des Unternehmens sichert. Ohne Mitarbeiterorientierung wird sich dies negativ und dauerhaft auf die Kosten auswirken und damit unwirtschaftlich sein. Daraus lässt sich ableiten, dass „[...] die Mitarbeiter das herausragende Unterscheidungsmerkmal für erfolgreich und weniger erfolgreiche Untenehmen sind. Ihrer Leistung kommt die entscheidende Bedeutung zu."[210]

---

[210] Dem Original aus der LPP des Unternehmens entnommen (Intranet).

Die Zielsetzung, die integrativer Bestandteil des zweiten Bestandteils der „Ziele und Leitlinien" der Personalpolitik ist, besteht wiederum aus folgenden drei Teilen und liegt in der Steigerung:
- „der **Leistungsfähigkeit** der Mitarbeiter, z.b. durch Bildungs- oder sonstige Personalentwicklungsmaßnahmen und
- der **Leistungsbereitschaft** der Mitarbeiter, z.b. durch die leistungsfördernde Gestaltung der Entgelt- und Zusatzleistungssysteme und
- der **Leistungsmöglichkeit** der Mitarbeiter, z.b. durch neue Arbeitsstrukturen und flexible Organisationsformen, die die Voraussetzung dafür sind, dass die Mitarbeiter ihre Leistungsfähigkeit und -bereitschaft optimal entfalten können."[211]

Des Weiteren besteht die Grundthese der Mitarbeiterorientierung in der Gesellschaftsorientierung, die wiederum mit 8 Leitlinien die Personalpolitik und damit den Rahmen und das Handeln bestimmen. Diese sind folgende:
Die erste Leitlinie „**gegenseitige Wertschätzung – konstruktive Konfliktstruktur**" zeichnet das Handeln aus und damit, dass jeder Mitarbeiter wichtig ist und als Individuum respektiert wird. Hierbei stehen für das partnerschaftliche Arbeiten, Aspekte wie: gegenseitiges Vertrauen, Offenheit und konstruktive Auseinandersetzung auch bei divergierender Meinung, als positive Konfliktstruktur im Vordergrund. Die zweite Leitlinie lautet „**das Denken über nationale und kulturelle Grenzen hinaus ist für uns eine Selbstverständlichkeit**" und beinhaltet, dass das Denken über mentale wie auch nationale und kulturelle Grenzen hinaus als Selbstverständlichkeit zu betrachten ist. Somit wird eine Zusammenarbeit von unterschiedlichen Generationen, Nationalitäten, Geschlechtern, von Mitarbeitern mit und ohne gesundheitliche Einschränkung möglich. Die dritte Leitlinie „**Leistungsverhalten und Leistungsergebnis der Mitarbeiter sind konsequenter Maßstab für die Gegenleistung des Unternehmens**" regelt die Betrachtung des Leistungsverständnisses des Unternehmens. Bei Nichteinhaltung, d.h. bei Nichtleistung, wird dieses sanktioniert. Die vierte Leitlinie „**Teamleistung ist mehr als die Summe der Einzelleistungen**" besagt, dass die Leistung im Team abhängig ist, von dem persönlichen Beitrag und damit vom Gruppenergebnis. Kernpunkte der fünften Leitlinie sind: „**sichere und attraktive Arbeitsplätze für engagierte und verantwortungsbewusste Mitarbeiter**". Die sechste Leitlinie „**Die Achtung der Menschenrechte ist eine Selbstverständlichkeit**", wird damit verankert, dass das Unternehmen Mitglied der Initiative Global Compact ist und sich dadurch verpflichtet,

---

[211] Ebenda.

diese Grundrechte zu wahren. Des Weiteren unterstützt es die Internationale Arbeitsorganisation (IAO) und richtet sich nach den Leitsätzen der OECD als Unternehmen. Die siebte Leitlinie **„Sozialstandards auch für Zulieferer und Geschäftspartner"** beinhaltet die Regelung der Standards für die Zulieferer und Geschäftspartner und die Kontrolle der Einhaltung dieser Standards und Regeln. Das Unternehmen erfüllt mit diesem Agieren seine gesellschaftliche Verantwortung. Im Vordergrund der Leitlinien sechs und sieben stehen dabei folgende Themen, wie z.b.: Achtung der Menschwürde, keine Kinder- und Zwangsarbeit, Chancengleichheit und Familienfreundlichkeit, keine Diskriminierung aufgrund von Religion, Herkunft, Nationalität, Alter, Behinderung, Ehestatus, sexueller Orientierung, politischer Bindung, Mitgliedschaft in einer Gewerkschaft oder ähnlichem, Berücksichtigung und Förderung der Interessen der Bevölkerung an allen Standorten u.a..[212] Die achte Leitlinie **„Hervorragende Leistungen für Mitarbeiter und hohes Engagement in der Gesellschaft"** betrifft Themenkomplexe wie z.B. Sicherstellung der Beschäftigungsfähigkeit der Mitarbeiter, wettbewerbsfähige Zusatzleistungen und Vergütung, lokales und regionales und überregionales Engagement.

Bestandteil drei der langfristigen Personalpolitik, stellt das **„Selbstverständnis des Personalwesens im Veränderungsprozess"** dar. Hierbei wird durch ständig verändernde Rahmenbedingungen im Umfeld der Wirtschaft, Staat und Gesellschaft und der internationalen Wettbewerbssituation ein steigendes Maß an Anpassungsfähigkeit, Flexibilität und Mobilität vorausgesetzt. „Somit setzt dies für die Mitarbeiter und Führungskräfte des Unternehmens Lernbereitschaft, Kreativität, Handlungsfähigkeit und Engagement voraus."[213] In diesem Kontext gestaltet das Personalwesen die nationalen wie auch internationalen Rahmenbedingungen und stimmt diese mit den Arbeitnehmervertretungen ab, um so die Übernahme von persönlicher Initiative und Verantwortung zu fördern. Das Personalwesen übernimmt damit im Veränderungsprozess eine Vorbildrolle, stellt sich an die Spitze des Veränderungsprozesses und lässt sich an dessen Ergebnis messen. Ein Veränderungsprozess findet hierbei gleichermaßen innerhalb des Personalwesens statt und schafft darüber hinaus gemeinsam mit den Führungskräften ein Klima permanenter Veränderungsbereitschaft. „Ein positives Veränderungsklima ist nur in einem Umfeld zu erreichen, in dem Mitarbeiter und Führungskräfte die notwendigen Veränderungen nicht als Grundlage zur Verunsicherung

---

[212] Die Aufzählungen aller Aspekte würde den Rahmen dieser Arbeit sprengen. Vgl. dazu das Original der langfristige Personalpolitik.

[213] Aus dem Original der LPP im Intranet.

118

oder gar als Bedrohung, sondern als Chance für das Unternehmen und sich selbst verstehen. Dieses angestrebte positive Veränderungsklima ist die Grundlage für einen tatsächlich kontinuierlichen und nicht nur kurzfristigen Verbesserungsprozess, der zu einer grundlegenden und langfristigen Verbesserung der Unternehmensqualität beiträgt."[214]

Der letzte **Bestandteil** und damit der **vierte** der Personalpolitik, umfasst die „**strategischen Handlungsfelder**" und wird im nächsten Unterabschnitt (7.3) erläutert.

7.3   Strategische Handlungsfelder der Personalpolitik

Die vier strategischen Handlungsfelder der Personalpolitik des untersuchten Unternehmens (Abb. 25), umfassen je vier Handlungsschwerpunkte (außer dem 4. Handlungsschwerpunkt).[215]

---

1. Handlungsfeld: Sicherung des Mitarbeiterpotenzials
- Ausgewogenheit der Mitarbeiterstruktur
- Qualifizierung
- Entwicklung des Managementpotenzials
- Internationale Personalentwicklung

2. Handlungsfeld: Führung und Zusammenarbeit
- Team- und prozessorientierte Zusammenarbeit
- Führung
- Neue Anforderungen an die Mitarbeiter
- Information und Kommunikation

3. Handlungsfeld: Personalsystem und –strukturen
- neue Arbeitsstrukturen
- Entgelt- und Zusatzleistungen
- Arbeitszeit
- Führungskräftestruktur und Bewertung

4. Handlungsfeld: Optimierung des Personalaufwands

Abb. 25:   Überblick über die vier Schwerpunkte der Personalpolitik und deren Inhalte (Quelle: eigene Darstellung)

---

[214] Ebenda.

[215] Ebenda.

1. Handlungsfeld: Sicherung des Mitarbeiterpotenzials
Das Ziel dieses Handlungsfeldes ist es, langfristig mit einer gezielten Personalplanung und –entwicklung das festgelegte Leistungspotenzial zu erreichen. Hierfür bestehen folgende Handlungsschwerpunkte:

Ausgewogenheit der Mitarbeiterstruktur: „Aus den Leitlinien ‚Leistung und Gegenleistung' folgt, dass [...] bei allen personellen Maßnahmen die Leistung des Mitarbeiters als Entscheidungsmaßstab noch stärker als in der Vergangenheit in den Vordergrund [ge]stell[t] wird. Dies bedeutet, dass insbesondere das Kriterium ‚Lebensalter' in den Hintergrund tritt; denn nur in einer ausgewogenen Mitarbeiterstruktur, in der Erfahrungs-kapazität ebenso zählt wie neue Denkansätze, können alle im Unter-nehmen vorhandenen Potentiale und Kompetenzen optimal genutzt wer-den." Hinsichtlich dieser Ausgewogenheit müssen zukünftig sowohl leis-tungsstarke Mitarbeiter gefördert und von leistungsschwächeren sich ge-trennt werden sowie Nachwuchskräfte und ältere Mitarbeiter gewonnen werden. Der Handlungsschwerpunkt *Qualifizierung* basiert auf dem Prinzip der „internen Qualifizierung" vor externer Beschaffung. Mit der vom Markt geforderten Reaktionsschnelligkeit des Innovationsdrucks, muss das Unternehmen zu einem ‚lernenden' Unternehmen werden. Der Auftrag, der damit verbunden ist und sich an jeden Mitarbeiter richtet, ist, sich für Neues zu öffnen, zu qualifizieren und Veränderungen wagen. Hierbei liegt die Verantwortung für die Qualifizierung selbst beim Mitar-beiter, wobei es sich nicht nur um eine Wissensanreicherung handelt, sondern insbesondere um eine Qualifizierung im Verhalten hinsichtlich team- und prozessorientierter Zusammenarbeit und Verantwortungs-übernahme, zum Beispiel für Qualität. Aufgabe ist es damit, gemeinsam mit den Führungskräften durch kompetente Beratung und individuelle, nachvollziehbare Zielvorgaben dem Mitarbeiter eine Orientierung zu ge-ben und die Voraussetzungen für die erforderliche Qualifizierung zu schaffen (z.B. Mittelbereitstellung). Durch die neuen Arbeitsstrukturen und neuen Formen der Zusammenarbeit wird konsequent Verantwortung „nach unten" verlagert. Somit wird eine Verschiebung des Schwerpunkts *Qualifizierung* und der damit verbundenen Maßnahmen möglich. Denn nur so kann der Mitarbeiter sich qualifizieren und ist den Herausforde-rungen und Veränderungen gewachsen. Der Handlungsschwerpunkt *Entwicklung des Managementpotenzials* besagt, dass Führungskräfte gleichermaßen Motivierte als auch Motivierende sein müssen. Es liegt in ihrer Verantwortung, den Wandel und die fach- und funktionsübergrei-fende Zusammenarbeit vorzuleben. „Mitarbeiter mit Managementpoten-zial sind zu Führungskräften zu qualifizieren, die in der Lage sind, diese von Instabilität und Wandel geprägten Prozesse zu beherrschen."²¹⁶ Mit dem Handlungsschwerpunkt *internationale Personalentwicklung* wird die Internationalisierung des Unternehmens und der damit gegebenen Schwerpunkte bestimmt. Beispielsweise benötigt das Unternehmen im Sinne eines globalen Konzerns international denkende Führungskräfte und Mitarbeiter. Damit fördert der Konzern künftig den gesellschafts-übergreifenden Transfer von Mitarbeitern bedarfsorientiert im Rahmen einer konkreten Personalentwicklungsmaßnahme und/oder zum Know-how-Transfer."

2. Handlungsfeld: Führung und Zusammenarbeit

Mit den Aussagen des Handlungsfelds „Führung und Zusammenarbeit" soll dazu beigetragen werden, dass eine qualitative Spitzenleistung nur erreicht werden kann, wenn ein konsequenter Informationsfluss bzw. Entscheidungsablauf besteht, in dem der Mitarbeiter einbezogen ist. Dies hat zur Folge, dass eine team- und prozessorientierte Zusammen-arbeit angestrebt wird und keine hierarchie- und funktionsgeprägte Ar-beitsweise. Folgende Handlungsschwerpunkte beinhaltet das Hand-lungsfeld **Führung und Zusammenarbeit**:

Die durch den Handlungsschwerpunkt **Team- und prozessorientierte Zusammenarbeit** bewirkte Zusammenarbeit, wird durch die Einrichtung temporärer Organisationsformen, flacher Hierarchien und integrierter Ar-beitsstrukturen (z.B. Gruppenarbeit, Modularbeit) geschaffen. Der dann schwieriger voranzutreibende Prozess besteht darin, die neue Form der Zusammenarbeit in der Qualität des Denkens und Handelns sowohl im Personalwesen als auch bei jeder Führungskraft und bei jedem Mitarbei-ter zur Selbstverständlichkeit zu machen. Daher ist es die Verpflichtung des Unternehmens, durch permanente Kommunikation sowohl mit den Führungskräften als auch mit den Mitarbeitern im Sinne einer Organisa-tionsentwicklung, ein positives Veränderungsklima zu schaffen. Der Handlungsschwerpunkt **Führung** gibt Aufschluss darüber, ob eine er-folgreiche Zusammenarbeit in sich ändernden, flexiblen Strukturen, eine neue Qualität der Führung, bedingt. Zukünftig werden daher Führungs-kräfte benötigt, die ein „hierarchieorientiertes Denken" verlassen haben und im Team sowohl über fachliche Führung als auch über Personalfüh-rung engagiert qualitative Veränderungen herbeiführen. Hierbei sind Bei-träge aus fachlicher Führung und aus Personalführung grundsätzlich gleichwertig zu betrachten. Weil jedoch gute Führungskräfte weder „ge-boren" noch „gemacht" werden, müssen sie sich durch ständiges Lernen

---

²¹⁶ Ebenda.

selbst dazu entwickeln. „Dazu gehört auch eine ernsthafte Selbstreflexion über eigene Verhaltensweisen, den eigenen Führungsstil und über die eigene Einstellung zu Veränderungen."[217] Der Maßstab zur Beurteilung der Qualität der Führung wird daher als Leistungsmaßstab im Rahmen der Gesprächsrunden/Portfolio und damit zum entscheidenden Kriterium für alle Personalmaßnahmen betrachtet. Der Handlungsschwerpunkt **neue Anforderungen an die Mitarbeiter** setzt eine team- und prozessorientierte Zusammenarbeit bei den Mitarbeitern für eine neue Leistungsqualität voraus. Das bedeutet, dass die Mitarbeiter die Verantwortung für ihren Beitrag zum Unternehmensergebnis, insbesondere für die Qualität ihrer Arbeit übernehmen, die Selbstverpflichtung zur Leistung annehmen und ihre individuellen Potenziale in Teams und Projekte einbringen – vor der persönlichen Profilierung und den Wandel als Chance begreifen und die Initiative, letztendlich die Verantwortung für eine anforderungs- und zeitgerechte Qualifikation übernehmen. Der Handlungsschwerpunkt **Information und Kommunikation** verdeutlicht, dass der Mitarbeiter nur dann Verantwortung übernehmen kann, wenn er gut informiert ist, insbesondere über alles, was ihn und seine Arbeit betrifft. Ebenso kann er sich nur qualitativ entwickeln, wenn er vom Vorgesetzten über seine Arbeit und Verhalten Feedback erhält. Hierbei sind Kommunikation und Information wichtig, die nicht nur „reden" beinhalten, sondern auch „zuhören" und zu den wesentlichen Führungsaufgaben gehören. Rechtzeitige Kommunikation über betriebliche Zusammenhänge bzw. Veränderungen ist zu fördern und damit eine offene und rechtzeitige Kommunikation zu erzielen. Dabei gilt der Grundsatz: „Je offener wir intern miteinander kommunizieren, desto sorgsamer muss jeder einzelne mit diesen Informationen umgehen."[218] Des Weiteren soll mit den Führungskräften und Mitarbeitern zu personalpolitischen Themen in Diskussion getreten werden, um so professioneller und aktueller informieren zu können.

3. Handlungsfeld: Personalsysteme und -strukturen

Mit neuen Arbeitsstrukturen und einer neuen Arbeitsorganisation werden leistungsfähigen und leistungsbereiten Mitarbeitern Freiräume ermöglicht, ihre individuellen Fähigkeiten und Fertigkeiten im Team effektiv einzusetzen. Eine Erweiterung der Handlungs- und Gestaltungsspielräume muss sich auch in den Personalsystemen widerspiegeln, um dem Prinzip „Leistung und Gegenleistung" gerecht zu werden. Die neuen Arbeitsstrukturen und damit verbundene Einführung soll zur Selbstver-

---

[217] Ebenda.

[218] Ebenda.

ständlichkeit werden. Die Personalsysteme sollen einfacher, transparenter, leistungs- und kapazitätsabhängiger und nicht zuletzt nutzenorientierter ausgerichtet werden. Folgende Handlungsschwerpunkte umfasst das Handlungsfeld **Personalsysteme und –strukturen**:

Der Handlungsschwerpunkt **neue Arbeitsstrukturen** beinhaltet, dass dauerhafte Effizienzsteigerungen nur noch durch sinnvolle Zusammenfassung von Arbeitsprozessen und mitgestaltenden Mitarbeitern zu erreichen ist. Es wird dadurch angestrebt, die neuen Arbeitsstrukturen im Fertigungsbereich flächendeckend einzuführen und im Angestelltenbereich entsprechend angepasste Lösungsansätze schrittweise einzubeziehen. Der Handlungsschwerpunkt **Entgelt- und Zusatzleistungen** besagt, das die Leistung und Entlohnung miteinander in Übereinstimmung gebracht werden müssen. Das Entgelt darf weder Qualifikation noch Potenzial an sich honorieren, sondern ausschließlich das Arbeitsergebnis, auf die jeweilige Anforderung. „Wir wollen unser Entgelt und unsere Zusatzleistungen erfolgs- und leistungsabhängiger machen, indem sich die Schwankungen des Unternehmenserfolgs bzw. der individuellen Leistung stärker als bisher auswirken. Unsere Zielsetzung ist, die Zusatzleistung weiter zu optimieren und ‚alte Zöpfe' abzuschaffen."[219] Der Handlungsschwerpunkt **Arbeitszeit** beinhaltet, dass durch die bereits gelebte flexible Arbeitszeitgestaltung des Unternehmens, die Arbeit effizienter organisiert sowie Maschinen und Anlagen länger und intensiver genutzt werden können. Weitere Gestaltungsspielräume werden durch eine vielfältige und flexible Arbeitszeit eröffnet, die im Einklang mit den Interesse des Unternehmens und des Mitarbeiters stehen. Das bedeutet, dass die Arbeitszeitreglementierung/-erfassung zunehmend durch aktives Zeitmanagement in allen Unternehmensbereichen ersetzt wird. Das explizite Ziel, welches dadurch anvisiert wird, ist es, die flexiblen Spielräume auch marktorientiert zu nutzen und ein ergebnisorientiertes Zeitmanagement einzusetzen. Der Handlungsschwerpunkt **Führungskräftestruktur und Bewertung** gibt vor, durch temporäre Organisationsformen, flachere Hierarchien eine übergreifende Zusammenarbeit zu bewirken, und erfordert eine flexible Führungskräftestruktur und Bewertungssysteme. Somit wird diese Zusammenarbeit flexibel und anwendbar. Die Führungsebenen werden an die veränderten Rahmenbedingungen angepasst und eine stärkere Personenorientierung gefördert.

---

[219] Ebenda.

4. Handlungsfeld: Optimierung des Personalaufwands

Das Handlungsfeld „Optimierung des Personalaufwands" wird in erster Linie durch die Effizienzsteigerung der Leistung der Mitarbeiter angestrebt. Dies bedeutet, dass die Effizienzsteigerung sowohl über Leistungssteigerung als auch über Kostensenkung erreicht wird. Dabei wird Kostensenkung insbesondere durch Optimierung des Personalaufwandes erreicht. Entscheidungen über Veränderung oder Verringerung von Arbeitsumfängen werden in erster Linie unternehmensstrategisch und/oder betriebswirtschaftlich begründet. Daneben finden mitarbeiterbezogene und sozialpolitische Kriterien Berücksichtigung. So werden sozialverträgliche Lösungen angestrebt und betriebsbedingte Kündigungen als „ultima ration" verstanden.[220]

Die strategischen Handlungsfelder im Gesamtüberblick (Abb. 26):

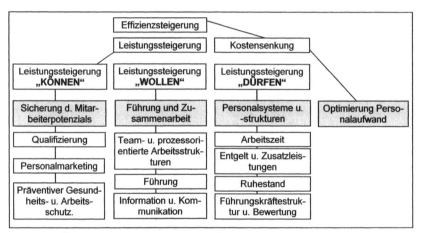

Abb. 26: Übersicht über die Bestandteile der Langfristigen Personalpolitik des untersuchten Unternehmens (Quelle: eigene Darstellung in Anlehnung an die Originalgrafik auf den Intranetseiten des Unternehmens)

Die Ableitungen aus den strategischen Handlungsfeldern der Personalpolitik werden im Folgenden kurz beschrieben.

Mit der Ableitung *„Sicherung des Mitarbeiterpotenzials"* soll mit einer gezielten Personalplanung und -entwicklung eine langfristige Sicherung des Leistungspotentials angestrebt werden. „Qualitative Spitzenleistungen und schnelle Reaktionen erfordern eine Bündelung aller im Unter-

---

[220] Quelle: Intranet des Unternehmens.

nehmen vorhandenen Kompetenzen."[221] Diese Ableitung impliziert weitere darunter liegende Handlungsfelder, wie ausgewogene Mitarbeiterstruktur, Qualifizierung, Entwicklung des Managementpotenzials und internationale Personalentwicklung. Innerhalb dieser „Unterhandlungsfelder" bestehen Maßnahmen und Vorgaben, um damit auch Leistung erbringen zu können („KÖNNEN") und damit leistungsfähig zu sein.

Die Ableitung *„Führung und Zusammenarbeit"* beinhaltet: „Qualitative Spitzenleistung und schnelle Reaktionen erfordern eine Bündelung aller im Unternehmen vorhandenen Kompetenzen. Dieses Ziel kann nur erreicht werden, wenn der Mitarbeiter konsequent in den Informationsfluss bzw. Entscheidungsablauf einbezogen wird."[222] Dieses bedeutet, dass mit den subsumierten Handlungsfeldern und damit bestehenden Instrumenten und Maßnahmen, die Leistungsbereitschaft besteht, d.h. gewollt („WOLLEN") ist. Folgende „Unterhandlungsfelder" sind daher relevant: Team- und prozessorientierte Zusammenarbeit, Führung, Neue Anforderungen an die Mitarbeiter und Information und Kommunikation.

Die dritte Ableitung bezieht sich auf das Handlungsfeld *„Personalsysteme und –strukturen"*. Dieses gibt vor, dass leistungsfähige und leistungsbereite Mitarbeiter Arbeitsstrukturen und eine Arbeitsorganisation benötigen, damit diese ihnen Freiräume für einen effektiven Einsatz ihrer individuelle Fähigkeiten und Fertigkeiten im Team ermöglichen. Dabei muss sich eine Erweiterung der Handlungs- und Gestaltungsspielräume auch in den Personalsystemen widerspiegeln, um dem Prinzip „Leistung und Gegenleistung" gerecht zu werden. Mit der Einführung der „neuen Arbeitsstrukturen" wird eine neue Zusammenarbeit zur Selbstverständlichkeit, die einfache, transparente, leistungs- und kapazitätsabhängige und nicht zuletzt nutzenorientierte ausgerichtetere Personalsysteme enthalten. Somit wird durch die Leistungsmöglichkeit, welche durch folgende Handlungsfelder und Maßnahmen „abgedeckt" wird: neue Arbeitsstrukturen, Entgelt und Zusatzleistungen, Arbeitszeit sowie Führungsstruktur und Bewertung – ermöglicht ein dürfen („DÜRFEN").

Optimierung des Personalaufwands

„Mit diesen Schwerpunkten der Personalpolitik erreichen wir in erster Linie die Effizienzsteigerung durch eine Verbesserung der Leistung der Mitarbeiter."[223] Davon ist der Erfolg des Unternehmens abhängig sowie

---

[221] Ebenda.

[222] Ebenda.

[223] Ebenda.

vom Image als Arbeitgeber (mit entsprechenden Auswirkungen auf die Gewinnung von Mitarbeitern, den Verkauf der Produkte etc.), d.h. das Verhalten als Arbeitgeber beeinflusst auch die soziale Akzeptanz des Produktes insgesamt.

7.4   Personalpolitische Instrumente bzw. Maßnahmen

Anhand der Leitlinien des Unternehmens wurde ein so genannter „Besteckkasten"[224] nach Work Life Balance Gesichtspunkten entwickelt. Dieser Besteckkasten dient als Ordnungssystem, der nach den im Unternehmen geltenden personalpolitischen Grundsätzen konzipiert wurde. Im Sinne von Work Life Balance sind darin alle Handlungsschwerpunkte der oben erläuterten Personalpolitik enthalten, so dass alle Maßnahmen und Instrumente, die im Unternehmen bestehen (beinhaltet alle Standorte in Deutschland plus einen Standort in Österreich), in diesen einsortiert werden können. Diese einzelnen „Besteckfächer" werden nun folgend, kurz in ihrer Zusammensetzung aufgezählt:

Das erste *Besteckfach: „Sicherung des Mitarbeiterpotenzials"* beinhaltet die Handlungsschwerpunkte: Qualifizierung, Personalmarketing und präventiver Gesundheits- und Arbeitsschutz. Das zweite *Besteckfach: „Führung und Zusammenarbeit"* enthält die Handlungsschwerpunkte: Team und prozessorientierte Arbeitsstrukturen sowie Information und Kommunikation. In das dritte *Besteckfach: „Personalsysteme und –strukturen"* sind die Handlungsschwerpunkte: Arbeitszeit, Entgelt und Zusatzleistungen sowie Ruhestand integriert.

Dieser „Besteckkasten" wird mit folgenden Maßnahmen gefüllt:[225]
Arbeitszeit-/Arbeitsmodelle:
Teilzeit, Erprobung Teilzeit in der Gleitzeit (Kombination von Teil- und Gleitzeit auf Basis von Gleitzeitsaldo), Partnerteilzeit (mehrere Mitarbei-

---

[224] Der Begriff „Besteckkasten" ist so zu verstehen, dass anhand der personalpolitischen Grundsätze, die im Sinne von Work Life Balance verstanden werden können, die entsprechenden Maßnahmen in diesen Kasten einsortiert werden können. Damit soll standortübergreifend eine Transparenz zu den bestehenden Maßnahmen und Aktivitäten zur Work Life Balance erzeugt werden.

[225] Die hier aufgeführten Maßnahmen und Instrumente, die im Unternehmen bestehen, sollen einen allgemeinen Überblick über das Spektrum und die Vielfalt der Maßnahmen geben. Jedoch können diese nicht allumfassend sein, da an jedem Standort unterschiedliche Maßnahmen existieren und diese temporär wechseln können oder nicht mehr bestehen.

ter teilen sich einen Arbeitsplatz), Sabbatical (Unterbrechung der Arbeit bis zu 6 Monaten), Gleitzeit und Telearbeit.

Dienste und Serviceleistungen:
Versicherungsangebote einer Tochtergesellschaft des Unternehmens (z.B. Privathaftpflicht, Haftpflicht, Unfall, Rente etc.), Bankgeschäfte der unternehmenseigenen Bank (Vermögensmanagement und Miete bzw. Kauffinanzierung von PKW`s) und Angebote des unternehmenseigenen Reisebüros (Angebote zur Flugbuchung für Pauschalreisen und Dienstreisen).

Familienangebote:
Kinderbetreuungseinrichtung mit ca. 90 Plätzen für Kinder[226] zwischen 0–6 Jahren in Form eines e.V., bei dem das Unternehmen die Kosten für die Fixkosten und die Räumlichkeiten übernimmt, Familienservice – externer Anbieter für Vermittlung von Kinderbetreuung unterschiedlicher Art und „elder care", Elternzeit und Familienpause.

Gesundheit:
Gesundheitsdienst (z.B. Notfallversorgung, Beratung/Prävention, Schutzimpfungen, Untersuchung/Behandlung, arbeitsmedizinische Leistungen etc.) und gesundheitliche Schulungen (z.B. ergonomische Arbeitsplatzgestaltung, Hebe- und Trageschulungen etc.).

Sport und Freizeit:
Unternehmenseigenes Sportcenter – „Back-up" für Rückenschulungen etc., Fitnesskurse/Sportangebote (von Aerobic bis Wirbelsäulengymnastik), Kooperation mit externen Sportstudios und Clubs zum vergünstigten Preis, Unternehmensinterne Interessensgruppen (z.B. Amateurfunker, Kammerorchester, Tennis, Tanzsport, Golf, diverse Events wie „Wintersporttag" etc.), „Kulturmobil" – Angebote unterschiedlicher kultureller Veranstaltungen (teilweise hausintern, zum Teil auch mit externen Kooperationspartnern).

Weiterbildung:
Weiterbildungs- und Trainingsangebote der diversen Standorte des Unternehmens, Fachschulungen (z.B. Selbstlernen, persönliche Weiterentwicklung, Sprachen und Kulturen, Veränderung, Methodenkompetenz etc.).

---

[226] Bezieht sich hier ausschließlich auf den Standort München.

Zusatzleistungen

Werksbusse für die Pendler im Schichtbetrieb, Job-Ticket, Mietfahrzeuge für Mitarbeiter, Bereitstellung von Apartments/Gästehäusern mit Serviceleistungen (vorwiegend für Mitarbeiter, die ihren Arbeitsplatz verlegt haben) und Fahrkostenzuschuss.

8 Methodik der Datenerhebung und -analyse

In diesem Kapitel werden die Methodik der Datenerhebung und der Prozess der Analyse detailliert erläutert. Im ersten Punkt dieses Kapitels wird auf die Unterschiede von qualitativen und quantitativen Verfahren, die Befragung als Erhebungsinstrument (in diesem Fall eine Onlinebefragung), die Entwicklung des Fragebogens, den gesamten Ablauf der Datenerhebung, die Pre-Tests und die zugrunde liegende Untersuchungspopulation eingegangen. Des Weiteren werden der Prozess, die angewendeten Verfahren und der Ablauf der Datenanalyse sowie das Analyseraster beschrieben, nach dem die Daten ausgewertet und analysiert wurden.

8.1 Methode der Datenerhebung

Ziel einer empirisch-wissenschaftlichen Forschungsarbeit ist es, Daten zu erheben, um danach theoretische Annahmen an der Realität zu überprüfen.[227] Dafür stehen unterschiedliche sozialwissenschaftliche Methoden (quantitative und qualitative) der Datenerhebung zur Auswahl. Die Wahl der Datenerhebungsmethode ist sehr stark vom Forschungsziel bzw. dem Prozess und den jeweiligen Rahmenbedingungen abhängig.[228] Vor Beginn einer Erhebung sollte genau geprüft werden, ob ein qualitatives oder quantitatives Verfahren angewendet werden soll und welches Erhebungsinstrument am besten geeignet ist.

Qualitative Verfahren der empirischen Sozialforschung
Bei den Verfahren der qualitativen Sozialforschung werden die Prinzipien der Offenheit, der Flexibilität und der Kommunikation verfolgt. Mit diesen Prinzipien wird in der Regel eine größere Bandbreite an Informationen generiert, die vor Beginn der Erhebung nicht transparent war.[229]

Die qualitative Sozialforschung ist nicht an einer Quantifizierung von Daten interessiert, sondern an einer Analyse bzw. Interpretation von Daten

---

[227] Vgl. dazu Schnell et al. 1993, S. 38.

[228] In der Wissenschaft hat um die Verfahren und die damit verbundene Auffassung, welches das richtige Vorgehen und die geeignete Methode sei, einen Werturteilsstreit (auch Positivismusstreit genannt) zwischen den Vertretern der analytisch-nomologischen Methoden und der philosophisch-hermeneutischen Verfahren stattgefunden. Vgl. dazu Schnell et al. 1993, S. 72 ff. und Atteslander 1995, S. 17 und 383 ff.

[229] Vgl. dazu Fuchs-Heinritz et al. 1994, S. 613 und Mayring 1996.

im Sinne einer subjektiven Nachvollziehbarkeit. Eine statistische Reprä-
sentativität wie bei den Verfahren der quantitativen Sozialforschung wird
nicht angestrebt, sondern typische signifikante Fälle werden für die Herleitung der sozialen Wirklichkeit herangezogen. Dabei kommt es darauf
an, die Tiefenstrukturen des relevanten Sachverhalts zu erforschen und
auf die Zusammenhänge im Kontext einzugehen. „Die Postulate der qualitativen Sozialforschung sind unter anderem in der ‚grounded theory',
der empirischen und objektiven Hermeneutik, der Biographieforschung
und der Ethnomethodologie ausgearbeitet worden."[230]

Quantitative Verfahren der empirischen Sozialforschung
Bei den Verfahren der quantitativen Sozialforschung werden anhand von
Stichproben oder Vollerhebungen Aussagen über die zu untersuchenden
Sachverhalte getroffen. Die Daten werden hierfür quantifiziert, um damit
Verallgemeinerungen, Wahrscheinlichkeiten oder Gesetze in Form von
„Wenn-dann-Aussagen" zu formulieren.[231]

Der Schwerpunkt bei diesen Verfahren liegt auf der Messbarkeit von
Skalen mit metrischen Eigenschaften. Zur quantitativen Sozialforschung
in dem einen oder anderen Sinne zählen Labor- und Feldexperimente,
repräsentative Bevölkerungsuntersuchungen und Befragungen, die So-
zialindikatorenforschung, Zeitreihen- und Ereignisanalysen, qualitative
historische und vergleichende Forschungen sowie quantitative Doku-
menten- und Inhaltsanalysen.[232]

Diese beiden Verfahren der empirischen Sozialforschung müssen sich
bei Forschungsprojekten jedoch nicht gegenseitig in der Anwendung
ausschließen.[233] Dies bedeutet, dass bei ein und demselben Forschungsprojekt sowohl qualitative als auch quantitative Elemente im
Prozess der Untersuchung enthalten sein können, soweit das For-
schungskonzept dieses erlaubt. Meist sind die Grenzen zwischen qualitativen und quantitativen Forschungsmethoden fließend.

---

[230] Fuchs-Heinitz et al. 1994, S. 613., vgl. dazu Flick 1995 und Lamnek 1995.

[231] Vgl. dazu Schnell et al. 1993, S. 42.

[232] Vgl. dazu Fuchs-Heinitz et al. 1994, S. 614.

[233] Werden mehrere Erhebungsverfahren und die dadurch erlangten Datenarten zur
Untersuchung ein und desselben Gegenstandes angewendet, spricht man von einer Triangulierung. Fuchs-Heinitz et al. 1994, S. 687.

Verfahren/Methode dieser Forschung

Das Forschungsziel dieser Datenerhebung besteht darin, bestimmte Zielgruppen zu identifizieren und damit zu generieren und deren Work Life Balance Situation zu erforschen. Um dieses Ziel zu erreichen, sollten die Daten aus forschungsökonomischen Aspekten schnell erhoben werden und ein großer Anteil an Mitarbeitern erreicht werden. Mittels eines quantitativen Erhebungsverfahrens, einer Onlinebefragung, konnten diese Zielvorgaben erreicht werden. Für die nähere Erläuterung des Vorgehens wird im nächsten Abschnitt die Methode der Befragung, explizit die Onlinebefragung erläutert.

8.1.1 Befragung

Die Befragung ist eine der am häufigsten angewendeten Methoden und gilt als das Standardinstrument bei der Erhebung von empirischen Daten.[234] „Befragung bedeutet Kommunikation zwischen zwei oder mehreren Personen. Durch verbale Stimuli (Fragen) werden verbale Reaktionen (Antworten) hervorgerufen. Dies geschieht in bestimmten Situationen und wird geprägt durch gegenseitige Erwartungen. Die Antworten beziehen sich auf erlebte und erinnerte soziale Ergebnisse, stellen Meinungen und Bewertungen dar."[235]

Bei der Befragung kann zwischen dem standardisierten Interview, dem schriftlichen Interview, dem Telefoninterview sowie Sonderformen der Befragung unterschieden werden. Explizit wird hier nur auf das schriftliche Interview (Befragung) eingegangen, da dieses Verfahren bei dieser Untersuchung Anwendung fand.[236]

Schriftliche Befragung

Die schriftliche Befragung kann damit definiert werden, dass eine Gruppe von Befragten an einer Befragung in schriftlicher Form (Fragebogen) entweder unter Anwesenheit eines Interviewers oder aber auf postalischen Weg einen Fragebogen erhält, um diesen auszufüllen. Der hierfür entwickelte Fragebogen wird bei den meisten Befragungen auf Papier gedruckt und danach an die Probanden verteilt oder versandt.[237] Je

---

[234] Vgl. Schnell et al. 1993, S. 328.

[235] Atteslander 1995, S. 132.

[236] Zur weiteren Vertiefung und Erläuterung der Befragungsformen und -arten vgl. Atteslander 1995, S. 167.

[237] Vgl. dazu Atteslander 1995, S. 169 und Schnell et al. 1993, S. 367.

nachdem, welchen Umfang und welche Rahmenbedingungen die jeweilige Erhebungssituation besitzt, sind auch Onlinebefragungen möglich.

Onlinebefragung

Eine Onlinebefragung[238] zeichnet sich dadurch aus, dass die eigentliche Befragung über das Medium des Computernetzes (Internet oder Intranet) stattfindet. Der Fragebogen wird bei diesem Verfahren mit Hilfe von spezieller Software programmiert und ins Internet oder Intranet eingestellt. Häufig können sich die Probanden mittels Passwörtern in den Onlinefragebogen einloggen und diesen dann ausfüllen. Die Onlinebefragung weist verschiedene Vor- und Nachteile auf (vgl. dazu Tab. 4), weshalb sorgfältig überlegt werden sollte, ob dieses Verfahren für den Untersuchungsgegenstand zweckmäßig ist.

Nach dem Arbeitskreis Deutscher Markt- und Sozialforschungsinstitute e.V. schließt der Begriff der Onlinebefragung „[…] in der hier gebrauchten Definition Befragungen ein, bei denen die Teilnehmer den [...]

- auf einem Server abgelegten Fragebogen im Internet online ausfüllen,
- Fragebogen von einem Server herunterladen und per E-mail zurücksenden,
- Fragebogen per E-Mail zugeschickt bekommen und zurücksenden."[239]

Findet die Befragung im Internet statt, so ist die Auswahl der Probanden, die den Fragebogen ausfüllen, nicht vorhersehbar und bestimmbar. Jede Person, die einen Onlinezugang hat, kann potenziell als Proband in Frage kommen, um den Fragebogen auszufüllen.[240] Wird der Fragebogen im Intranet eines Unternehmens eingestellt, so muss berücksichtigt werden, ob nur bestimmte oder alle Mitarbeitergruppen die Berechtigung haben, an der Befragung teilzunehmen. Falls nur bestimmte Gruppen an der Befragung im Intranet teilnehmen sollen, muss vorab mit einem Matchingverfahren[241] die Zulassung vergeben werden. Mit einem Zahlenco-

---

[238] Vgl. hierzu Knapp 2004, S. 5–10.

[239] Arbeitskreis Deutscher Markt- und Sozialforschungsinstitute e.V. et al. 2001, S. 1.

[240] Es sei denn, dass der Zugang zu diesem Bereich mit Passwörtern reglementiert ist.

[241] Beim Matchingverfahren werden anhand von Mitarbeiternummern die Teilnehmer an der Befragung eingegrenzt. Zum Zwecke der Anonymität und des Datenschutzes wird anhand dieser Liste von Mitarbeiternummern ein Zahlencode für jeden potenziellen Mitarbeiter vergeben, mit dem dieser sich dann in den Fragebogen einloggen kann.

de (Passwort), der dem Mitarbeiter per Email oder auch Hauspost zukommt, erhält dieser Zugang zum Onlinefragebogen und hat dann die Möglichkeit, sich in den Fragebogen einzuloggen und diesen auszufüllen. Der Zahlencode gewährleistet neben dem Zugang zum elektronischen Fragebogen auch, dass dieser nicht mehrmals vom gleichen Probanden ausgefüllt werden kann, sondern nur einmal.

Tab. 4: Übersicht über die Vor- und Nachteile einer Online-Befragung (Quelle: eigene Darstellung)

Vorteile einer Onlinebefragung:	Nachteile einer Onlinebefragung:
schnelle Erreichbarkeit der Probanden	Hemmnisse und Abneigungen gegen den Computer und damit die Befragung
mit Filterführung Verkürzung des Fragebogens	Mangelnde bzw. geringe Beteiligung
unkomplizierter u.a. fehlerloser Datentransfer	Anwendungsprobleme (z.B. Ladeprobleme)
schnelle Datenanalyse (Eingabe der Daten in elektronische Statistikprogramme entfällt)	Vertrauen der Probanden in die Umfrage (keine wahrheitsgemäßen Antworten)
leichte und benutzerfreundliche Handhabung	Durchführung einer Onlinebefragung nur mit Personen möglich, die auch Zugang zum PC und Intranet haben
	Probleme mit dem Datenschutz
	Matchingverfahren (Passwörter)

8.1.2 Fragebogenentwicklung

Nachdem die Methode der Befragung ausgewählt wurde, wird im nächsten Schritt eines wissenschaftlichen Prozesses gemäß der Problembenennung und dem Forschungsziel der Fragebogen entwickelt, um die Befragung durchzuführen. Der Forschungsprozess einer wissenschaftlichen Untersuchung lässt sich in sechs Phasen (siehe dazu Abb. 27) unterteilen:

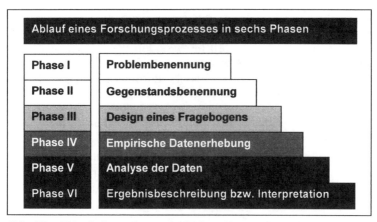

Abb. 27: Ablauf einer wissenschaftlichen Untersuchung in sechs Phasen (Quelle: eigene Darstellung in Anlehnung an Atteslander 1995, S. 31)

Bevor die Daten mit dem Messinstrument des Fragebogens erhoben werden, muss nach dem Phasenmodell des Forschungsprozesses zunächst der Forschungsgegenstand definiert, d.h. operationalisiert werden. Die Operationalisierung[242] impliziert demnach den Begriff des Forschungssachverhalts, welcher das Forschungsproblem darstellt, das qua Definition von anderen artverwandten Themen oder Forschungsfragen abgegrenzt werden muss.

Nach der Problembenennung und der daraus sich ableitenden Gegenstandsbenennung und Abgrenzung von ähnlichen Themen, wird ein Fragebogendesign entwickelt, das den Forschungssachverhalt messbar macht. Bei der Entwicklung des Fragebogendesigns müssen für die einzelnen zu operationalisierenden Sachverhalte geeignete Variablen und Indikatoren bestimmt werden. Die erhobenen Daten werden dann mit einem eigens für die Forschungsfrage entwickelten Verfahren, d.h. einem Analysedesign untersucht. Mit der Ergebnisbeschreibung ist der formale Prozess einer Forschung abgeschlossen.

---

[242] Unter Operationalisierung versteht man die Schritte der Zuordnung von empirisch messbaren zu beobachtbaren oder zu erfragenden Indikatoren zu einem theoretischen Begriff. Durch die Operationalisierung werden Messungen von durch einen Begriff bezeichneten empirischen Erscheinungen „möglich". Vgl. Atteslander 1995, S. 61.

Die Entwicklung des Fragebogens dieser Erhebung
Der Forschungsgegenstand dieser Untersuchung ist die Work Life Balance. Work Life Balance wird hierbei als eine Vereinbarkeit aller Aktivitäten und Verpflichtungen aus beiden Lebensbereichen verstanden, mit der das Individuum in Balance, d.h. im Einklang mit sich und seiner Umwelt ist. Es handelt sich in diesem Fall um die Work Life Balance Situation der Mitarbeiter des zu untersuchenden Automobilkonzerns, die aus einer ganzheitlichen Perspektive betrachtet werden soll. Hierbei soll der Frage nachgegangen werden, welche Belastungen aus dem privaten und beruflichen Bereich bestehen und welches Stressempfinden die Mitarbeiter bei der Synchronisation beider Lebensbereiche haben.[243] Die Population und damit die Personen, deren Work Life Balance Situation untersucht wird, sind Mitarbeiter mit einem unbefristeten Vertrag aus ausgesuchten Bereichen[244] innerhalb des Automobilkonzerns.

Um die Work-Life-Balance-Situation der Mitarbeiter spezifisch zu messen, bestehen folgende Variablen:
- soziodemographische Merkmale des Mitarbeiters und, wenn vorhanden, des Partners
- individuelles Stressempfinden bei den Mitarbeitern
- Belastungen aus dem beruflichen Bereich
- Belastungen aus dem privaten Bereich
- Nutzung der vorhandenen Maßnahmen
- Unternehmens- und Führungskultur in Verbindung mit Work Life Balance

Für die einzelnen Variablen wurden dann folgende unterschiedliche Indikatoren gebildet:

Die Variable der **Soziodemographie** beinhaltet folgende Indikatoren: Geschlecht, Alter, Familienstatus, Schul- und Berufsausbildung, berufliche Position, Arbeitszeit, Wegezeiten und Indikatoren, die die soziodemographischen Merkmale des Partners betreffen (falls dieser existiert).

Für die Variable **Stressempfinden** sind die folgenden Indikatoren relevant, um den Forschungssachverhalt zu messen: Empfinden von Stress, die Häufigkeit von Stress, der Stressbereich, aus dem der meiste Stress kommt, die Stressoren, die Stress auslösen, und die Auswirkungen des Stresses.

---

[243] Für die Festlegung der Ziele dieser Untersuchung vgl. Kapitel 1.

[244] Zu den untersuchten Bereichen des Unternehmens vgl. Abschnitt 8.1.7.

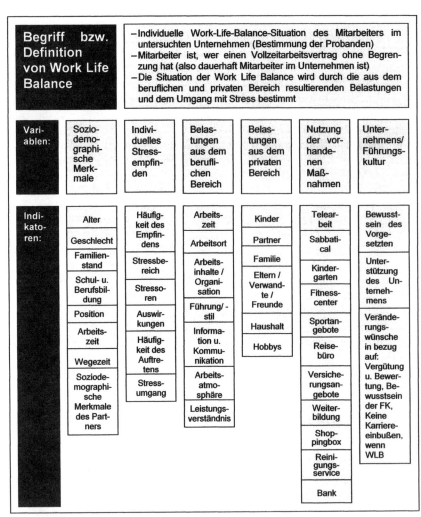

| Begriff bzw. Definition von Work Life Balance | – Individuelle Work-Life-Balance-Situation des Mitarbeiters im untersuchten Unternehmen (Bestimmung der Probanden)
– Mitarbeiter ist, wer einen Vollzeitarbeitsvertrag ohne Begrenzung hat (also dauerhaft Mitarbeiter im Unternehmen ist)
– Die Situation der Work Life Balance wird durch die aus dem beruflichen und privaten Bereich resultierenden Belastungen und dem Umgang mit Stress bestimmt | | | | |

Variablen:	Soziodemographische Merkmale	Individuelles Stressempfinden	Belastungen aus dem beruflichen Bereich	Belastungen aus dem privaten Bereich	Nutzung der vorhandenen Maßnahmen	Unternehmens/ Führungskultur
Indikatoren:	Alter	Häufigkeit des Empfindens	Arbeitszeit	Kinder	Telearbeit	Bewusstsein des Vorgesetzten
	Geschlecht	Stressbereich	Arbeitsort	Partner	Sabbatical	
	Familienstand		Arbeitsinhalte / Organisation	Familie	Kindergarten	Unterstützung des Unternehmens
	Schul- u. Berufsbildung	Stressoren		Eltern / Verwandte / Freunde	Fitnesscenter	
		Auswirkungen	Führung/ -stil			Veränderungswünsche in bezug auf:
	Position		Information u. Kommunikation	Haushalt	Sportangebote	
	Arbeitszeit	Häufigkeit des Auftretens		Hobbys	Reisebüro	Vergütung u. Bewertung, Bewusstsein der FK, Keine Karriereeinbußen, wenn WLB
	Wegezeit		Arbeitsatmosphäre		Versicherungsangebote	
	Soziodemographische Merkmale des Partners	Stressumgang	Leistungsverständnis		Weiterbildung	
					Shoppingbox	
					Reinigungsservice	
					Bank	

Legende: FK= Führungskräfte; WLB= Work Life Balance

Abb. 28: Definition des Forschungssachverhalts und zugehörige Variablen und Indikatoren (Quelle: eigene Darstellung nach Atteslander 1995, S. 61 ff.)

Die Variablen für die **Belastungen aus dem beruflichen Bereich** sind folgende: Arbeitszeit, Arbeitsort, Arbeitsinhalte/Organisation, Führung und Führungsstil, Information- und Kommunikationspolitik, Arbeitsatmosphäre und das Leistungsverständnis.

Für die Variable **Belastungen aus dem privaten Bereich** wurden folgende Indikatoren gebildet: Kinder, Partner, Familie, Eltern/Verwandte und Freunde, Haushalt und Hobbys.

Die Variable der Maßnahmen setzt sich aus den **Maßnahmen** und deren **Nutzung** zusammen. Für die Variable **Unternehmenskultur** wurden folgende Indikatoren bestimmt: Bewusstsein des Vorgesetzten, allgemeine Unterstützung des Unternehmens bei der Work Life Balance, Probleme mit der Work Life Balance und damit verbundene Leistungseinschränkung, Kommunikation zum Vorgesetzten, Unterstützung des Vorgesetzten, Veränderungswünsche innerhalb des Unternehmens.

Anhand des Begriffs bzw. der Definition von Work Life Balance und der damit verbundenen Forschungsfrage wurden Variablen gebildet. Im nächsten Schritt der Entwicklung des Fragbogens sind anhand dieser Variablen Indikatoren bestimmt worden, mit denen dann die einzelnen Fragen ausformuliert wurden (vgl. dazu Abb. 28).

8.1.3 Fragebogendesign der Untersuchung

Nach der Operationalisierung des Forschungssachverhalts und der damit verbundenen Bestimmung von Variablen und Indikatoren wurde das Fragebogendesign entwickelt. Dieses besteht aus fünf Teilen[245] (Abb. 29):

Teil I
Soziodemographische Indikatoren des Probanden und, wenn vorhanden, vom Lebenspartner
Teil II
Stressempfinden des Probanden
Teil III
Eruierung, aus welchem Bereich Belastungen kommen und was konkret bei der Synchronisation des Berufs- und Privatlebens schwierig zu vereinbaren ist
Teil IV
Überprüfung der Nutzung von Instrumentarien und Maßnahmen des Unternehmens – Bedürfniswünsche der Probanden
Teil V
Unternehmens- und Führungskultur; inwieweit ist Work Life Balance Element der Kultur

Abb. 29:   Fragebogendesign und die einzelnen Teilebenen (Quelle: eigene Darstellung)

---

[245] Der gesamte Fragebogen, wie er online programmiert wurde, ist in Anhang H zu finden.

Im Einzelnen wird nun auf die Inhalte der Teilbereiche eingegangen:

Teil I: Soziodemographische Merkmale
Teil I der Erhebung beinhaltet Items, die verschiedene Lebensdaten und daran gekoppelte Ereignisse anhand der zuvor festgelegten Indikatoren des Probanden abfragen.

Tab. 5: Überblick über die soziodemographischen Merkmale im Fragebogendesign für den Probanden

A – Proband:	
Geschlecht	
Familienstand	**Filter** bzw. Verzweigung zu Fragen des Partners oder zum Bereich Stress
Alter	
Anzahl, Alter und Haushaltszugehörigkeit der Kinder	
Mitarbeitergruppe im Unternehmen	
Arbeitsbereich	
Entgeltgruppe	
Schulabschluss	
Berufsausbildung	
Schichttätigkeit ja/nein	
Umfang der Arbeit (z.B. Vollzeit, Teilzeit oder Altersteilzeit)	
Stundenanzahl	
Art des Arbeitsvertrags (z.B. flexible Gleitzeit, Arbeitszeitkonto, Vertrauensgleitzeit, Zeitsouveränität)	
Verkehrsmittel zum Erreichen der Arbeitsstelle	
Dauer zum Erreichen der Arbeitsstelle (einfacher Weg)	

Tab. 6: Überblick über die soziodemographischen Merkmale im Fragebogendesign für den Partner des Probanden

B – Partner des Probanden:
Alter
Schulabschluss
Berufsausbildung
Schichttätigkeit ja/nein
Umfang der Arbeit (z.B. Vollzeit, Teilzeit oder Altersteilzeit)
Stundenanzahl
Art des Arbeitsvertrags (z.B. flexible Gleitzeit, Arbeitszeitkonto, Vertrauensgleitzeit, Zeitsouveränität)
Verkehrsmittel zum Erreichen der Arbeitsstelle
Dauer zum Erreichen der Arbeitsstelle (einfacher Weg)

Teil II: Stressempfinden des Probanden
Im Teil II des Erhebungsdesigns werden das individuelle Stressempfinden, der Stressbereich, die Stressoren, die Häufigkeit des Stresses, Auswirkungen und Stressmanagement bzw. Stresserfahrung abgefragt.

Tab. 7:   Überblick über die Merkmale des Stressempfindens im Fragebogendesign

Wichtigkeit des beruflichen Weiterkommens	
Empfindung von Stress	**Filter** bzw. Verzweigung zu Fragen der Belastungen
Stressbereich (beruflicher Bereich, privater Bereich oder beide Bereiche)	
Häufigkeit von Stressempfinden	
Stressoren (z.B. körperliche Arbeit, gedankliche Arbeit, Zeitdruck, Anstieg der Anforderungen an den Probanden und dessen Arbeit etc.)	
Auswirkungen des Stresses (Unkonzentriertheit, Leistungsunfähigkeit etc.)	
Stressumgang/Stressabbau	

Teil III: Belastungen aus dem beruflichen und privaten Bereich
Der **dritte Teil** des Fragebogens bezieht sich auf die Belastungen aus dem beruflichen und privaten Bereich. Zuerst werden allgemein unterschiedliche Belastungsfelder der beiden Bereiche abgefragt. Kreuzt der Proband hier ein oder mehrere Belastungsbereiche an, werden diese mit einer Filterführung differenziert und spezifischer abgefragt.

Tab. 8:   Überblick über die Merkmale der Belastungen aus dem beruflichen Bereich -Fragebogendesign

Belastungen aus dem beruflichen Bereich (allgemeine Abfrage):	
Wichtigkeit von Work Life Balance für die innere Ausgeglichenheit	
Arbeitszeit	**Filter** bzw. Verzweigung zu spezifischen Fragen der beruflichen Belastungen oder weiter mit Belastungen aus dem Privatbereich
Arbeitsort	
Arbeitsinhalte/Organisation	
Führung/Führungsstil	
Informations- und Kommunikationspolitik	
Unternehmenskultur/Arbeitsatmosphäre	
Leistungsverständnis	
Sonstiges	

Tab. 9: Überblick über die Merkmale der spezifischen Belastungen aus dem beruflichen Bereich im Fragebogendesign

Spezifische Abfrage über die Filterführung:	
Arbeitszeit: Arbeitszeitregelungen, Pausenregelung, Verschiebung/Verkürzung der Arbeitszeit, Urlaubsregelung, zeitweise Befreiung von der Arbeit, jährliche Arbeitszeit	Filter bzw. Verzweigung zu Fragen der Belastungen aus dem Privatbereich
Arbeitsort: Permanente Anwesenheit im Unternehmen, Wegezeiten zum Arbeitsort, Dienstreisen, Arbeitsortwechsel	
Arbeitsinhalte/Organisation: Größe des Arbeitsauftrags/Projektauftrags, personelle Besetzung /Aufteilung der Projekte/Arbeitsaufgaben, zeitliche Überlappung von neuen Projekten/Tagesgeschäft, zeitliche Folge von Projekten/Arbeit	
Führung/Führungsstil: Un-/Kenntnis des Vorgesetzten über die Bedürfnisse des Mitarbeiters, Zeit des Vorgesetzten für den Mitarbeiter, Initiative des Vorgesetzten für Gespräche mit Mitarbeitern, Hemmnis über Fehler zu sprechen, Nutzung des Feedback-Instruments	
Informations- und Kommunikationspolitik: rechtzeitige Information, klare Aussagen über Arbeit, Transparenz über Kommunikationsprozess, Feedback über Arbeit, Sonstiges	
Unternehmenskultur/Arbeitsatmosphäre: Leistungsaspekt, Stellenwert des Privatlebens im Unternehmen, Zeigen von Schwäche, Karriereorientierung der Kollegen, Verständnis bei Kollegen für private Belange, Sonstiges	
Leistungsverständnis: Erwartungshaltung an Leistung, Permanente Leistungsbereitschaft, Karriere nur über überdurchschnittliche Leistung, Sonstiges	
Sonstiges: Platz für nicht angesprochene Belange oder Anmerkungen	

Tab. 10: Überblick über die Merkmale der Belastungen aus dem privaten Bereich im Fragebogendesign

Belastungen aus dem privaten Bereich (allgemeine Abfrage):	
Kinder	Filter bzw. Verzweigung zu spezifischen Fragen des Privatbereichs oder der Nutzung von Maßnahmen
Partner	
Familie	
Eltern/Verwandte/Freundeskreis	
Haushalt	
Hobbys/Verpflichtungen und Aktivitäten	
Sonstiges	

Tab. 11:   Überblick über die Merkmale der spezifischen Belastungen aus dem privaten Bereich im Fragbogendesign

Spezifische Abfrage über die Filterführung:	
Kinder: Erziehung, Betreuung, Hobbys der Kinder, Verpflichtungen der Kinder, Schule, Sonstiges	**Filter** bzw. Verzweigung zu Fragen der Nutzung von Maßnahmen
Partner: Beruf/Karriere des Partners, Hobbys des Partners, Zeit, die der Partner für sich benötigt, Verpflichtungen des Partners, Wegezeiten zum Arbeitsplatz, traditionelle Erwartungshaltung des Partners, Sonstiges	
Familie: Zeit für die Familie, gemeinsame Aktivitäten, Diskussion über Probleme, Erlebnisaustausch	
Eltern/Verwandte/Freundeskreis: Aktivitäten mit Freunden, Besuch bei den Eltern/Schwiegereltern bzw. Verwandten, Pflege bedürftiger Personen, sonstige Verpflichtungen	
Haushalt: Einkäufe, Reinigung der Wohnung, Reinigung der Wäsche, Aufräumen, Spülen, sonstige Aktivitäten in Wohnung und Garten	
Hobbys/Verpflichtungen und Aktivitäten: Verpflichtungen bzw. Aktivitäten, Zeit des Probanden für sich, Zeit für Familie, Sonstiges	
Sonstiges: hier konnten alle zusätzlichen Verpflichtungen und Aktivitäten aufgeführt werden, die im Fragebogen nicht genannt waren.	

Teil IV – Nutzung der Instrumente und Maßnahmen des Unternehmens

Im **Teil IV** (vgl. dazu Tab. 12) wird überprüft, welche Maßnahmen und Instrumente, die im Kontext von Work Life Balance subsumiert werden können, in welchem Maße genutzt werden. Des Weiteren wird in diesem Abschnitt nach weiteren Maßnahmen und Instrumenten gefragt, die noch nicht vorhanden sind und zu einer Entlastung der Vereinbarkeit von Beruf und Privatleben beitragen würden.

Tab. 12: Überblick über die Merkmale der Nutzung der Maßnahmen im Fragebogendesign

Nutzung der Instrumente und Maßnahmen	
Telearbeit	**Filter** bzw. Ver-
Dienstleistungen der Bank	zweigung zu
Sabbatical	Fragen der Un-
Weiterbildung im Unternehmen	ternehmenskultur
Versicherung	
Reisebüro	
Fitnesscenter „Back-up"	
Sportangebote	
Reinigungsservice	
Kindergarten/Elterninitiative	
Shoppingbox	

Teil V – Unternehmenskultur/Führungskultur
Im letzten Teil wird die Wahrnehmung bzw. das Erleben der Unterstützung des unmittelbaren Vorgesetzten und allgemein die des Unternehmens gemessen. Förderliche bzw. hinderliche Faktoren, die zu einer
Entlastung im Spannungsfeld von Beruf und Privatleben beitragen, sowie
Veränderungswünsche bezüglich der Unternehmenskultur, die im Kontext von Work Life Balance stehen, sind ebenfalls in diesem Teil enthalten.

Tab. 13: Überblick über die Merkmale der Unternehmens- und Führungskultur im
Fragebogendesign

Unternehmenskultur/Führungskultur:	
Unterstützung des Unternehmens	
Probleme mit Work Life Balance	
Folgen – Leistungseinschränkung	
Information an Vorgesetzten über Probleme mit WLB	**Filter** zur nächsten Frage
Reaktion des Vorgesetzten	**Filter** zur nächsten Frage
Unterstützung des Vorgesetzten bei Problemen	**Filter** zur nächsten Frage
Veränderungswünsche bezüglich WLB	

142

8.1.4 Skalen des Fragebogens

In der Sozialwissenschaft werden mit unterschiedlichen Skalierungsver-
fahren[246] verschiedene Dimensionen qualitativ erfasst und mit quantitativen Skalen gemessen, um die zu messenden Sachverhalte darzustellen.[247] Für die Erhebung von Daten stehen die beiden unterschiedlichen
Formen der ungeraden und geraden Skalierung zur Verfügung.

Ungerade und gerade Skalen
Bei einer ungeraden Skala weist mindestens eine Ausprägung einen
neutralen, einen positiven und einen negativen Wert auf (in diesem Fall
spricht man dann von einer „Dreierskalierung") Bei einer geraden Skalierung bestehen mindestens ein positiver und ein negativer Wert (dann
spricht man von einer „Zweierskalierung"). Beide Skalierungsarten können auch mehr als zwei oder drei Ausprägungen haben.

Die Frage nach der Skalierungsart hat in den empirischen Sozialwissenschaften einen Methodenstreit ausgelöst, der bis heute nicht geklärt hat,
welche Skalierung die bessere ist. Bei einer ungeraden Skalierung besteht jedoch häufig das Problem der mittleren Distraktoren.[248], jenem
neutralen Wert (z.B. teils/teils, gleichbleibend etc.), der von den Probanden häufig aufgrund von sozialer Erwünschtheit genannt wird, um weder
negativ noch positiv zu werten. Dieser neutrale Wert spiegelt jedoch oft
nicht die wahre Meinung des Probanden wider, sondern eigentlich gar
keine Meinung und ist daher unbrauchbar.

Aufgrund des Problems der mittleren Distraktoren wurde für die Skalierung in diesem Fragebogen (vgl. Abb. 30)[249] eine gerade Sechserskalie-
rung gewählt, die folgende Ausprägungen hat.

1	2	3	4	5	6
Trifft völlig zu	Trifft über-wiegend zu	Trifft eher zu	Trifft eher nicht zu	Trifft über-wiegend nicht zu	Trifft überhaupt nicht zu

Abb. 30: Überblick über die Skalierung der Befragung (Quelle: Atteslander 1995, S. 273)

---

[246] Vgl. dazu auch Schnell et al. 1993, S. 193 ff.

[247] Vgl. dazu Atteslander 1995, S. 161.

[248] Die mittleren Distraktoren werden auch als Item-Non-Response-Aussagen bezeichnet.

[249] Die hier zugrunde liegende Skalierung ist eine Liekert-Skala. Zur Vertiefung ver-
gleiche Altteslander 1995, S. 273.

8.1.5 Prozess der Datenerhebung

Im Folgenden wird der Prozess der Datenerhebung und seine einzelnen Schritte erläutert (dazu Abb. 31):

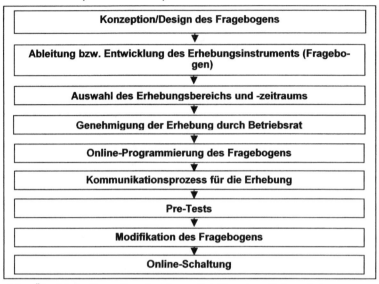

Abb. 31: Überblick über die einzelnen Schritte des Datenerhebungsprozesses (Quelle: eigene Darstellung)

• *Konzeption/Design des Fragebogens*
Nachdem die Problemstellung und die Zielsetzung der Untersuchung geklärt war, wurde das Konzept bzw. das Design des Fragebogens entwickelt. Hierbei wurden die einzelnen Teilbereiche des Fragebogendesigns nach der Opernationalisierung zu einem aufeinander aufbauenden Konzept entwickelt.

• *Ableitung bzw. Entwicklung des Erhebungsinstruments*
Im nächsten Entwicklungsschritt wurden nach den Indikatoren die Variablen für die einzelnen Teilbereiche des Fragebogens in Fragen ausformuliert. Die jeweiligen Filter an den diversen Stellen wurden bestimmt und in die Rohfassung des Fragebogens eingearbeitet, der in dieser Version das erste Mal auf Sprache und logische Konsistenz getestet wurde. Nach dieser informellen Pre-Test-Phase wurde der Fragebogen weiterentwickelt und ausdifferenziert.

144

- **Auswahl des Erhebungsbereichs und Erhebungszeitraums**
Als Erhebungsbereich wurden die Abteilungen zentrales Personalwesen, Dienstleistungen Personalwesen und Unternehmensorganisation bestimmt. In den zu befragenden Bereichen wurden keine Stichproben gezogen, sondern es wurde eine Vollerhebung durchgeführt. Die Gesamtpopulation aller Bereiche zusammen lag bei N = 1.150 Probanden (festangestellte Mitarbeiter). Der Zeitraum für die Erhebung betrug ca. 4 Wochen, d.h. vom 5. Juni 2003 bis zum 30. Juni 2003 war der Fragebogen im Intranet des Unternehmens online geschaltet.

- **Auswahl und Genehmigung mit Betriebsrat und Datenschutzbeauftragtem**
Der Fragebogen wurde in den verschiedenen Gremien des Unternehmens zur Abstimmung vorgelegt. Hierbei wurde der Fragebogen auch dem Betriebsrat und dem Datenschutzbeauftragten präsentiert und auf gesetzliche Unzulänglichkeiten überprüft. Nach der Überprüfung wurde der Fragebogen für die Online-Programmierung freigegeben.

- **Online-Programmierung des Fragebogens**
Nachdem geklärt war, in welchen Bereichen befragt werden soll, und Betriebsrat und Datenschutzbeauftragter den Fragebogen genehmigt hatten, wurde mit der Software Formgen[250] der Fragebogen programmiert. Hierbei wurden auch alle Filter (Verschachtelungen bei ja/nein Fragen, die bei der jeweiligen Antwort in einen anderen Fragebogenbereich führten) eingefügt. Das Anschreiben für die Probanden wurde formuliert und ebenfalls programmiert, so dass jeder Teilnehmer mit einer Sammelmail dieses erhielt.

- **Kommunikationsprozess für die Erhebung**
Alle Hauptabteilungsleiter und die darunter liegende Führungsebene wurden in einem Anschreiben per Email über die Befragung informiert und darum gebeten, alle Mitarbeiter in den entsprechenden Informationskreisen bzw. Abteilungsbesprechungen der wöchentlich stattfindenden Teamrunden über die Erhebung im Intranet zu informieren und für die Teilnahme zu motivieren.

- **Pre-Tests**
Mit der Programmierung wurde der Fragebogen für 8 Personen online geschaltet und auf logische Konsistenz, sprachliche Verständlichkeit und seine Anwendbarkeit getestet. Nach dem Pre-Test wurde mit jedem Pro-

---

[250] Formgen ist ein Softwareprogramm zur Erstellung von Onlineerhebungen.

banden ein Gespräch geführt und darüber diskutiert, welche Fragen missverständlich waren oder wo Fehler in der Anwendung aufgetreten sind.

• *Modifikation des Fragebogens*
Die aus dem ersten Durchlauf des Pre-Tests erhaltenen Informationen und Anmerkungen wurden in den Fragebogen eingearbeitet und dann noch einmal getestet[251]. Erst als der Pre-Test der Online-Version keine Fehler oder Unstimmigkeiten mehr aufwies, wurde der Fragebogen für die Freischaltung im Intranet vorbereitet.

• *Online-Schaltung*
Bevor der Fragebogen für den gesamten Bereich der Erhebung frei ge-schaltet worden ist, wurden mit einem Matchingverfahren[252] Passwörter anhand der Stammnummern (interne Identifikations-Nr. der Mitarbeiter) aller in der Gesamtpopulation enthaltenen Probanden ermittelt. Die Zu-ordnung der Stammnummern zu den Passwörtern erfolgte über eine Zu-fallsauswahl. Danach wurden alle Probanden via Email angeschrieben und über die Befragung informiert. In dem Anschreiben[253] waren der Link im Intranet und das jeweilige Passwort enthalten.

• *Nachbereitung der Erhebung*
Mit dem Ende der Befragung wurde der Fragebogen im Intranet offline geschaltet. Die erhobenen Daten wurden in eine SPSS[254]-lesbare Datei transformiert, um die Daten zu analysieren.

8.1.6 Pre-Test

Während der Entwicklung des Fragebogens wurden in regelmäßigen Entwicklungsabständen Pre-Tests[255] durchgeführt. Die Erkenntnisse dar-aus wurden in den Fragebogen eingearbeitet, wobei nicht nach jedem Pre-Test eine Modifikation vorgenommen wurde. Die wichtigsten Phasen des Prozesses der Pre-Tests und die danach durchgeführten Abände-

---

[251] Hierbei betrug n = 5.

[252] Die Liste des Matchingverfahrens war in Gewahrsam des Superusers und konnte einzig von ihm eingesehen werden.

[253] Original des Anschreibens siehe Anhang E.

[254] SPSS ist ein Softwareprogramm für statistische Auswertungen in der Sozialfor-schung.

[255] Die Pre-Tests wurden in unterschiedlichen Phasen durchgeführt und mit unter-schiedlichen Stichprobenumfängen.

rungen werden hier beschrieben. Die Personen, die die Pre-Tests vornahmen, war in den meisten Fällen die Thematik der Erhebung unbekannt.

Allgemein wurden in den Pre-Tests folgende Kriterien getestet (siehe Abb. 32):

- **Dauer des Ausfüllens des Fragebogens**
- **Logik und Konsistenz des Fragebogens**
- **Verständlichkeit und Eindeutigkeit der Fragen**
- **logische Ausschließung**
- **Layout**
- **Bedienungsfreundlichkeit – Anwendung**
- **Verständlichkeit und Ausdruck (Fachwörter)**

Abb. 32: Übersicht über die Kriterien der Pre-Tests (Quelle: eigene Darstellung)

Phase I: Papierversion
In Phase I des Pre-Tests wurde nach der Operationalisierung, der Variablen- und Indikatorenbildung der Fragebogen mit einem so genannten „Paper Pre-Test" durchgeführt. In dieser frühen Phase wurden logische Fehler identifiziert, beispielsweise, dass bestimmte Personengruppen im Fragebogen nicht bedacht waren oder einige Indikatoren in den jeweiligen Ausprägungen nicht allumfassend waren. All diese Unzulänglichkeiten wurden in einem KVP[256] des ständigen Testens behoben. Nachdem der Fragebogen immer wieder angepasst und überarbeitet wurde und in der letzten Phase des Pre-Tests keine Fehler und sprachlichen Defizite mehr aufwies, wurde er programmiert und für den Online-Pre-Test vorbereitet.

Phase II: Online-Version im Test
8 Personen unterschiedlichen Geschlechts und Alters sowie jeweils anderer Funktionen wurden ausgewählt, um den Online-Fragebogen zu testen. Danach wurde mit jeder Person ein Gespräch geführt. Die Testpersonen ermittelten als Fehler nicht verstandene Begrifflichkeiten oder unklare Formulierungen, die Nichtberücksichtigung bestimmter Personen oder Ausprägungen und einige falsch geschaltete Filter. Darüber hinaus wurden Layoutvorschläge gemacht und im Bereich der Belastungen aus

---

[256] KVP bedeutet kontinuierlicher Verbesserungsprozess.

dem privaten Bereich der Familienbereich neu eingeführt. Alle Anregungen, die sinnvoll erschienen, wurden in den Fragebogen eingearbeitet.

Phase III: Online-Version im Test nach erster Modifikation
Nachdem der Fragebogen online programmiert war, wurde in der dritten Phase des Pre-Tests erneut ein Probelauf durchgeführt, in dessen Anschluss Rechtschreib- und Tippfehler sowie Anwendungsfehler verbessert werden konnten. Nach einem weiteren Pre-Test in dieser Testphase, der keine Fehler mehr aufwies, wurde der Fragebogen für alle zu befragenden Bereiche online geschaltet.

8.1.7 Untersuchungspopulation

In den folgenden Bereichen[257] des Unternehmens wurde die Befragung durchgeführt:
- **PZ** (Zentrales Personalwesen) und Unterabteilungen
- **PM** (Personalwesen München) und Unterabteilungen
- **PD** (Zentrale Dienste des Personalwesens) und Unterabteilungen
- **FO** (Unternehmensorganisation/-strukturen) und Unterabteilungen

In den oben angegebenen Bereichen wurde voll erhoben, d.h. es wurden keine Stichproben gezogen. Die Grundgesamtheit (vgl. dazu Tab. 14) betrug zum Zeitpunkt der Erhebung N = 1150.

---

[257] Die Auswahl der Erhebungsbereiche wurde mittels politischer Entscheidung des Unternehmens bestimmt.

Tab. 14: Übersicht über die Aufteilung der absoluten und prozentualen Häufigkeiten
der theoretischen und empirischen Verteilung der Erhebung

	Gesamtpopulation		Rücklauf[258]	
Geschlecht				
Männlich	**731**	100%	**273**	37,3%
Weiblich	**419**	100%	**173**	41,3%
Gesamt	**1150**	100%	**446**	38,8%
Alter				
14–20 Jahre	**3**	100%	**3**	100,0%
20–25 Jahre	**24**	100%	**24**	100,0%
25–30 Jahre	**110**	100%	**58**	52,7%
30–35 Jahre	**170**	100%	**84**	49,4%
35–40 Jahre	**209**	100%	**84**	40,2%
40–45 Jahre	**204**	100%	**73**	35,8%
45–50 Jahre	**168**	100%	**60**	35,7%
50–55 Jahre	**139**	100%	**28**	20,1%
55–60 Jahre	**111**	100%	**27**	24,3%
60–65 Jahre	**14**	100%	**3**	21,4%
66 Jahre und älter	**1**	100%	**0**	0%
Gesamt	**1150**	100%	**446**	**38,8%**
Mitarbeiterstatus				
Empfänger Zeitent-gelt	223	100%	**34**	15,2%
Tarifangestellte	**718**	100%	**284**	39,6%
Führungskräfte (AFK, MFK, OFK) AT	209	100%	**128**	61,2%
Gesamt	**1150**	100%	**446**	38,8%
Bereich				
FO	**38**	100%	**20**	52,6%
PD	**582**	100%	**164**	28,2%
PM	**316**	100%	**146**	46,2%
PZ	**214**	100%	**116**	54,2%
Gesamt	**1150**	100%	**446**	**38,8%**

Legende: AFK = Anfangsführungskraft, MFK = mittlere Führungskraft, OFK = obere Führungskraft,
AT = außer Tarif angestellter Mitarbeiter.
FO = Unternehmensorganisation, PD = Zentrale Dienste des Personalwesens, PM = Per-
sonalwesen München, PZ = Zentrales Personalwesen

---

[258] Da manche Fragen freiwillig beantwortet werden konnten, kommt es in den absoluten Häufigkeiten nicht zu 100 %. Daher weicht der Wert von der tatsächlich befragten Ausgangspopulation ab.

Wie man anhand der Zahlen der theoretischen in Relation zu der empiri-schen Verteilung sehen kann, liegt der Rücklaufwert bei ca. 39 % und ist unter Berücksichtigung des mangelnden Stellenwerts der Befragung und der damit verbundene Kommunikation im Unternehmen als sehr hoch zu bewerten. Da es sich bei der Erhebung um eine Vollerhebung handelt, wurde auch keine Nachgewichtung bzw. kein Redressment[259] vorge-nommen.

8.1.8 Schwierigkeiten und spezielle Aspekte während des Erhe-bungsprozesses

Da das Thema Work Life Balance innerhalb des Unternehmens nicht als Projekt implementiert wurde, war es aus personalpolitischen Gründen schwierig, eine Datenerhebung durchzuführen. Eines der wichtigsten Ar-gumente gegen eine Erhebung war, dass nach der Datenerhebung von Seiten des Unternehmens Handlungsbedarf entstehen würde und man sich dieses mangels eines Projekts nicht annehmen könne.

Aufgrund dieser Problematik wurde die Erhebung als Projekt der Univer-sität Karlsruhe unter dem Thema „Vereinbarkeit von Beruf und Privatle-ben" deklariert. So konnte dennoch eine wissenschaftliche Untersuchung des Themas durchgeführt werden, auch wenn die Erhebungsergebnisse für das Unternehmen nicht zwangsläufig Handlungsbedarf auslösten.

Der Kommunikationsprozess war aufgrund des geringen Stellenwertes des Themas schwierig. Deshalb wurden die Mitarbeiter zuerst informiert und gleichzeitig zur Teilnahme motiviert. Eine schon im Vorfeld ange-kündigte flächendeckende Kommunikationsoffensive konnte nicht durch-geführt werden. Unmittelbar vor Beginn der Erhebung wurde die erste und zweite Führungsebene in den zu befragenden Bereichen mit einem Anschreiben über die Befragungsaktion informiert. Diese Führungskräfte sollten dann die Informationen über die Befragung an die nächst tiefere Ebene weiter geben, damit diese in regelmäßigen Teamrunden ihre Mit-arbeiter über die Befragung vorab informieren und zur Teilnahme moti-vieren konnten. Alle potenziellen Teilnehmer wurden dann mit einem An-schreiben mittels Email über die Befragung informiert.

---

[259] Zum Redressment vgl. Ilmes-Internet-Lexikon der Methoden der empirischen Sozialforschung.

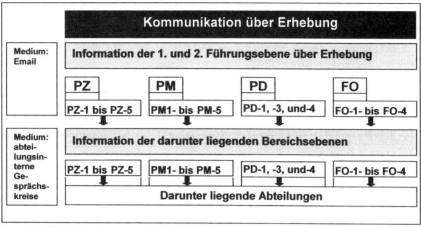

Legende: FO= Unternehmensorganisation, PD= Dienstleistungen des Personalwesens, PM= Personalwesen München, PZ= zentrales Personalwesen

Abb. 33: Kommunikationsprozess über die Information der Erhebung (Quelle: eigene Darstellung)

Trotz der oben dargestellten Beeinträchtigungen war der Rücklauf an ausgefüllten Fragebögen relativ hoch. Innerhalb einer Stunde nach Freischaltung des Fragebogens im Intranet hatten 100 Probanden den Fragebogen bereits ausgefüllt. Wie oben angemerkt belief sich die Rücklaufquote auf ca. 39 % und lässt vermuten, dass das Thema Work Life Balance bei den befragten Mitarbeitern als wichtig eingeschätzt wird.

8.2 Statistische Datenauswertung

Die statistische Datenauswertung wurde mit Hilfe des Statistikprogramms SPSS durchgeführt. Die mit dem Softwareprogramm Formgen erhobenen Daten wurden in eine SPSS-lesbare Daten transformiert und danach weiter bearbeitet. In den folgenden Unterabschnitten wird zunächst der Prozess der Datenauswertung und dann das entwickelte Analysemodell in diesem Unterabschnitt näher erläutert.

8.2.1 Prozess der Datenauswertung

Nach der Umwandlung der Daten in eine SPSS-lesbare Datei wurde der komplette Datensatz gesichtet und überprüft, inwieweit Unstimmigkeiten in diesem bestehen. Folgende einzelne Schritte beschreiben den Prozess der Datenauswertung (dazu Abb. 34):

151

1. Schritt: Datenverdichtung und Eliminierung von nicht verwertbaren Interviews
2. Schritt: Bildung der Häufigkeitsverteilungen für den Datensatz
3. Schritt: Identifizierung und Bildung der Cluster mit dem Verfahren der Clusteranalyse
4. Schritt: Berechnung von Faktoren mit dem Verfahren der Faktorenanalyse
5. Schritt: Berechnung der signifikanten Unterschiede zwischen den Clustern anhand bivariater Verteilungen
6. Schritt: Entwicklung des Analyserasters

Abb. 34:   Die einzelnen Schritte des Analyseprozesses (Quelle: eigene Darstellung)

1. Schritt: Datenverdichtung und Eliminierung von nichtverwertbaren Interviews

Der Datensatz wurden nach nicht plausiblen Antworten[260] und Werten untersucht; diese und nicht vervollständigte Interviews wurden dann entfernt.

2. Schritt: Bildung der Häufigkeitsverteilungen für den Datensatz

Mit dem bereinigten Datensatz wurden für die deskriptive Statistik die Häufigkeitsverteilungen berechnet, anhand derer erste Auffälligkeiten und vermutete Effekte identifiziert wurden.

3. Schritt: Identifizierung und Bildung der Cluster mit dem Verfahren der Clusteranalyse

Anhand der Variablen
* Geschlecht
* Familienstand – d.h. Haushaltsstrukturvariable (Kinder und Familienstand – mit und ohne Partner)
* Alter
* Status bzw. Mitarbeitergruppe
* Arbeitsvertrag
* Dauer der Wegezeit pro einfachem Weg
* Alter des Partners
* Berufstätigkeit des Partners
* Arbeitsvertrag des Partners

wurden mit dem Verfahren der Clusteranalyse[261] zwei Cluster gebildet, die danach inhaltlich definiert wurden.

---

[260] Hierbei handelt es sich um Aussagen, wie z.B. Alter = 99 Jahre.

4. Schritt: Berechnung von Faktoren mit dem Verfahren der Faktorenanalyse

Mit dem Verfahren der Faktorenanalyse[262] wurden ab der Ebene II des Erhebungsdesigns alle Variablen zu Faktoren berechnet, um so die Komplexität und damit die Informationen des Datensatzes zu reduzieren.

5. Schritt: Berechnung der signifikanten Unterschiede zwischen den Clustern anhand bivariater Kreuztabellen

Mit den für beide Cluster gebildeten Faktoren wurden anhand von bivariaten Kreuztabellen[263] signifikante Unterschiede für beide Cluster berechnet.

6. Schritt: Entwicklung eines Analyserasters

Anhand der Häufigkeiten, der generierten Clustern, der Faktoren und der signifikanten Unterschiede wurde ein Raster entwickelt, um alle Informationen über die Erhebung strukturiert analysieren zu können. Das entwickelte Analyseraster wird im Abschnitt 8.2.3 detailliert erläutert.

8.2.2 Analyseraster

Mit unterschiedlichen Verfahren der empirischen Sozialwissenschaften wurden folgende statistische Werte generiert (vgl. dazu Abb.35):

---

[261] Zur tieferen Erläuterung vgl. Backhaus et al. 1996, S. 262–321 und Deichsel/Trampisch 1985, S. 3–36.

[262] Zur weiteren und tieferen Erläuterung und zum Ablauf einer Faktorenanalyse vgl. Backhaus et al. 1996, S. 190–260 und Bortz 1996, S. 495–546.

[263] Zur näheren Erläuterung von bivariaten Kreuztabellen, Kontingenztabellen oder Mehrfeldertafeln vgl. Benninghaus 1992, S. 60.

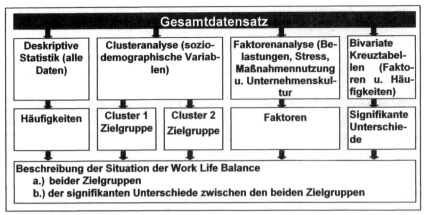

Gesamtdatensatz			
Deskriptive Statistik (alle Daten)	Clusteranalyse (sozio-demographische Variablen)	Faktorenanalyse (Belastungen, Stress, Maßnahmennutzung u. Unternehmenskultur	Bivariate Kreuztabellen (Faktoren u. Häufigkeiten)
Häufigkeiten	Cluster 1 Zielgruppe / Cluster 2 Zielgruppe	Faktoren	Signifikante Unterschiede
Beschreibung der Situation der Work Life Balance a.) beider Zielgruppen b.) der signifikanten Unterschiede zwischen den beiden Zielgruppen			

Abb. 35: Übersicht über die Bildung der unterschiedlichen statistischen Werte der vorliegenden Datenanalyse (Quelle: eigene Darstellung)

Zuerst wurden die Daten der deskriptiven Statistik (Häufigkeiten) gebildet. Mit dem Verfahren der Clusteranalyse wurden zwei unterschiedliche Zielgruppen identifiziert, die anhand bestimmter Variablen inhaltlich definiert wurden. Im nächsten Schritt wurden mittels der Faktorenanalyse Faktoren generiert. Mit bivariaten Kreuztabellen wurden die signifikanten Unterschiede zwischen den Zielgruppen für die Bereiche Stress, Belastungen, Maßnahmennutzung und Unternehmenskultur berechnet. Alle statistischen Werte und Maßzahlen wurden für die Beschreibung der Work Life Balance Situation beider Zielgruppen und der signifikanten Unterschiede herangezogen und interpretiert.

Analyseraster
Die statistischen Werte und Maßzahlen wurden nach folgendem Raster analysiert und interpretiert (Abb. 36):

Ebene I: Mit der Clusteranalyse wurden zwei Cluster, d.h. Zielgruppen ermittelt. Diese wurden mit den Merkmalen der jeweiligen Gruppe inhaltlich definiert.
Ebene II: Mittels der gebildeten Häufigkeiten und Faktoren wurden die einzelnen Indikatoren des Stressbereichs analysiert und interpretiert.
Ebene III: Für die Indikatoren aus dem beruflichen und dem privaten Bereich wurde jeweils eine Rangreihe gebildet, anhand derer die drei höchsten und niedrigsten Werte mit in die Analyse miteinbezogen wurden. Im weiteren Schritt wurden die Belastungen, die laut Rangreihe die drei höchsten und niedrigsten Werte aufwiesen, weiter analysiert.

154

Ebene IV: Für die Maßnahmennutzung wurden keine Faktoren für die Analyse berücksichtigt, da eine Bündelung der Maßnahmen über die Faktorenanalyse kein eindeutiges Muster ergeben hat, welches sinnvoll interpretiert werden konnte. Für die Analyse der Maßnahmennutzung wurden die Werte für die Nutzung aus der Häufigkeitsverteilung herangezogen. Hierbei wurden die drei am häufigsten und wenigsten genutzten Maßnahmen hervorgehoben.

Ebene V: Die Analyse der Daten der Unternehmens- und Führungskultur wurde anhand der gebildeten Häufigkeiten vorgenommen. Hierbei wurden die Werte nach den einzelnen Items des Bereichs analysiert und interpretiert.

Ebene VI: Nachdem die allgemeine Work Life Balance Situation für beide Zielgruppen über die verschiedenen statistischen Werte beschrieben wurde, wurden im nächsten Schritt der Analyse die Unterschiede zwischen den Zielgruppen berechnet. Die signifikanten Unterschiede zwischen den Zielgruppen wurden mit den für beide Zielgruppen gebildeten Faktoren anhand von bivariaten Kreuztabellen berechnet. Die signifikanten Unterschiede wurden dann anhand der Faktoren und Häufigkeiten analysiert und interpretiert.

Folgendes Analyseraster ergibt sich daraus (siehe Abb. 36):

Ebene I: Soziodemographische Merkmale	Bildung der Cluster	Inhaltliche Definition der Cluster	
Ebene II: Stress	Häufigkeiten und Faktoren	Analyse der Stresssituation	
Ebene III: Belastungen aus dem beruflichen und privaten Bereich	Häufigkeiten und Faktoren	Bildung einer Rangreihe	Analyse der drei höchsten/niedrigsten Werte
Ebene IV: Nutzung der vorhanden Maßnahmen	Häufigkeiten	Bildung einer Rangreihe	Analyse der drei höchsten/niedrigsten Werte
Ebene V: Unternehmens- u. Führungskultur	Häufigkeiten	Analyse der Unternehmens- und Führungskultur	
Ebene VI: Berechnung der Unterschiede der Cluster (Ebenen I–V)	Signifikante Unterschiede (Faktoren und Häufigkeiten)	Analyse der Unterschiede beider Cluster	

Abb. 36: Analyseraster der Daten aus der Erhebung (Quelle: eigene Darstellung)

9 Ergebnisse der Datenerhebung

Dieses Kapitel beschreibt die Ergebnisse der vorliegenden Datenerhebung. Zunächst wird die soziodemographische Zusammensetzung der durch die Analyse generierten Zielgruppen erläutert. Danach folgt die Beschreibung der Work Life Balance Situation und welche Aspekte des Stresses und der Belastungen innerhalb beider Lebensbereiche für beide Zielgruppen bestehen sowie ein Überblick über die signifikanten Unterschiede zwischen beiden Zielgruppen und ihrer Work Life Balance. Des Weiteren werden in diesem Kapitel auch die unternehmensspezifischen Aspekte, d.h. Maßnahmen, Unternehmens- und Führungskultur im Zusammenhang mit Work Life Balance dargestellt.

9.1 Lebensmodelle – Definition der Zielgruppen anhand soziodemographischer Merkmale

Mit der Clusteranalyse wurden anhand der soziodemographischen Indikatoren zwei Cluster, d.h. Zielgruppen der Work Life Balance identifiziert. Diese Zielgruppen setzen sich aus N = 446 Fällen insgesamt zusammen, wobei Zielgruppe 1 n = 212 und Zielgruppe 2 n = 234 Fälle beinhaltet. Im Folgenden werden die beiden Zielgruppen anhand der soziodemographischen Merkmale beschrieben und damit definiert.

9.1.1 Zielgruppe 1

Die Zielgruppe 1 setzt sich aus 212 Personen zusammen. Die Verteilung der soziodemographischen Merkmale ist in Tab. 15 dargestellt.

Tab. 15: Übersicht über die soziodemographischen Merkmale von Zielgruppe 1

Zielgruppe 1	
Geschlecht	**83,5 % männlich, 16,4 % weiblich**
Haushaltsstruktur	**64,7 % mit Partner und Kind(er)**
Mit Partner – Kinder bis 6 Jahre	30,2 %
Mit Partner – Kinder 7 bis 12 Jahre	12,3 %
Mit Partner – Kinder über 12 Jahre	22,2 %
Mit Partner – keine Kinder	28,8 %
Ohne Partner – mit Kind(ern)	1,4 %
Ohne Partner – ohne Kinder	5,2 %
Mitarbeitergruppe	**50,0 % Tarifangestellte, 43,8 % Führungskräfte**
Empfänger Zeitentgelt	6,1 %
Tarifangestellte	50,0 %
Führungskräfte: AFK	32,5 %
Führungskräfte: MFK	9,9 %
Führungskräfte: OFK	1,4 %
Beschäftigungsverhältnis	
Vollzeit	88,7 %
Teilzeit	7,1 %
Altersteilzeit	4,2 %
Berufstätigkeit des Partners	
berufstätig	52,8 %
nicht berufstätig	47,2 %
Mittleres Alter d. Befragten	46 Jahre (Standardabweichung: 7,33 Jahre)
Mittleres Alter d. Partners	44 Jahre (Standardabweichung: 8,33 Jahre)
Mittlere Dauer Arbeitsweg	44 Minuten (Standardabweichung: 21,3 Minuten)

Legende: AFK= Anfangsführungskraft; MFK= Mittlere Führungskraft; OFK= Obere Führungskraft

Die Zielgruppe 1 setzt sich zu 84 % aus männlichen und zu 16 % aus weiblichen Personen zusammen und enthält 45 % Führungskräfte und 55 % Tarifangestellte. Die Personen dieser Zielgruppe sind durchschnittlich 46 Jahre alt und zu 65 % verheiratet und haben Kinder. Überwiegend sind Männer in dieser Zielgruppe enthalten, die traditionell verheiratet sind. Die Ehefrauen oder Partnerinnen sind zu 53 % berufstätig und zu 47 % nicht erwerbstätig. Das durchschnittliche Alter der Partnerinnen beträgt 44 Jahre. Die durchschnittliche Dauer des Arbeitswegs beträgt 44 Minuten für einen Weg.

9.1.2 Zielgruppe 2

Die Zielgruppe 2 besteht aus 234 Personen. Die Verteilung der soziodemographischen Merkmale ist in Tab. 16 dargestellt.

Tab. 16: Übersicht über die soziodemographischen Merkmale von Zielgruppe 2

Zielgruppe 2	
Geschlecht	**41,0 % männlich, 59,0 % weiblich**
Haushaltsstruktur	**26,0 % mit Partner und Kind(er), 50,4 % mit Partner ohne Kind(er), 23,1 % ohne Partner und ohne Kind(er)**
Mit Partner – Kinder bis 6 Jahre	16,2 %
Mit Partner – Kinder 7 bis 12 Jahre	6,4 %
Mit Partner – Kinder über 12 Jahre	3,4 %
Mit Partner – keine Kinder	50,4 %
Ohne Partner – mit Kind(ern)	0,4 %
Mitarbeitergruppe	**überwiegend Tarifangestellte**
Empfänger Zeitentgelt	9,0 %
Tarifangestellte	76,1 %
Führungskräfte: AFK	14,5 %
Führungskräfte: MFK	0,4 %
Beschäftigungsverhältnis	
Vollzeit	82,9 %
Teilzeit	15,8 %
Berufstätigkeit des Partners	
berufstätig	92,3 %
nicht berufstätig	7,7 %
Mittleres Alter d. Befragten	33 Jahre (Standardabweichung: 6,4 Jahre)
Mittleres Alter d. Partners	34 Jahre (Standardabweichung: 6,8 Jahre)
Mittlere Dauer Arbeitsweg	34 Minuten (Standardabweichung: 17,8 Min.)

Legende: AFK= Anfangsführungskraft; MFK= Mittlere Führungskraft; OFK= Obere Führungskraft

In Zielgruppe 2 sind die Geschlechter mit 41 % Männern und 59 % Frauen annähernd gleich verteilt. Das durchschnittliche Alter dieser Zielgruppe beträgt 33 Jahre. 26,0 % haben einen Partner und Kinder, 50,4 % einen Partner und keine Kinder und 23,1 % haben weder einen Partner noch Kinder. 76 % der Befragten aus dieser Zielgruppe sind Tarifangestellte und 24 % sind Führungskräfte. Die (Ehe-) Partner, wenn vorhanden, sind zu 92,3 % berufstätig, 7,7 % sind nicht erwerbstätig. Das durchschnittliche Alter des Partners beträgt 34 Jahre. Die Wegezeit zum Arbeitsplatz durchschnittlich 34 Minuten.

9.2 Die Work Life Balance von beiden Zielgruppen gemeinsam betrachtet

Für beide Zielgruppen wird im folgenden Abschnitt die Work Life Balance bezüglich Belastungen und Stressempfinden aus dem beruflichen und privaten Bereich beschrieben.

9.2.1 Stressempfinden im beruflichen und privaten Bereich

Die Indikatoren von Stress und den Belastungen aus dem beruflichen und privaten Bereich werden für beide Zielgruppen gleichermaßen betrachtet. Zielgruppe 1 setzt sich aus älteren und im Beruf etablierten Mitarbeitern zusammen, die in der Regel verheiratet sind und Kinder haben. Zielgruppe 2 setzt sich aus jüngeren Mitarbeitern zusammen, die überwiegend im Tarifbereich arbeiten und tendenziell in der Partnerschaft ungebundener sind als die Angehörigen der Zielgruppe 1. Zielgruppe 2 hat darüber hinaus weitaus weniger Kinder als die Vergleichsgruppe.

Die Arbeitszeit für beide Zielgruppen beträgt durchschnittlich laut Vertrag 36,8 Stunden (Standardabweichung 7,14 h) pro Woche. Tatsächlich werden jedoch durchschnittlich 45 Stunden (Standardabweichung 9,7 h) pro Woche gearbeitet. Der Partner, sofern dieser vorhanden ist, arbeitet durchschnittlich 36 Stunden (Standardabweichung 13,5 h) pro Woche.

Für Personen beider Zielgruppen ist berufliches Weiterkommen sehr wichtig – ca. 90% und sind daher sehr stark auf ihre Karriere konzentrieren. Stress wird zu 72,2 % mehrmals pro Woche empfunden, der zu 59,3 % belastend ist. Der Stress kommt primär aus dem beruflichen Bereich (56,5 %), sekundär aus der Synchronisation beider Bereiche (32,1 %) und am wenigsten ausschließlich aus dem privaten Bereich (5,5 %).

In Bezug auf die Stressoren und deren Auswirkungen ist besonders der Faktor[264] „Stressor 1" bemerkenswert. Dieser beträgt 47,3 % und beinhaltet die Stressoren: Anstieg der Anforderungen an Arbeit und Person, Stress durch Zeitdruck, Stress durch Überforderung und Stress durch gedankliche Arbeit. Weitaus geringer fällt mit 17,6 % der Wert für den Faktor „Stressor 2" aus, der Stressoren beinhaltet, die eher im privaten Bereich liegen, wie Stress durch körperliche Arbeit, Versagen, finanzielle und gesundheitliche Probleme.

Die Auswirkungen des Stresses werden von beiden Zielgruppen sowohl als Eu-Stress als auch als Dis-Stress empfunden. Der Eu-Stress fällt hier jedoch mit einem Prozentwert von 53,4 % deutlich höher aus als der Dis-Stress Faktor (21,8 %). Über die Hälfte der Probanden aus beiden Zielgruppen kommen mit dem Stress gut zurecht und können trotz des Stresses schnell und effektiv entspannen. Auf knapp ein Viertel (21,8 %) der Probanden hat der Stress negative Auswirkungen wie Unkonzentriertheit, Leistungsunfähigkeit und größere Fehlerhäufigkeit.

9.2.2 Belastungen aus dem beruflichen und privaten Bereich

In diesem Unterabschnitt werden die Belastungen aus dem beruflichen und privaten Bereich beschrieben, wobei zuerst auf die im Fragebogen allgemein abgefragten Belastungen eingegangen wird und im Weiteren werden spezifische Belastungen im jeweiligen Teilbereich beschrieben.

9.2.2.1 Belastungen aus dem beruflichen Bereich

Für 97,1 % der Befragten beider Zielgruppen ist es wichtig, Beruf und Privatleben zu vereinbaren. Bezüglich der Belastungen aus dem beruflichen Bereich ergeben sich die folgenden drei Faktoren:
- Belastungen aus „weichen Faktoren"
- Belastungen aus „harten Faktoren"
- Belastungen aus „sonstigen" Faktoren

Der am meisten belastende Faktor beinhaltet die Belastungen aus Arbeitsort und Sonstigem und beträgt 78,3 %.[265] Der Faktor Belastungen

---

[264] Eine Aufstellung aller Faktoren und deren einzelner Items findet sich in Anhang D.

[265] Dieser Faktor fällt deshalb so hoch aus, weil die meisten Probanden die Freetextdatei nutzten und ihre Kommentare und Anregungen zu Belastungen aus dem beruflichen Bereich beschrieben haben. Bei der Analyse und Kategorisierung dieser Datei haben sich allerdings keine anderen als die schon im Fragebogen abgefragten Belastungsaspekte ergeben. Die befragten Personen haben somit Belastungen aus dem beruflichen Bereich, die adäquat zu den hier genannten bestehen.

aus „harten Faktoren" hat einen Prozentwert von 20,9 % und setzt sich aus Arbeitszeit, Leistungsverständnis sowie Aufteilung der Arbeitsinhalte und Organisation der Arbeit zusammen. Belastungen aus „weichen Faktoren" weisen einen Prozentwert von 12,3 % auf und beinhalten die aus Führungsstil, Arbeitsatmosphäre sowie Informations- und Kommunikationspolitik resultierenden Belastungen.

Die detaillierte Abfrage aus den einzelnen beruflichen Belastungsbereichen ergibt folgende Rangreihe (dazu Tab. 17):[266]

Tab. 17: Übersicht über die Rangreihe der spezifischen Belastungen aus dem beruflichen Bereich

Bereich:	Prozentwert:
1. Arbeitsinhalte / Organisation	88,6 %
2. Leistungsverständnis	86,3 %
3.Informations- und Kommunikationspolitik	83,6 %
4. Arbeitsort	78,8 %
5. Arbeitsatmosphäre	75,2 %
6. Führung „Zeit"	60,0 %
7. Führung „Vertrauen"	34,4 %
8. Arbeitsort – Reisen	19,5 %
9. Arbeitszeit	12,2 %

Die drei am meisten belastenden Aspekte aus dem beruflichen Bereich sind die Aufteilung/Organisation der Arbeitsinhalte, das Leistungsverständnis sowie die Informations- und Kommunikationspolitik. Diese drei Belastungsaspekte können weiter unterschieden und detailliert im Folgenden beschrieben werden.

---

[266] Zu den Inhalten der Faktoren vgl. Anhang D.

Belastungen aus Aufteilung/Organisation der Arbeitsinhalte (88,6 %)[267]
Die personelle Besetzung/Aufteilung der Projekte bzw. Arbeitsaufgaben (89,8 %), zeitliche Überlappung von neuen Projekten (87,6 %), zeitliche Folge von Projekten (83,3 %) und die Größe des Arbeitsauftrags (67,2 %) stellen hier die am häufigsten genannten Belastungsarten dar.

Belastungen aus dem Leistungsverständnis (86,3 %)
Als belastend hinsichtlich des Leistungsverständnisses werden die drei Aspekte: permanenten Leistungsbereitschaft (86,2 %), der Karrierechancen nur durch überdurchschnittliche Leistungen (80,0 %) und der hohen Erwartungen an den Mitarbeiter (79,3 %) genannt.

Belastungen aus der Informations- und Kommunikationspolitik (83,6 %)
Im Bereich der Informations- und Kommunikationspolitik sind folgende Aspekte belastend: Informationen nicht rechtzeitig zu erhalten (89,7 %), kein transparenter Kommunikationsprozess (89,6 %), keine klaren Aussagen über geleistete Arbeit (70,9 %) und kein Feedback über Arbeit (64,8 %).

Die am wenigsten belastenden Aspekte im beruflichen Bereich sind die Felder Führung – Vertrauen, Arbeitsort – Reisen und Arbeitszeit.

Belastungen aus Führung – Vertrauen (34,4 %)
Im Bereich Führung betragen die Aspekte folgende Prozentwerte: Mitarbeiter spricht nicht ohne Angst über Fehler in Gegenwart des Vorgesetzten 45,5 % und Mitarbeiter wird vom Vorgesetzten nicht ernst genommen 41,5 %.

Belastungen aus Arbeitsort – Reisen (19,5 %)
Der Bereich Arbeitsort – Reisen beinhaltet Aspekte mit folgenden Prozentwerten: Wegezeiten zum Arbeitsort (84,5 %) und Arbeitsortwechsel (22,3 %).

---

[267] Bei den Werten der detaillierteren Abfrage wird für die Personen, die diesen Bereich als belastend angegeben haben, von 100 % ausgegangen, weshalb sich die einzelnen Indikatoren mit dem allgemeinen Wert nicht decken. Dieser bezieht sich auf den Gesamtbezug aller genannten Belastungen (allgemeine Abfrage in Relation zu spezifischer). Vgl. dazu auch das Fragebogendesign in Kapitel 8.13.

Belastungen aus Arbeitszeit (12,2 %)

Im Bereich der Arbeitszeit waren die folgenden Themen mit den zugehörigen Prozentwerten: jährliche Arbeitszeit mit 54,6 %, Arbeitszeitmodelle/Arbeitszeitregelungen mit 48,8 % und Verschiebung/Verkürzung der Arbeitszeit mit 33,7 %, am bedeutsamsten.

Zusammenfassend lässt sich über die Belastungen aus dem beruflichen Bereich feststellen, dass die Aufteilung der Arbeitsinhalte und Organisation, das Leistungsverständnis sowie die Informations- und Kommunikationspolitik für beide Zielgruppen am meisten belastend sind. Im Gegensatz dazu sind die Führung in bezug auf Vertrauen, der Arbeitsort in bezug auf Reisen und die Arbeitszeit am wenigsten belastend.

9.2.2.2 Belastungen aus dem privaten Bereich

Aus den abgefragten Indikatoren, die im privaten Bereich belastend sind, konnten folgende zwei Faktoren generiert werden:

* Belastungen durch eigene Bedürfnisse
* Belastungen durch „private Themen" und Personen

Diese Faktoren setzten sich folgendermaßen zusammen: Der Faktor „Belastungen aus eigenen Bedürfnissen", der 65,2 % beträgt, beinhaltet Hobbys und die Aufteilung/Organisation von Arbeitsinhalten. Der Faktor „Themen und Personen" beläuft sich auf 16,1 % und setzt sich aus Kindern, Familie und Partner zusammen. Aus den Häufigkeitsverteilungen ist abzulesen, dass vor allem Belastungen aus eigenen Bedürfnissen wie Hobbys etc. Probleme bereiten, eine Balance zu realisieren.

Die spezifische Abfrage der Belastungen aus dem beruflichen Bereich ergibt folgende Rangreihe (dazu Tab. 18):[268]

Tab. 18:   Überblick über die Rangreihe der privaten Belastungen

Bereich:	Prozentwert:
1. Aktivitäten mit Freunden – organisatorische Probleme	89,1 %
2. Familie	82,7 %
3. (Klein-)Kinder – zeitliche Aspekte	82,5 %
4. Freizeit	77,3 %
5. Haushalt – Zeit	76,6 %

---

[268] Für die Inhalte der generierten Faktoren siehe Anhang D.

6. Verpflichtungen – Partner	57,9 %
7. Kinder – Schule/Hobbys	48,4 %
8. Aktivitäten mit Freunden – zeitliche Probleme	43,8 %
9. Ältere Kinder – organisatorische Aspekte	41,6 %
10. Haushalt - Organisation	33,4%
11. Pflege von Personen	29,0 %
12. Karriere des Partners	20,9 %

Betrachtet man die drei höchsten Werte der Tabelle, dann sind besonders „Aktivitäten mit Freunden – organisatorische Probleme" (89,1 %), „Familie" (82,7 %) und „(Klein-) Kinder – zeitliche Aspekte" (82,5 %) in Bezug auf den privaten Bereich belastend oder schwer mit dem Beruf zu vereinbaren. Diese beinhalten folgende Unteraspekte mit ihren dazugehörigen Prozentwerten:

Belastungen durch „Aktivitäten mit Freunden – organisatorische Probleme" (89,1 %)
Aktivitäten mit Freunden sind aufgrund organisatorischer Aspekte ein Problem und ergeben folgende Prozentwerte: (49,1 %), Besuch bei den Eltern ist ein organisatorisches Problem (45,2 %), sonstige Verpflichtungen sind organisatorische Probleme (39,6 %).

Belastungen durch Familie (82,7 %)
Folgende Aspekte der Familie sind ein Problem und weisen folgende Prozentwerte auf: Zeit mit der Familie zu verbringen (89,8 %), gemeinsame Aktivitäten mit der Familie zu unternehmen (78,9 %), gemeinsame Mahlzeiten einzunehmen (78,7 %), Problemdiskussionen zu führen (67,0 %) und Erlebnisaustausch (62,4 %).

Belastungen durch (Klein-) Kinder – zeitliche Aspekte (82,5 %)
Dieser Faktor beinhaltet folgende Indikatoren bezüglich der Kinder, aufgrund zeitlicher Aspekte. Dieser beinhaltet folgende Prozentwerte: Kindererziehung ist ein zeitliches Problem (81,4 %), Kinderbetreuung ist ein zeitliches Problem (77,3 %), Verpflichtungen sind zeitliche Probleme (74,1 %).

Die drei am wenigsten belastenden Faktoren sind: „Haushalt – Organisation" (33,4 %), „Pflege von Personen" (29,0 %) und „Karriere des Partners" (20,9 %). Diese drei Bereiche beinhalten folgende Unteraspekte und Prozentwerte:

Belastungen aus „Haushalt – Organisation" (33,4 %)
Belastungen aus „Haushalt" ist aufgrund von organisatorischen Aspekten problematisch und beinhaltet folgende Prozentwerte: Reinigung der Wohnung ist ein organisatorisches Problem (41,8 %), Reinigung der Wäsche ist ein organisatorisches Problem (40,4 %), Einkaufen ist ein organisatorisches Problem (37,9 %), Aufräumen ist ein organisatorisches Problem (36,8 %), Sonstige Tätigkeiten in der Wohnung sind ein organisatorisches Problem (36,8 %), Spülen ist ein organisatorisches Problem (32,1 %).

Belastungen durch „Pflege von Personen" (29,0 %)
Die Pflege von Personen ist ein zeitliches Problem (40,0 %) und die Pflege von Personen ist ein organisatorisches Problem (26,2 %).

Belastungen durch „Karriere - Partner" (20,9 %)
Diese Belastungen beinhalten die Aspekte Beruf/Karriere des Partners (50,0 %) und Wegezeiten zum Arbeitsplatz (34,5 %).

In der Zusammenfassung der Ergebnisse für den privaten Bereich sind die Aktivitäten mit Freunden sowie Kinder und Familie am schwierigsten mit dem Beruf zu vereinbaren. Am wenigsten problematisch sind aus dem privaten Bereich Aspekte wie: „Haushalt Organisation", „Pflege von Personen" und die „Karriere Partner" mit dem Beruf zu vereinbaren.

9.3 Unternehmensspezifische Aspekte im Kontext von Work Life Balance in der Betrachtung beider Zielgruppen

Im ersten Unterabschnitt dieses Kapitels werden die im Zusammenhang mit Work Life Balance stehenden Angebote, Maßnahmen und Dienstleistungen des Unternehmens und ihre Nutzung anhand eines Rankings beschrieben. Des Weiteren werden dann im nächsten Unterabschnitt die Unternehmens- und Führungskultur und die Veränderungswünsche der Mitarbeiter detailliert dargestellt.

9.3.1 Nutzung der Maßnahmen im Unternehmen

Die im Unternehmen vorhandenen Angebote, welche als Maßnahmen der Work Life Balance zu betrachten sind, ergeben nach ihrem Nutzungsgrad die in Tab. 19 dargestellte Rangreihe:

166

Tab. 19: Überblick über die Nutzung der Maßnahmen im Unternehmen

Bereich	Prozentwert
1. Telearbeit	75,0 %
2. Dienstleistungen der Bank	69,5 %
3. Weiterbildung	61,5 %
4. Versicherung	58,7 %
5. Reisebüro	55,0 %
6. Sabbatical	43,2 %
6. Fitnesscenter "Back-up"[269]	43,2 %
7. Sportangebote	41,6 %
8. Reinigungsservice	34,8 %
9. Kindergarten / Elterninitiative	23,9 %
10. Shoppingbox	21,6 %

Die drei am meisten genutzten Maßnahmen sind Telearbeit, die Dienstleistungen der Bank und die Weiterbildungsangebote. Die drei am wenigsten genutzten Maßnahmen sind der Reinigungsservice, der Kindergarten bzw. die Elterninitiative und die Shoppingbox.

9.3.2 Unternehmens- und Führungskultur sowie Veränderungswünsche

Personen aus beiden Zielgruppen hatten zu 76,6 % schon einmal Probleme, ihr Berufs- und Privatleben in Einklang zu bringen. Hierbei schränkte dies 35,7 % der Personen in ihrer Leistungsfähigkeit ein.

Bezüglich der Unternehmens- und Führungskultur im Zusammenhang mit Work Life Balance und Aspekten wie Kommunikation, Vertrauen und Unterstützung des Vorgesetzten ergeben sich folgende Aussagen:
* 63,5 % teilen ihre Probleme ihrem Vorgesetzten mit
* 75,6 % sagen, dass der Vorgesetzte für die Probleme Verständnis hat
* und 48,6 % sehen sich von ihrem Vorgesetzten unterstützt

78,9 % der Personen beider Zielgruppen stimmen der Aussage zu, dass sie sich „im Großen und Ganzen" vom Unternehmen hinsichtlich einer

---

[269] Das Fitnesscenter "Back-up" ist auf Rückenprobleme spezialisiert und steht jedem Mitarbeiter zur Verfügung.

Vereinbarkeit von Beruf und Privatleben unterstützt fühlen. Bezüglich ihrer Veränderungswünsche treffen die Zielgruppen folgende Aussagen:

- 56,5 % der Mitarbeiter wünschen sich mehr Bewusstsein bei den Führungskräften für Work Life Balance
- 53,6 % sagen, dass keine Karriereeinbußen bestehen sollten, wenn Privates im Vordergrund steht
- und 40,1 % sind der Meinung, dass das Bewertungs- und Vergütungssystem überarbeitet werden sollte.

Bezüglich der Unternehmenskultur lässt sich feststellen, dass ein großer Teil der Mitarbeiter Probleme mit der Vereinbarkeit von Beruf und Privatleben hat und dies z.T. als leistungseinschränkend empfunden wird. Der überwiegende Teil der Mitarbeiter informiert den Vorgesetzten über seine Probleme, der dafür zwar Verständnis hat, jedoch wenig bei der Problemlösung unterstützt.

Obwohl annähernd 80 % der Mitarbeiter sich vom Unternehmen im Großen und Ganzen unterstützt fühlen, ist die überwiegende Anzahl der Ansicht, dass die Führungskräfte mehr Bewusstsein für Work Life Balance haben sollten, keine Karriereeinbußen bestehen sollten, wenn Privates im Vordergrund steht, und das Bewertungs- und Vergütungssystem überarbeitet werden sollte.

9.4 Zusammenfassung der Work Life Balance Situation beider Zielgruppen

Zusammenfassend lässt sich für beide Zielgruppen und deren Work Life Balance Situation folgendes feststellen:
Für Personen aus beiden Zielgruppen ist die berufliche Weiterentwicklung sehr wichtig. Der Stress, der empfunden wird, resultiert entweder vorwiegend nur aus dem beruflichen Bereich oder aus beiden Bereichen. Im beruflichen Bereich besteht der meiste Stress durch Zeitdruck, den Anstieg der Anforderungen, Überforderung und gedankliche Arbeit. Der überwiegende Teil der Befragten kommt mit dem Stress gut zurecht und kann schnell und effektiv entspannen. Etwa ein Viertel der Befragten empfindet hingegen Dis-Stress, der Unkonzentriertheit, Leistungsunfähigkeit und eine erhöhte Fehlerfrequenz bewirkt.

Die stärksten Belastungen aus dem beruflichen Bereich resultieren aus der Aufteilung/Organisation der Arbeitsinhalte, dem Leistungsverständnis sowie der Informations- und Kommunikationspolitik. Im privaten Bereich hingegen sind Aktivitäten mit Freunden aufgrund organisatorischer Probleme und Aktivitäten mit der Familie sowie die Versorgung der (Klein-) Kinder aufgrund zeitlicher Probleme mit dem Beruf schwer zu vereinbaren.

Für die Realisierung bzw. als Unterstützung der Work Life Balance nutzen die Personen, denen diese Möglichkeit zur Verfügung steht, vor allem Telearbeit. Des Weiteren werden am zweithäufigsten die Dienstleistungen der Bank genutzt, gefolgt von den Weiterbildungsangeboten, die allen Personen im Unternehmen ohne Restriktionen zur Verfügung stehen.

Die Work Life Balance allgemein betreffend geben mehr als 3/4 der Befragten an, dass sie schon einmal Probleme mit der Vereinbarkeit von Beruf und Privatleben hatten. Diese Probleme verursachen bei 35 % der befragten Personen eine Einschränkung der Leistungsfähigkeit. Mehr als die Hälfte der Probanden teilt ihre Probleme ihrem Vorgesetzten mit, der dafür auch Verständnis aufbringt. Annährend (48,6%) die Hälfte der Vorgesetzten unterstützt in diesem Kontext ihre Mitarbeiter bei der Problemlösung.

Trotz des Gefühls der Unterstützung von Seiten des Unternehmens, bestehen folgende Veränderungswünsche: „mehr Bewusstsein für Work Life Balance bei den Führungskräften", „keine Karriereeinbußen, wenn Privates im Vordergrund steht" und „Überarbeitung des Bewertungs- und Vergütungssystems".

Abbildung 37 gibt einen Gesamtüberblick über die Work Life Balance Situation beider Zielgruppen:

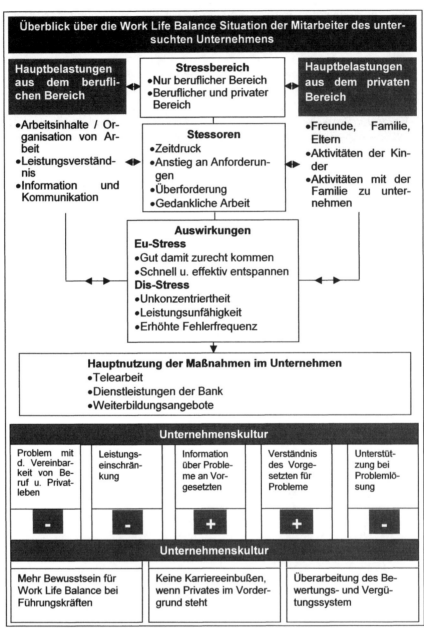

Überblick über die Work Life Balance Situation der Mitarbeiter des untersuchten Unternehmens

Hauptbelastungen aus dem beruflichen Bereich	**Stressbereich**	**Hauptbelastungen aus dem privaten Bereich**
	•Nur beruflicher Bereich	
	•Beruflicher und privater Bereich	

Hauptbelastungen aus dem beruflichen Bereich
•Arbeitsinhalte / Organisation von Arbeit
•Leistungsverständnis
•Information und Kommunikation

Stessoren
•Zeitdruck
•Anstieg an Anforderungen
•Überforderung
•Gedankliche Arbeit

Hauptbelastungen aus dem privaten Bereich
•Freunde, Familie, Eltern
•Aktivitäten der Kinder
•Aktivitäten mit der Familie zu unternehmen

Auswirkungen
Eu-Stress
•Gut damit zurecht kommen
•Schnell u. effektiv entspannen
Dis-Stress
•Unkonzentriertheit
•Leistungsunfähigkeit
•Erhöhte Fehlerfrequenz

Hauptnutzung der Maßnahmen im Unternehmen
•Telearbeit
•Dienstleistungen der Bank
•Weiterbildungsangebote

Unternehmenskultur

Problem mit d. Vereinbarkeit von Beruf u. Privatleben	Leistungseinschränkung	Information über Probleme an Vorgesetzten	Verständnis des Vorgesetzten für Probleme	Unterstützung bei Problemlösung
-	-	+	+	-

Unternehmenskultur

Mehr Bewusstsein für Work Life Balance bei Führungskräften	Keine Karriereeinbußen, wenn Privates im Vordergrund steht	Überarbeitung des Bewertungs- und Vergütungssystem

Abb. 37: Überblick über die Situation der Work Life Balance beider Zielgruppen (Quelle: eigene Darstellung)

9.5 Signifikante Unterschiede zwischen beiden Zielgruppen

Die Unterschiede zwischen den Zielgruppen für die einzelnen Erhebungsebenen (dazu Tab. 20) werden in diesem Teilabschnitt beschrieben und dann für jede Zielgruppe interpretiert.

Tab. 20: Signifikante Unterschiede zwischen den Zielgruppen

Bereich	Zielgruppe1	Zielgruppe2	Statistische Werte		
Stress					
im beruflichen Bereich	**59,7 %**[270]	53,6 %	Z[271] =20,017	P= 0,000	df = 4
in beiden Bereichen	31,8 %	**32,3 %**			
im privaten Bereich	1,5 %	**9,1 %**			
Stress durch Zeitdruck	**90,0 %**	82,9 %	Z = 4,548	P= 0,033	df = 1
Stress durch Anstieg der Anforderungen an Arbeit und Person	**57,8 %**	48,8 %	Z = 3,261	P = 0,071	df = 1
Belastungen aus dem beruflichen Bereich (allgemeine Abfrage)					
aus Arbeitsatmosphäre	**90,7 %**	47,7 %	Z = 16,389	P = 0,006	df = 5
aus Führung/Führungsstil	**21,2 %**	13,2 %	Z = 5,009	P = 0,025	df = 1
Belastungen aus dem privaten Bereich (allgemeine Abfrage)					
Personen: Kinder, Familie, Partner	**21,2 %**	11,5 %	Z = 7,712	P = 0,005	df = 1
Ältere Kinder – organisatorische Aspekte, wie: Hobbys, Kinderbetreuung, Kindererziehung, Verpflichtungen und Schule	40,8 %	**42,9 %**	Z = 13,886	P = 0,016	df = 5
Pflege von Personen ist zeitliches und organisatorisches Problem	**31,6 %**	26,6 %	Z = 12,015	P = 0,035	df = 5
Maßnahmen					
Telearbeit	68,1 %	**82,0 %**	Z = 4,630	P= 0,031	df = 1
Sabbatical	34,7 %	**53,3 %**	Z = 4,620	P = 0,032	df = 1
Kindergarten/Elterninitiative	15,7 %	**35,1 %**	Z = 4,464	P = 0,035	df = 1
Fitnesscenter/Back-up	35,2 %	**52,5 %**	Z = 3,978	P = 0,046	df = 1

---

[270] Legende: der fett gedruckte Wert gibt immer den höheren Wert im Vergleich an.

[271] Z= der Chi-Quadrat Wert nach Pearson

Unternehmenskultur				
Vorgesetzter hat Verständnis für Probleme des Mitarbeiters	61,1 % **88,1 %**	Z = 7,661	P = 0,006	df = 1
Nötige Veränderung: Keine Karriereeinbußen, wenn Privates im Vordergrund	48,1% **58,5%**	Z= 4,867	P= 0,026	df= 1
Nötige Veränderung: Überarbeitung des Bewertungs- und Vergütungssystems	**45,3 %** 35,5 %	Z = 4,458	P = 0,035	df = 1

Unterschiede zwischen Zielgruppe 1 und Zielgruppe 2
Stress
Die Zielgruppe1 erfährt den meisten Stress aus dem beruflichen Bereich, Zielgruppe 2 dagegen aus beiden Bereichen und unterscheidet sich daher signifikant (p =0,000). Bei den Stressoren hat Zielgruppe 1 signifikant mehr Stress durch Zeitdruck (p = 0,033) und den Anstieg der Anforderungen an die Person und Arbeit (p = 0,071) als die Vergleichszielgruppe.

Belastungen aus dem beruflichen Bereich
Zielgruppe 1 hat bedeutsam mehr Belastungen aus Arbeitsatmosphäre (p = 0,006) und Führung/Führungsstil (p = 0,025) als Zielgruppe 2.

Belastungen aus dem privaten Bereich
Zielgruppe 1 hat verglichen mit Zielgruppe 2 signifikant mehr Probleme, Familie, Kinder und Partner (p = 0,005) und die Pflege von Personen (p= 0,035) aus zeitlichen und organisatorischen Gründen mit dem Beruf zu vereinbaren. Zielgruppe 2 hingegen hat bedeutsam mehr Probleme (p = 0,016), die organisatorischen Aspekte bezüglich der Kinder wie Hobbys, Kinderbetreuung, Kindererziehung, Verpflichtungen und Schule mit dem Beruf zu vereinbaren.

Nutzung der Maßnahmen
Bei der Nutzung der Maßnahmen unterscheiden sich die Zielgruppen darin, dass Zielgruppe 2 Telearbeit (p = 0,031), Sabbatical (p = 0,032), Kindergarten/Elterninitiative (p = 0,035) und Fitnesscenter/Back-up (p = 0,046) signifikant häufiger nutzt als Zielgruppe 1.

Unternehmens-/Führungskultur und Veränderungen
In Bezug auf die Unternehmenskultur unterscheidet sich die Zielgruppe 2 von Zielgruppe 1 signifikant (p = 0,006) im Punkt „der Vorgesetzte hat

Verständnis für die Probleme des Mitarbeiters". Bei den Veränderungswünschen unterscheidet sich Zielgruppe 2 bedeutsam (p = 0,026) im
Punkt „Keine Karriereeinbußen, wenn Privates im Vordergrund steht"
von Zielgruppe 1, die sich demgegenüber signifikant häufiger (p = 0,035)
die „Überarbeitung des Bewertungs- und Vergütungssystems" wünscht.

9.5.1 Interpretation der Unterschiede zwischen den Zielgruppen

Die signifikanten Unterschiede, die zwischen beiden Zielgruppen bestehen, werden im folgenden Abschnitt interpretiert.[272]

9.5.1.1 Zielgruppe 1

Stress
Für Zielgruppe 1 liegt der Schwerpunkt auf dem beruflichen Bereich,
weshalb primär aus diesem der Stress resultiert. Da Zielgruppe 1 überwiegend aus Männern besteht, die im traditionellen Sinne verheiratet
sind, ist anzunehmen, dass auch die Gewichtung der Lebensbereiche
geschlechtsspezifisch ist. Somit sind diese Personen stärker auf den Beruf fokussiert als auf den privaten Bereich. Aufgrund dieser hohen Priorität der beruflichen Entwicklung und der damit verbundenen starken Konzentration auf den Beruf rührt der meiste Stress daher auch aus diesem
Bereich. Da der Beruf einen so hohen Stellenwert im Leben dieser Personengruppe einnimmt, ist zu vermuten, dass der private Bereich weniger Priorität hat und daher der Stress und die Belastungen, die aus dem
privaten Bereich existieren, weniger oder gar nicht wahrgenommen werden.

Stressoren
Zielgruppe 1 erfährt mehr Stress aufgrund von Zeitdruck und dem Anstieg an Anforderungen an die Arbeit und die eigene Person als Zielgruppe 2. Zielgruppe 1 hat einen großen Anteil an Führungskräften, dies
bedeutet im Vergleich zu Tarifangestellten, dass sie unter einem höheren und stärkeren Leistungs- und Zeitdruck stehen. Die Pflicht der Führungskräfte, eine Vorbildfunktion auszuüben, begünstigt die negativen
Auswirkungen der Stressoren. Den größten Teil der Zeit im Alltag wen-
det diese Personengruppe höchstwahrscheinlich für den beruflichen Bereich auf. Ein weiterer Aspekt, für die Interpretation der Stressoren ist,

---

[272] Im Laufe der Untersuchung von über 2,5 Jahren wurde mit vielen Personen in
unterschiedlichen Funktionen und Bereichen des Unternehmens über Work Life
Balance gesprochen. Diese qualitativen Informationen sind mit in die Interpretation der Daten eingeflossen und stützen die Ergebnisse der quantitativen Daten.

dass die berufliche Welt immer komplexer wird und die Führungskräfte immer mehr und unterschiedlichere Aufgaben zu erfüllen haben. Dadurch erhöhen sich die Anforderungen an die Arbeit und die Person. Die Verkettung des Leistungsdrucks mit einem Anstieg der Anforderungen in Verbindung mit erhöhtem Zeitdruck lösen höchstwahrscheinlich letztlich für Zielgruppe 1 den Stress aus.

Belastungen aus dem beruflichen Bereich
Für Zielgruppe 1 bestehen vorwiegend Belastungen aus der Arbeitsatmosphäre und der Führung bzw. dem Führungsstil. Unter Führungskräften besteht häufig eine stärkere Konkurrenz als unter Mitarbeitern. Dies macht die Arbeitsatmosphäre wesentlich angespannter und Themen und Bedürfnisse bezüglich einer Work Life Balance haben keine Priorität. Daraus resultiert wiederum, dass die Führungskräfte kein Bewusstsein für derartige Themen haben und die Führung sich rein auf berufliche Aspekte bezieht. Eine weitere Erklärung für eine angespannte Arbeitsatmosphäre könnte sein, dass gerade bei Führungskräften die bestehende berufliche Position im Unternehmen verteidigt werden muss. So genannte „softe" Themen und Bedürfnisse, die den privaten Bereich betreffen, werden als Schwäche ausgelegt oder es wird unterstellt, dass die Führungskraft nicht in der Lage ist, die privaten Belange zu organisieren, was letztlich der Karriere schaden könnte.

Belastungen aus dem privaten Bereich
Aus dem privaten Bereich sind Aspekte wie Kinder, Familie, Partner, Zeit für sich, Hobbys und Verpflichtungen sowie die Pflege von Personen schwierig mit den Anforderungen der Arbeitswelt zu koordinieren. Es wird angenommen, dass es durch die starke berufliche Fokussierung für Zielgruppe 1 allein aufgrund der Zeit schwieriger ist, Personen und Aktivitäten aus dem sozialen Umfeld bzw. Privatleben mit dem Beruf zu vereinbaren. Auch wenn zu großen Teilen Männer der Zielgruppe 1 angehören, so werden die Frauen in Führungspositionen höchstwahrscheinlich Schwierigkeiten haben, Personen aus ihrem sozialen Umfeld aufgrund von zeitlichen und organisatorischen Gründen zu pflegen. Generell lässt sich für die Belastungen aus dem privaten Bereich vermuten, dass ein klar nach traditionellen Rollen aufgeteiltes Lebensmodell, dazu führt, dass der private Bereich eher weniger Beachtung und Stellenwert erfährt.

Unternehmenskultur
Bei den Veränderungswünschen bestehen Unterschiede hinsichtlich einer Überarbeitung des Bewertungs- und Vergütungssystems. Führungs-

kräfte engagieren sich sehr stark im beruflichen Bereich und verzichten auf vieles in ihrem privaten Bereich (z.B. das Heranwachsen ihrer Kinder beobachten zu können, Urlaube mit der Familie und Aktivitäten mit der Familie etc.). Es ist daher anzunehmen, dass aus der Perspektive der Führungskräfte dieses überdurchschnittlich hohe Engagement entsprechend bewertet und vergütet werden sollte.

9.5.1.2 Zielgruppe 2

Stress
Zielgruppe 2 erfährt primär Stress aus beiden Bereichen oder nur aus dem privaten Bereich. Die Personen aus Zielgruppe 2 sind wesentlich jünger als die Vergleichszielgruppe und die Geschlechterverteilung ist annähernd gleich. Auch wenn die berufliche Weiterentwicklung für Zielgruppe 2 ebenfalls wichtig ist, so zeigt sich anhand der Stressbereiche, dass eine andere Wertigkeit und Gewichtung im Leben anzunehmen ist als im Vergleich mit Zielgruppe 1. Es ist daher wahrscheinlich, dass Beruf und Privatleben gleichberechtigt neben einander stehen oder einer der Bereiche eher phasenweise mehr Gewichtung im Leben erfährt. Für Personen aus Zielgruppe 2 wird es daher wesentlich schwieriger und problematischer sein, Beruf und Privatleben zu vereinbaren, da der Stress aus beiden Lebensbereichen resultiert.

Belastungen aus dem privaten Bereich
Die organisatorischen Aspekte der Kinder wie Hobbys, Kinderbetreuung, Kindererziehung, Verpflichtungen und Schule sind für Zielgruppe 2 schwieriger mit dem Beruf zu vereinbaren und zu koordinieren, da hier vermehrt beide Partner berufstätig sind. Die Organisation von Fahrdiensten, damit die Kinder Sport, Freizeitaktivitäten und Hobbys nachgehen können, oder von Betreuungspersonen für die Kinder, um eigene Interessen oder die berufliche Karriere zu verfolgen, können hier als Beispiel genannt werden. Die Organisation von Aspekten, die, die Kinder betreffen, steht hier höchstwahrscheinlich auch stark in Abhängigkeit mit der Zeit, die die Eltern für den privaten Bereich und damit auch für die Kinder haben.

Maßnahmen
Maßnahmen wie Telearbeit, Sabbatical,[273] Kindergarten/Elterninitiative, Fitnesscenter/Back-up-Center werden signifikant mehr von Personen der

---

[273] Von Führungskräften wird mitunter die Meinung vertreten, dass mit Telearbeit und Sabbatical die visuelle Präsenz im Unternehmen der Person nicht mehr gegeben

Zielgruppe 2 genutzt. Eine plausible Erklärung hierfür könnte sein, dass aufgrund der Schwierigkeit, beide Lebensbereiche in Einklang zu bekommen, eben die Maßnahmen genutzt werden, die eine Vereinbarkeit unterstützen oder erleichtern. Des Weiteren ist anzunehmen, dass Zielgruppe 2 aufgrund einer anderen Werteeinstellung und dadurch bedingten Gewichtung der Lebensbereiche auch wirklich die Maßnahmen in Anspruch nimmt, die für sie hilfreich sind, ohne zu befürchten, nicht konform mit der Unternehmenskultur zu sein, d.h. keine Schwäche zeigen zu dürfen.

Unternehmenskultur
Personen aus Zielgruppe 2 fühlen sich von ihrem Vorgesetzten bezüglich Work Life Balance mehr verstanden als die Vergleichszielgruppe. Durch den höheren Anteil an Tarifangestellten in Zielgruppe 2 besteht ein klares Hierarchieverhältnis zwischen Vorgesetztem (Führungskraft) und Mitarbeiter (Angestelltem). Es ist daher anzunehmen, dass im Rahmen regelmäßiger Gespräche mehr Vertrauen und dadurch die Möglichkeit besteht Probleme zu kommunizieren als auf der Ebene von Führungskraft zu Führungskraft. Auch ist zu vermuten, dass Führungskräfte untereinander nicht über Probleme, insbesondere ihre privaten sprechen, da dies als Eingeständnis von Schwäche und Leistungsunfähigkeit aufgefasst werden würde, welches der Karriere schaden könnte. Bei Zielgruppe 2 ist auch zu vermuten, dass durch eine andere Vorstellung von Werten das offene Kommunizieren von Problemen eher als Stärke betrachtet wird.

Als Veränderungen wünschen sich Personen aus Zielgruppe 2 weitaus häufiger, dass keine Karriereeinbußen hinzunehmen sind, wenn Privates im Vordergrund steht. Personen der Zielgruppe 2 leben und agieren in beiden Lebensbereichen gleichwertig und für sie wird es daher selbstverständlich sein, nicht nur als Mitarbeiter betrachtet zu werden, sondern auch außerhalb des Berufs, als Rollenträger wahrgenommen zu werden.

9.5.2 Zusammenfassung

Durch die stärkere Fixierung auf den Beruf und die Unterstützung durch das traditionelle Lebenskonzept entsteht für Zielgruppe 1 mehr Stress aus dem beruflichen Bereich. Für Zielgruppe 2 hingegen entsteht Stress gleichermaßen aus beiden Lebensbereichen oder nur dem privaten, so

---

ist und damit leicht der Eindruck entsteht, wer (visuell) abwesend sei, leiste auch keine Arbeit.

dass bei dieser Zielgruppe eine ganzheitliche Lebensanschauung vermutet wird, die das Agieren und Handeln in beiden Bereichen voraussetzt.

Belastungen aus dem beruflichen Bereich bestehen für Zielgruppe 1 in der Arbeitsatmosphäre bzw. dem Führungsstil und im privaten Bereich im Freizeitverhalten und dem sozialen Umfeld wie Kinder, Familie und Partner sowie zu pflegende Personen. Dies unterscheidet sich signifikant von Zielgruppe 2, für die eher Belastungen im privaten Bereich bestehen. So existiert im Bereich Kinder und den damit verbundenen Verpflichtungen wie Hobbys, Kinderbetreuung, Kindererziehung, Verpflichtungen und Schule ein bedeutsamer Unterschied zwischen Zielgruppe 1 und 2.

Maßnahmen, wie Telearbeit, Sabbatical, Kindergarten/Elterninitiative und Fitnesscenter werden weitaus häufiger von Zielgruppe 2 in Anspruch genommen als von Zielgruppe 1.

In der Unternehmenskultur und den Veränderungswünschen unterscheiden sich beide Zielgruppen in folgenden Punkten: Zielgruppe 2 fühlt sich bezüglich der Problematik einer ausgeglichenen Work Life Balance durch den Vorgesetzten besser verstanden. Bei den Veränderungswünschen befürwortet Zielgruppe 2 mehr: „keine Karriereeinbußen, wenn Privates im Vordergrund steht" zu befürchten sein sollen. Zielgruppe 1 unterscheidet sich im Vergleich von Zielgruppe 2 im Wunsch nach einer „Überarbeitung des Bewertungs- und Vergütungssystems".

Alle anderen in der Befragung erhobenen Daten ergeben keine signifikanten Unterschiede.

10 Interpretation der Untersuchungsergebnisse und Schlussfolgerungen

Dieses Kapitel beinhaltet Ableitungen und Interpretationen, die anhand der vorliegenden Datenerhebung und wissenschaftstheoretischen Erkenntnisse entwickelt worden sind. Im ersten Abschnitt werden vier wesentliche Determinanten beschrieben, die entscheidend sind, wenn es um die Festlegung und Beschreibung von Work Life Balance geht. Die am meisten beeinflussende Determinante im Kontext von Work Life Balance ist die des Lebensmodells.

Theoretisch-exemplarisch werden unterschiedliche Lebensmodelle im Kontext von Work Life Balance hergeleitet, um dann die Zielgruppen diesen theoretisch gebildeten Lebensmodellen zuzuordnen und deren Work Life Balance zu beschreiben. Allgemein und spezifisch werden Handlungsempfehlungen bezüglich Work Life Balance formuliert. Die allgemeinen Handlungsempfehlungen beziehen sich dabei auf eine beispielhafte Vorgehensweise im Umgang mit Work Life Balance für Unternehmen, einen Top-down-Ansatz und einen Veränderungsprozess. Die spezifischen Handlungsempfehlungen werden anhand eines integrativen betrieblichen Work Life Balance Konzepts, für die Zielgruppen und spezifisch für das in dieser Arbeit untersuchte Unternehmen formuliert. Zuletzt werden zwei Szenarios als Anhaltspunkt für eine zukünftige strategische Ausrichtung des Personalwesens beschrieben.

10.1 Work Life Balance Determinanten

Aus den Daten dieser Erhebung und wissenschaftstheoretischen Erkenntnissen[274] zeigt sich, dass folgende Determinanten ableitbar sind, die die Work Life Balance entscheidend definieren:

- **das Lebensmodell**
- **die Lebensbereiche**
- **Zeit im beruflichen und privaten Kontext und**
- **Ort im beruflichen und privaten Kontext**

---

[274] Folgende Studien spiegeln in Anlehnung an diese Untersuchung ähnliche Daten und Ergebnisse wider, die hier als Vergleich oder Referenz für die Dateninterpretation und Ableitung herangezogen worden sind: Kasper et al. 2002; Auer 2000; Streich 1994 und Statistisches Bundesamt – Bundeszentrale für politische Bildung 2002.

Diese vier Determinanten werden im Folgenden erläutert.

Das Lebensmodell
Anhand der soziodemographischen Daten[275] zeigt sich, dass das Lebensmodell und die daran gekoppelte Rollenteilung entscheidend ist, wenn es um die Gewichtung der Lebensbereiche geht und damit um eine geschlechtsspezifische Zuweisung. Bei neueren Lebensmodellen sind die Rollen zwischen den Geschlechtern und damit die Aufgabenverteilung und Verantwortung im privaten und im beruflichen Bereich teilweise unklar und nicht geschlechtsspezifisch bestimmt, da beide Partner in beiden Lebensbereichen gleiche oder ähnliche Aufgaben und Rollen haben, die nicht unbedingt abhängig vom Geschlecht sind. In einem traditionellen Lebensmodell sind die Rollen und Funktionen qua geschlechtsspezifischer Zuweisung meist eindeutig definiert, d.h. der Mann geht arbeiten, die Frau kümmert sich um den Privatbereich.

Die Lebensbereiche
Die Lebensbereiche, in denen Individuen leben, sind die Arbeitswelt und die Lebenswelt. Die Gewichtung beider Welten oder auch Bereiche ist abhängig von Lebensphilosophien und- zielen sowie der Lebensphase, in der sich das Individuum befindet. Diese kann jedoch auch fremdbestimmt sein, z.B. durch das Jobangebot insbesondere bei ungünstigem Arbeitsmarkt.

Beispielsweise werden für einen Berufseinsteiger der berufliche Bereich und die Karriere eine hohe Gewichtung haben. Im späteren Verlauf der beruflichen Entwicklung wird diese phasenweise weniger Bedeutung und damit auch Gewicht haben. Für eine berufstätige Mutter auf Teilzeitbasis werden beide Bereiche eher gleichermaßen gewichtet sein. Für eine Führungskraft, die eine höhere Position anstrebt, wird der berufliche Bereich eine höhere Gewichtung und damit eine höhere Priorität im Leben haben. Auch wenn das Alter kein verlässlicher Indikator für die jeweilige Lebensphase im beruflichen und privaten Bereich ist, können dennoch Aussagen[276] bezüglich der Lebensphase gemacht werden.

---

[275] Zielgruppe 1 ist überwiegend verheiratet, wobei die Ehefrauen nur teilweise einer Berufstätigkeit nachgehen - 27,9 Stunden pro Woche. Zielgruppe 2 hingegen ist weniger oft verheiratet, wenn aber ein Partner vorhanden ist, so ist dieser voll berufstätig und arbeitet pro Woche im Durchschnitt 40,7 Stunden. Die wöchentliche Arbeitszeit der Partner beider Zielgruppen unterscheidet sich signifikant: P = 0,00.

[276] Zielgruppe 1 befindet sich in einer fortgeschritteneren Lebensphase: ein großer Anteil ist Führungskraft, verheiratet und hat Kinder im Alter von über 12 Jahren.

Zeit im beruflichen und privaten Kontext

Die Aufteilung der begrenzten Zeit in berufliche und private Aktivitäten bestimmt ebenfalls die Work Life Balance des Individuums. Im beruflichen Bereich beträgt die Arbeitszeit[277] bei einer Vollzeitbeschäftigung regulär durchschnittlich sieben Stunden (reine) Arbeitszeit. Zur Zeit, die für den Beruf aufgewendet wird, kommen noch die Wegezeiten hinzu, die benötigt werden, um an den Arbeitsplatz zu gelangen und umgekehrt. Mehrtätige Dienstreisen sind vom täglichen Zeitaufwand für den beruflichen Bereich besonders zu betrachten, da in diesem Fall der größte Teil an Zeit für den beruflichen Bereich genutzt wird und meistens – außer der Zeit zum Schlafen – kaum für private Zwecke vorhanden ist.[278]

Die Zeit, die nicht für den Beruf genutzt wird, steht zur freien Verfügung und wird als Freizeit bezeichnet. Sie beinhaltet auch Aktivitäten und Verpflichtungen, die Arbeitscharakter haben – somit besteht sie nicht nur aus erholsamen Elementen. Der Alltag und die Zeitmuster sind jedoch individuell unterschiedlich und werden von Tag zu Tag variabel sein und andere Zusammensetzungen aufweisen.

Ort im beruflichen und privaten Kontext

In Kombination mit der Rollenteilung, d.h. dem Lebensmodell, der Gewichtung der Lebensbereiche und der Aufwendung an Zeit im jeweiligen Lebensbereich bestimmt diese somit auch die physische Anwesenheit an Orten der Lebens- und Arbeitswelt für das Individuum. So ermöglicht die physische Anwesenheit am Arbeitsplatz es nicht, zur gleichen Zeit Tätigkeiten im privaten Bereich zu erledigen. Damit manifestiert sich die Trennung zwischen dem privaten und beruflichen Bereich und den damit verbundenen Aktivitäten und Verpflichtungen, die nicht im Einklang, d.h. synchronisiert erfüllt werden können. Berufliche Aktivitäten, sofern sie nicht an eine Örtlichkeit gebunden sind, können jedoch unter Einsatz von modernen Informations- und Kommunikationstechnologien auch von Zu-

---

Personen aus Zielgruppe 2 sind überwiegend Angestellte, deutlich weniger oft verheiratet und haben deutlich weniger und jüngere Kinder (unter 6 Jahre).

[277] Die Arbeitszeit unterscheidet sich signifikant ($p = 0,00$) zwischen beiden Zielgruppen, wie folgt: Zielgruppe 1 arbeitet durchschnittlich 46,8 Stunden pro Woche und Zielgruppe 2 42,7 Stunden. Die Zeit pro einfachem Weg zum Arbeitsplatz beträgt durchschnittlich 44 Minuten für Zielgruppe 1 und 33 Minuten für Zielgruppe 2. Vgl. dazu auch Kapitel 9.

[278] Als Beispiel ist hier eine Dienstreise zu nennen. Bei dieser wird häufig die meiste Zeit des Tages für den Beruf und die mit der Dienstreise verbundenen Aktivität verbracht. Dies bedeutet, dass an solchen Tagen nur wenig oder fast keine Zeit für den privaten Bereich aufgewendet wird (z.B. Schlafen).

hause aus erledigt werden, was wiederum eine Synchronisation beider Bereiche eher ermöglicht.

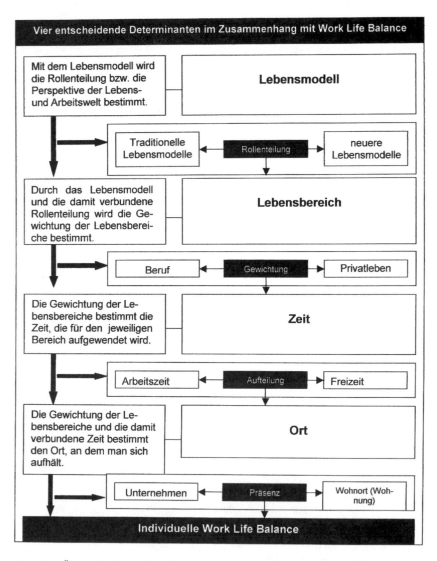

Abb. 38: Übersicht über die vier Hauptdeterminanten und deren Abhängigkeit in Bezug auf Work Life Balance (Quelle: eigene Darstellung)

Die Kombination aller vier Determinanten ist ausschlaggebend dafür, welche Work Life Balance entsteht. Da nicht jeder Tag gleichförmig verläuft und viele nicht vorhersehbare und unplanbare Aktivitäten im Alltag enthalten sind, kann man nur von einem generellen, jedoch individuell unterschiedlichen Ablauf und einer damit verbundenen Work Life Balance sprechen.

Die Abbildung 38 gibt einen Überblick über die vier Hauptdeterminanten und deren Zusammenhang in Bezug auf die Work Life Balance.

10.2 Herleitung der Lebensmodelle in Bezug auf die Work Life Balance

Im vorangegangenen Abschnitt wurden die vier Hauptdeterminanten, die grundlegend die Work Life Balance bestimmen, beschrieben und deren Zusammenhänge aufgezeigt. Wie sich anhand der Herleitung der Determinanten zeigte, ist die die Work Life Balance am meisten bestimmende die des Lebensmodells,[279] an das die Verteilung der Aufgaben und Verpflichtungen, u.a. auch der geschlechtsspezifischen, für den beruflichen und privaten Bereich gekoppelt ist.[280] Die unterschiedlichen Lebensmodelle werden im Zusammenhang mit Work Life Balance (dazu Abb. 39) theoretisch-exemplarisch im folgenden Abschnitt beschrieben.

Ableitung von theoretisch-exemplarischen Lebensmodellen
Zwei Arten von Lebensmodellen – traditionelle und neuere – lassen sich anhand gesellschaftlicher Entwicklungen beschreiben.[281] Im Folgenden werden zunächst die traditionellen und dann die neueren Lebensmodelle anhand ihrer geschlechtspezifischen Rollenteilung und der damit verbundenen Work Life Balance theoretisch beschrieben. Im Vergleich zu den empirischen Ergebnissen stellt sich dabei die Frage, wie zukünftige Lebensmodelle im Kontext von Work Life Balance aussehen könnten.

---

[279] Vgl. hierzu auch Aussagen bezüglich Work Life Balance in Hornberger 2004, S. 96 ff.

[280] Dies trifft insbesondere für das traditionelle Lebensmodell zu.

[281] Vgl. dazu Statistisches Bundesamt – Bundeszentrale für politische Bildung 2002, S. 524; Beck-Gernsheim 1998, S. 9 ff.; Kasper et al. 2003, S. 53 und Streich 1994, S. 44 ff.

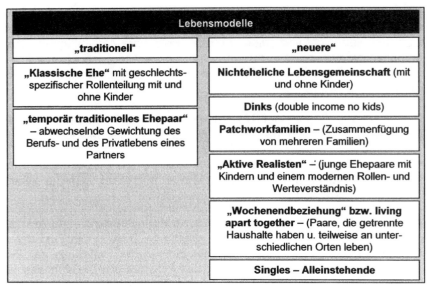

Lebensmodelle	
„traditionell"	**„neuere"**
„Klassische Ehe" mit geschlechts-spezifischer Rollenteilung mit und ohne Kinder	**Nichteheliche Lebensgemeinschaft** (mit und ohne Kinder)
„temporär traditionelles Ehepaar" – abwechselnde Gewichtung des Berufs- und des Privatlebens eines Partners	**Dinks** (double income no kids)
	Patchworkfamilien – (Zusammenfügung von mehreren Familien)
	„Aktive Realisten" – (junge Ehepaare mit Kindern und einem modernen Rollen- und Werteverständnis)
	„Wochenendbeziehung" bzw. **living apart together** – (Paare, die getrennte Haushalte haben u. teilweise an unterschiedlichen Orten leben)
	Singles – Alleinstehende

Abb. 39: Work Life Balance im Zusammenhang mit unterschiedlichen Lebensmodellen (Quelle: eigene Darstellung sowie Kasper et al. 2004, S. 53 und Streich 1994, S. 152)

1. Traditionelles Lebensmodell

Das traditionelle Lebensmodell (auch „Versorgerehe" genannt) zeichnet sich in seiner Rollen- und Aufgabenteilung dadurch aus, dass der Mann für den Lebenserwerb und die Frau für die häuslichen Verpflichtungen und Aufgaben verantwortlich ist. Die Frau geht in den meisten Fällen bei diesem Lebensmodell keiner Berufstätigkeit nach, sondern kann auch als „Ehemanagerin" bezeichnet werden, die sich um die Belange im sozialen Kontext des Ehemannes kümmert oder nur geringfügig arbeitet (auf Stundenbasis, in Heimarbeit oder Teilzeit).

Die nach diesem Lebensmodell bestehende Rollenteilung zwischen den Geschlechtern führt zu einer Work Life Balance, bei der die Aktivitäten und Verpflichtungen eher eindimensional auf nur einen Lebensbereich ausgerichtet sind. Die zur Verfügung stehende Energie jedes Partners wird hauptsächlich für einen Lebensbereich aufgewendet. Es ist daher anzunehmen, dass mit dieser Rollenteilung und der daran gebundenen Aufteilung der Aufgaben und Verpflichtungen kaum Konflikte oder Probleme bei der Synchronisation beider Lebensbereiche bestehen. Die Rollen und Aufgabengebiete sind bei diesem Modell klar zwischen den Geschlechtern getrennt. Probleme und Belastungen jedes Partners entste-

184

hen höchstwahrscheinlich mehr innerhalb und weniger zwischen den Bereichen. Multitasking-Funktionen werden von beiden Partnern nicht benötigt, sondern jeder hat seine Spezialisierung überwiegend in nur einem Bereich, dem beruflichen oder privaten.

Für das traditionelle Lebensmodell lässt sich die Rollenteilung als idealtypisch/theoretisch[282] zwischen den Geschlechtern wie folgt skizzieren: Der Mann ist z.B. zu ca. 80 %[283] im beruflichen Bereich aktiv und verbringt in diesem die meiste Zeit. Für den privaten Bereich bleiben ca. 20 % an Zeit und Aktivitäten übrig. Für die Frau stellt sich die Aufgabenverteilung exakt umgekehrt dar: z.B. 80 % der Zeit werden für die Aufgaben und Aktivitäten rund um den privaten Bereich verwendet. Der Rest von 20 % verbleibt für berufliche Aktivitäten oder sonstiges.

2. „Neuere" Lebensmodelle[284]
Die jüngeren Alterskohorten (ca. zwischen 25–40 Jahren) leben nach neueren Lebensstilen und Lebensmodellen: Singles, Dinks (double incomes no kids), Nelgs (nichteheliche Lebensgemeinschaften), Patchworkfamilien, „Living apart togehter" und „aktive Realisten".

Das Lebensmodell der Singles ist dadurch gekennzeichnet, dass kein oder nur phasenweise ein Lebenspartner existiert. Dinks (double income, no kids) sind Zweifachverdiener, die verheiratet sind und keine Kinder haben. Unter Nelgs versteht man nichteheliche, aber eheähnliche Lebensgemeinschaften. Diese Personen leben wie bei einer formal geschlossenen Ehe in einem gemeinsamen Haushalt zusammen, aber häufig ohne Kinder.

Patchworkfamilien setzen sich aus Familienteilen von gescheiterten Ehen und Beziehungen zusammen. In diesen Familien sind die Verwandtschafts- und Beziehungsmuster der Mitglieder (z.B. Kinder, Großeltern und Verwandte) für Außenstehende nicht transparent. Bei Le-

---

[282] Die Rollenteilung, welche hier theoretisch angenommen wird, basiert auf Aussagen des statistischen Bundesamtes 2000, S. 533–540 sowie dem Statistischen Bundesamt, WZB und dem ZUMA 2004, S. 545–554 und wird aus diesen Daten abgeleitet.

[283] Vgl. hierzu die Aufstellung zur Einteilung von Zeit in Abhängigkeit zur Erwerbstätigkeit/nicht Erwerbstätigkeit nach Geschlecht des Statistischen Bundesamts, WZB und dem ZUMA 2004, S. 545–554.

[284] Die Lebensmodelle sind teilweise artverwandt und nicht klar voneinander zu trennen. Es bestehen daher inhaltliche Überschneidungen zwischen den Lebensmodellen.

bensgemeinschaften des „Living apart together" führen beide Partner einen eigenen Haushalt und sind wirtschaftlich unabhängig. Als „aktive Realisten" bezeichnet man verheiratete Paare, die Kinder haben und traditionelle mit modernen Werten verbinden.

Unabhängig davon, welches neuere Lebensmodell gelebt wird, sind die Partner nicht überwiegend auf einen Lebensbereich fixiert, sondern auf beide etwa gleich oder einer der Bereiche dominiert phasenweise. Die Vereinbarkeit von Privat- und Berufswelt ist weitaus schwieriger als bei dem klassisch-traditionellen Lebensmodell. Prinzipiell müssen beide Partner oder bei Singles auch nur eine Person alle Aktivitäten und Verpflichtungen beider Lebensbereiche erfüllen. Probleme und Konflikte stellen sich bei der Rollenerprobung zwischen den Geschlechtern in beiden Lebensbereichen ein.

Kennzeichnend für die neueren Lebensmodelle ist, dass die Rollenaufteilung zwischen den Geschlechtern gleichberechtigter ist. Dies bedeutet, dass Frauen ebenfalls berufstätig sind und nicht nur ausschließlich den privaten Bereich versorgen. Die Rollenteilung zwischen den Geschlechtern lässt sich für die neueren Lebensmodelle wie folgt beschreiben:

Lebensmodell der Singles
Die Ausrichtung, d.h. die Gewichtung der Lebensbereiche der „reinen" Singles ist nicht an die Rollenteilung gebunden, sondern an die Perspektiven und Ziele im Leben. Für die Singles wird der berufliche Bereich allein aus wirtschaftlichen Gründen ein starkes Gewicht im Leben haben. Fraglich ist, inwieweit außerhalb des Berufs Aktivitäten und Hobbys eine wichtige Rolle einnehmen oder nicht. Das Verhältnis zwischen beruflichem und privatem Engagement wird sich theoretisch ähnlich wie bei den anderen Lebensmodellen in einer Aufteilung von z.B. 80 %[285] Beruf und 20 % Privatleben beschreiben lassen.

Lebensmodell der Dinks
Mann und Frau sind gleichermaßen zu z.B. ca. 80 %[286] im beruflichen Bereich aktiv und wenden für diesen die meiste Zeit auf. Für den priva-

---

[285] Vgl. dazu Geißler 1996, S. 318 ff., Statistisches Bundesamt, WZB und ZUMA 2004, S. 545–554 und Statistisches Bundesamt, WZB und ZUMA 2002, S. 39.

[286] Vgl. dazu Beck-Gernsheim 1998, S. 9–26, Geißler 1996, S. 318 ff., Statistisches Bundesamt, WZB und ZUMA 2004, S. 545–554, Statistisches Bundesamt, WZB und ZUMA 2002, S. 42 und 524–526.

ten Bereich bleiben ca. 20 % der Zeit für Aktivitäten übrig. Beide Partner sind stark karriereorientiert, die verbleibende freie Zeit wird qualitativ „hochwertig" genutzt.

Lebensmodell der Nelgs

Die Rollenteilung bei einer nichtehelichen Lebensgemeinschaft, in der keine Kinder leben, entspricht wie bei den Dinks z.B. einer 80-zu-20-Aufteilung[287] für den beruflichen und privaten Bereich. Existieren in den nichtehelichen Lebensgemeinschaften Kinder, ist die Aufteilung der Bereiche eine andere, z.B.: ein Partner geht einer Vollzeitberufstätigkeit nach, der andere arbeitet Teilzeit oder geht keiner Berufstätigkeit nach.

Lebensmodell der Patchworkfamilien

Bei der Patchworkfamilie ist die Rollenaufteilung und die damit verbundene Gewichtung der Lebensbereiche sehr unterschiedlich und nicht einheitlich bestimmbar. Einerseits können beide Partner einer Vollzeitbeschäftigung nachgehen, andererseits kann auch ein Partner Teilzeit arbeiten. Verpflichtungen und Aktivitäten im privaten Bereich wie Kinderbetreuung oder Arztbesuche können beispielsweise von einem Partner aus einer vorherigen Beziehung übernommen werden. Eine einheitliche Rollenteilung exemplarisch zu beschreiben, ist für das Lebensmodell der Patchworkfamilien schwierig.

Lebensmodell „Living apart together"

Die Rollenteilung beim Lebensmodell „living apart together" kann als vergleichbar mit dem der Dinks beschrieben werden. Der Hauptfokus liegt auf dem beruflichen Bereich, wobei jeder Partner seinen eigenen haushälterischen Verpflichtungen nachkommt, da separate oder zeitweise getrennte Haushalte bestehen. Das Lebensmodell „living apart together" ist sozusagen die Mischform von einem Leben als Single mit emotionaler stabiler Bindung.

Lebensmodell der „aktiven Realisten"[288]

Die Rollenteilung beim Lebensmodell der „aktiven Realisten" und die damit verbundene Gewichtung der Lebensbereiche ist ebenfalls sehr unterschiedlich. Der von Helmut Klages begründete Typus des „aktiven Realisten" zeichnet sich durch eine Kombination von traditionellen und modernen Werten und Einstellungen aus. Dies bedeutet, dass die Part-

---

[287] Vgl. dazu Geißler 1996, S. 318 ff. und Statistisches Bundesamt, WZB und ZUMA 2004, S. 545–554.

[288] Vgl. dazu Klages 2001, S. 10 ff.

ner verheiratet sind und auch der Wunsch nach Kindern besteht. Im Vergleich zur traditionellen „Versorgerehe" ist jedoch die Rollenteilung zwischen den Geschlechtern gleichberechtigt, z.b. gehen beide Partner einer Berufstätigkeit nach oder einer arbeitet Teilzeit.

Inwieweit die Berufstätigkeit in vollem Maße ausgeübt wird, ist schwer einheitlich zu bestimmen. Sowohl der Mann als auch die Frau kann einer Vollzeitbeschäftigung nachgehen und sich trotzdem den Aktivitäten und Verpflichtungen im privaten Bereich widmen. Zu welchen Teilen konkret die Gewichtung der Rollen und der damit verbundenen Lebensbereiche besteht, kann nicht klar exemplarisch bestimmt werden.

3. Zukünftige Lebensmodelle
Ob weitere Veränderungen die Lebensmodelle zukünftig weiter beeinflussen und diese verwandeln, kann hier nur spekulativ betrachtet werden. Auf die neueren Lebensmodelle in der heutigen Zeit bezogen wird eine Pluralisierung der Lebensstile weiter zunehmen. Diese werden immer weniger vorgegebene feste Rahmenbedingungen und Strukturen aufweisen. Daraus folgt, dass immer weniger traditionelle und konservative Lebensmodelle bestehen werden, in denen die Frau allein für den Haushalt verantwortlich und der Mann für den Lebenserwerb zuständig ist. Neue Rollen für beide Geschlechter müssen für beide Lebensbereiche neu definiert, erlernt und erprobt werden, die dann wieder als Rollenmodell für zukünftige Generationen dienen können.

10.3 Zuordnung der Zielgruppen zu den Lebensmodellen und der damit verbundenen Work Life Balance

Die generierten Work Life Balance Zielgruppen werden im Folgendem den oben theoretisch hergeleiteten und beschriebenen Lebensmodellen zugeordnet sowie ihre Work Life Balance beschrieben und interpretiert. Für die Zuordnung der Lebensmodelle wurden die Indikatoren Geschlecht, Familienstand, Position im Unternehmen, Alter und Berufstätigkeit des Partners herangezogen. Für die Beschreibung bzw. die Schlussfolgerung der daraus resultierenden Work Life Balance dienen die Indikatoren Stressbereich und Belastungen aus dem beruflichen und privaten Bereich.

10.3.1 Zielgruppe 1

Zuordnung des Lebensmodells

Zielgruppe 1 kann dem traditionellen Lebensmodell im Sinne einer „Versorgerehe" zugeordnet werden, da der überwiegende Anteil der Personen verheiratet ist und Kinder hat. Neben dem Familienstand steht als weiterer Indikator für diese Zuordnung, dass überwiegend Männer in dieser Zielgruppe enthalten sind, die vom Alter eher in einer traditionellen Ehe leben und sich stark auf den Beruf konzentrieren (50 % Tarifangestellte, 43,8 % Führungskräfte). Die relativ niedrige Anzahl der berufstätigen Partnerinnen (53,0 % sind in Voll- bzw. Teilzeit beschäftigt) begründet ebenfalls die Zuordnung dieser Zielgruppe zu einem traditionellen Lebensmodell und damit einer geschlechtsspezifischen Rollenteilung bzw. Gewichtung der Lebensbereiche.

Schlussfolgerung

Zielgruppe 1, welche vorwiegend aus Männern mit einem hohen Anteil an Führungskräften besteht, die in einer sogenannten „Versorgerehe" leben, sind sehr stark beruflich engagiert. Aufgrund dessen wird die meiste Zeit am Tag für den Beruf verwendet, was bedeutet, dass allein durch die Zeitaufteilung der private Bereich eine geringere Priorität hat. Dieses wiederum hat zur Folge, dass Entbehrungen oder Einschränkungen im privaten Bereich bestehen und höchstwahrscheinlich von den Personen aus Zielgruppe 1 in Kauf genommen werden. Somit resultieren die Belastungen vorwiegend aus dem beruflichen Umfeld und im Zusammenspiel mit dem privaten Bereich bestehen weniger Probleme.

Dadurch, dass diese Personen in der überwiegenden Anzahl in traditionellen „Versorgerehen" leben, wird eine „künstliche" Balance für diese Personen geschaffen, da die Ehefrau die Aufgaben und Verpflichtungen im privaten Bereich übernimmt. Zielgruppe 1 befindet sich nur in Balance, weil der Ehepartner das eigentliche Ungleichgewicht im Leben teilweise ausgleicht. Mit dieser klaren Trennung von Beruf und Privatleben entsteht eine verzerrte Work Life Balance Sichtweise. Anzunehmen ist, dass die Belange des privaten Bereichs zwar auch problematisch mit dem Beruf zu vereinbaren sind (z.B. Kinder, Familie, Freunde, Partner und Hobbys), jedoch hat durch die ungleiche Gewichtung der beiden Lebensbereiche der private Bereich weniger Priorität. Es besteht für diese Personen ein Ungleichgewicht, welches jedoch nicht oder weniger wahrgenommen wird, weil offensichtlich nichts Wesentliches im Leben fehlt.

Auf Dauer können Personen aus Zielgruppe 1 durch die Übergewichtung des beruflichen Bereichs und der damit verbundenen Überschreitung der eigenen Leistungsgrenzen gesundheitliche Probleme bekommen. Andererseits kann es durch die Überbeanspruchung nur im beruflichen Bereich und dem fehlenden geistigen Ausgleich in anderen Lebenswelten zu Sinnkrisen oder zum Hinterfragen des eigenen Lebens kommen. Vermutlich wird diese Zielgruppe erst durch dramatische persönliche Ereignisse[289] im Leben und damit verbundene Einschränkungen zum Nachdenken über ihre eigene tatsächliche Work Life Balance gezwungen.

10.3.2 Zielgruppe 2

Zuordnung des Lebensmodells
Personen aus Zielgruppe 2 können den neueren Lebensmodellen zugeordnet werden, da von diesen unterschiedliche Lebensmodelle gelebt werden (23,1 % sind reine Singles, 50,4 % haben einen Partner und 26,0 % haben einen Partner und Kinder). Das durchschnittliche Alter von 33 Jahren und die Geschlechterverteilung (41,0 % Männer und 59,0 % Frauen) begründet ebenfalls diese Zuordnung, da in jüngeren Alterskohorten die neueren Lebensmodelle innerhalb der Gesellschaft vertreten sind.[290] 76,1 % dieser Zielgruppe sind Tarifangestellte und 14,9 % Führungskräfte, was darauf schließen lässt, dass in Verbindung mit dem Alter und der beruflichen Entwicklung eine starke Konzentration auf letztere besteht. Die Berufstätigkeit des Partners von 92,3 % ist ebenso ein Indikator für die Zuordnung der Zielgruppe 2 zu den neueren Lebensmodellen und eine damit verbundene gleichberechtigtere Rollenteilung zwischen den Geschlechtern bzw. Gewichtung der Lebensbereiche.

---

[289] Meist erst durch fundamentale Einschnitte im Leben wie eine Scheidung oder massive gesundheitliche Probleme realisieren Personen, die dieser Zielgruppe zugeordnet werden können, dass sie wesentliche Dinge in ihrem Leben „verpasst" oder komplett ausgeblendet haben. Diese Erkenntnis basiert auf inoffiziellen Gesprächen mit Personen, wie beispielsweise Werksärzten, Trainern aus der Personalentwicklung und Führungskräften des untersuchten Unternehmens.

[290] Vgl. dazu Meyer 1996, S. 313 ff. Generell leben Frauen in jüngeren Alterskohorten in eher ungebundeneren Lebensverhältnissen, vor allem jene, die gut qualifiziert und wirtschaftlich autark sind. Auch wenn Männer ebenfalls zu ungebundeneren Lebensmodellen tendieren, existiert immer noch ein nicht geringer Anteil von Männern der jüngeren Alterskohorten, die im Vergleich immer noch in traditionelleren Lebensmodellen lebt, bei denen auch die Rollenteilung eher traditionell geschlechtsspezifisch aufgeteilt ist.

Schlussfolgerung

Personen aus Zielgruppe 2 leben in neueren Lebensmodellen, die nur bedingt traditionelle Elemente und Rollenteilungen implizieren. Dadurch ist die Rollenteilung und die Gewichtung der Lebensbereiche (annähernd) gleich. Für Zielgruppe 2 ist der berufliche wie auch der private Bereich gleich oder ähnlich wichtig im Leben. Durch die gleiche Gewichtung beider Lebensbereiche müssen mehr und unterschiedlichere Aufgaben und Rollen erfüllt werden, welches eine Synchronisation beider Lebensbereiche eher erschwert als erleichtert. Belastungen resultieren daher aus beiden Lebensbereichen.

Die Lebensmodelle, in denen Zielgruppe 2 lebt, ermöglichen nur eine bedingte Balance zwischen beiden Lebensbereichen, da hier eine gleichberechtigte Rollenteilung[291] zwischen den Partnern existiert. Auf Dauer hat Zielgruppe 2 Probleme, beide Bereiche in Einklang zu halten, und es wird zur „Zerreißprobe" kommen. Gesundheitliche Einschränkungen können sich unter dem Druck, beide Bereiche zu synchronisieren, früh bemerkbar machen. Neben den gesundheitlichen Einschränkungen kann Zielgruppe 2 jedoch auch mit Problemen im sozialen Umfeld, wie z.B. Problemen in der Partnerschaft[292], dem Freundeskreis und der sozialen Umwelt, konfrontiert werden. Das Erlernen neuer Mechanismen, mit dem Stress und den Belastungen aus beiden Lebenswelten umzugehen, sowie die Entwicklung von „Multitasking-Eigenschaften" wird für Zielgruppe 2 unerlässlich sein.

---

[291] Für das Lebensmodell der Singles trifft dies ebenfalls zu, bezieht sich jedoch nicht auf die Rollenteilung, sondern auf die Tatsache, dass Singles die in beiden Bereichen gleichermaßen bestehenden Aufgaben und Verpflichtungen allein bewältigen müssen.

[292] Personen jüngerer Alterskohorten, die in einer Partnerschaft leben und häufig gleich gut qualifiziert sind, müssen sich neben dem extremen beruflichen Druck und den Belastungen auch noch innerhalb der Partnerschaft mit veränderten Rollen zwischen den Geschlechtern auseinandersetzen, was ein hohes Risiko des Scheiterns der Partnerschaft impliziert. Eine plausible Erklärung, warum jüngere Alterskohorten in ungebundeneren Lebensmodellen leben, wie z.B. nichtehelichen Lebensgemeinschaften, „living apart together" oder in Beziehungen mit sogenannten Lebensabschnittspartnern, liegt darin, flexibel sein zu wollen und die Partnerschaft aufgrund der extremen beruflichen Belastungen schneller und unkomplizierter wieder auflösen zu können.

10.3.3 Schlussfolgerung für die Zielgruppen

Aus der Zuordnung der Zielgruppen zu den Lebensmodellen und den daraus hergeleiteten Schlussfolgerungen die Work Life Balance betreffend ergibt sich folgende Abbildung (Abb. 40):

	Individuelle Auswirkungen	Schlussfolgerung für Unternehmen
Zielgruppe 1	**Zielgruppe 1**	**Zielgruppe 1**
Derzeitiges Management: Schlüssel- u. Funktionsträger – traditionelles Lebensmodell – Gewichtung der Lebensbereiche eindimensional – Priorität liegt auf dem Beruf: • Vernachlässigung des Privatbereichs • „künstliche" Balance zwischen Beruf und Privatleben durch Lebensmodell Belastungen primär aus dem Beruf ↓ Daraus folgt: wenig oder kein Bewusstsein für Work Life Balance	Konsequenz / Auswirkung: – Vernachlässigung der sozialen Kompetenz – Gesundheitliche Einschränkungen – Burn-out Auf Dauer Einschränkungen der Leistungsfähigkeit	– Schaffung von Bewusstsein und damit Entwicklung und Verbesserung von Rahmenbedingungen im Kontext von Work Life Balance – Entwicklung von Maßnahmen und Handlungen zur Reduktion von beruflichen Belastungen
Zielgruppe 2	**Zielgruppe 2**	**Zielgruppe 2**
Anwärter für zukünftiges Management – Neuere Lebensstile/modelle – Gewichtung der Lebensbereiche zweidimensional – Gleichberechtigtes Leben in beiden Bereichen: • Schwierigkeit, Balance zwischen beiden Bereichen herzustellen • Definition, erlernen und erproben v. neuen Rollen in beiden Bereichen Belastungen aus beiden Bereichen ↓ Daraus folgt: Wunsch nach Realisierung von Work Life Balance durch veränderte Werteeinstellung	Konsequenz / Auswirkung: – Auf Dauer „Zerreißprobe", die Aufgaben in beiden Bereichen zu erfüllen – Gesundheitliche Einschränkungen – Sinnkrisen – Risiko des Scheiterns im Leben Auf Dauer extreme Leistungseinschränkung in einem frühen Stadium	– Akzeptanz für Work Life Balance bei Zielgruppe 1 (nachhaltige Änderung der Unternehmenskultur) – Ausbau der Supportmaßnahmen zur Erleichterung beider Lebensbereiche

Abb. 40: Zuordnung der Zielgruppen zu den Lebensmodellen, der daraus resultierenden Work Life Balance und der Schlussfolgerung (Quelle: eigene Darstellung)

Schlussfolgerung für beide Zielgruppen

Nachdem die Zielgruppen den unterschiedlichen Lebensmodellen zugeordnet und die jeweilige Work Life Balance beschrieben wurde, wird im

Folgenden aus dieser Perspektive abgeleitet, was dies aus unternehmerischer Sicht bedeutet.

Zielgruppe 1 hat aufgrund der eigenen Erfahrung wenig oder ein einge-
schränktes Bewusstsein für Work Life Balance, d.h. mit der Synchronisation beider Lebensbereiche Probleme zu haben. Dieses trifft im Vergleich
für Zielgruppe 2 nicht zu, denn diese möchte aufgrund des Lebensmodells und der veränderten Werteeinstellung zum Leben eine Work Life
Balance realisieren, erfährt jedoch durch Synchronisationsprobleme beider Bereiche eher eine Dysbalance.

Belastungen resultieren für Zielgruppe 1 vorwiegend aus dem beruflichen Bereich und für Zielgruppe 2 aus beiden Lebensbereichen. Aufgrund des mangelnden Bewusstseins von Zielgruppe 1 für Work Life Balance ist es jedoch für Zielgruppe 2 schwierig, bei Zielgruppe 1 eine Akzeptanz für diese Thematik zu erzielen. Da die Mitglieder von Zielgruppe
1 Schlüssel- und Funktionsträger[293] innerhalb des Unternehmens und
dafür verantwortlich sind, die Strukturen und die Unternehmenskultur zu
verändern, wird es für das zukünftige Management (Zielgruppe 2)
schwer sein, eine Verbesserung der Work Life Balance zu bewirken.

Damit dies gelingt, muss bei Zielgruppe 1 zuerst ein Bewusstsein für
Work Life Balance geschaffen werden. In einem weiteren Schritt können
die Belastungen im beruflichen Bereich reduziert und überprüft werden,
inwieweit für Zielgruppe 2 die Einführung von weiteren Supportmaßnahmen für eine Erleichterung der Work Life Balance sinnvoll ist.

10.4 Handlungsempfehlungen

Die Beschreibung der Handlungsempfehlungen gliedert sich in zwei Teile: mit **Teil I** werden allgemeine Handlungsempfehlungen für jedes beliebige Unternehmen formuliert, welches sich mit dem Thema Work Life
Balance auseinandersetzt und beschäftigt. Dieser besteht aus einer beispielhaften Vorgehensweise, wie man Work Life Balance innerhalb von
Unternehmen pragmatisch „angehen" kann, einem Top-down-Ansatz,
der für die Implementierung und den Erfolg von Work Life Balance nachhaltig sorgen soll, und einem Veränderungsprozess. **Teil II** besteht aus

---

[293] Schlüssel- und Funktionsträger werden hier als Personen verstanden, die aufgrund ihrer hohen Position innerhalb eines Unternehmens "einen Schlüssel" für
Veränderungen besitzen, also die Strukturen innerhalb des Unternehmens verändern können.

Handlungsempfehlungen, die spezifisch für das untersuchte Unternehmen in einem integrativen betrieblichen Work Life Balance Konzept gefasst sind. Dieses enthält Vorschläge spezifisch für die nach Belastungen und daraus resultierender Work Life Balance drei Berufsbiographien im Sinne einer lebensphasenorientierten Personalentwicklung und damit unterschiedliche Work Life Balance Situationen. Des Weiteren beinhaltet dieses einen Entwurf für einen dialogischen Austausch zwischen den Zielgruppen, um mehr Verständnis für die jeweils andere Work Life Balance der beiden Zielgruppen zu bewirken.

10.4.1 Handlungsempfehlungen Teil I – Allgemeine Handlungsempfehlungen zur Work Life Balance für Unternehmen

In den folgenden Abschnitten wird in einem drei Stadienablauf eine exemplarische Vorgehensweise im Umgang mit Work Life Balance aufgezeigt, ein Top-down-Ansatz als Basis für eine erfolgreiche Implementierung des Themas und ein Veränderungsprozess bezüglich Work Life Balance skizziert. Die nachfolgende Grafik (Abb. 41) gibt einen Gesamtüberblick über den Ablauf der allgemeinen Handlungsempfehlungen in drei Stadien.

Stadium I: Beispielhafte Vorgehensweise mit dem Thema Work Life Balance in Unternehmen
Im ersten Stadium – **einer beispielhaften Vorgehensweise mit dem Thema Work Life Balance in Unternehmen** – wird eine Sondierung zum Thema Work Life Balance vorgenommen. Hierbei wird Work Life Balance definiert und daraus eine Zielfunktion von Work Life Balance abgeleitet bzw. formuliert. Des Weiteren werden so, die im Unternehmen bestehenden Leitbilder und Grundsätze, Handlungsfelder[294] und Maßnahmen identifiziert und damit der Ist-Zustand eruiert. Schließlich sollte danach in Abhängigkeit der Zielfunktion ein Konzept oder eine klare Handhabung von Work Life Balance im Unternehmen entwickelt und festgelegt werden.

Stadium II: Voraussetzungen für den Erfolg von Work Life Balance in Unternehmen – Top-down-Ansatz
Mit Hilfe des operationalisierten Ist-Zustandes wird im zweiten Stadium – **Voraussetzungen für den Erfolg von Work Life Balance in Unternehmen anhand eines Top-Down-Ansatzes** - das Konzept oder die

---

[294] Ein Katalog an Handlungsfeldern, die im Kontext von Work Life Balance stehen, siehe Anhang F.

Handhabung von Work Life Balance mit einem Top-down-Ansatz im Unternehmen implementiert. Damit verbunden ist ein Commitment der Vorstände und Führungskräfte im Umgang mit Work Life Balance und die Integration von Work Life Balance in die personalpolitischen Leitbilder und Grundsätze, um dann durch Seminare und Veranstaltungen die Vorstände und Führungskräfte für ihre Vorbildfunktion zu sensibilisieren und Work Life Balance zu implementieren. Mit diesem Bewusstsein, wird dann eine Einstellungs- und Handlungsänderung bewirkt.

Stadium III: Veränderungsprozess
Mit dem Erreichen des Soll-Zustands, d.h. der Umsetzung des Konzepts von Work Life Balance, wird mit dem dritten Stadium ein **Veränderungsprozess** hinsichtlich der Unternehmenskultur eingeleitet, der einen nachhaltigen Wandel der Unternehmenskultur bezüglich Work Life Balance erzeugen soll.

Zum Überblick über den Prozess der allgeimeinen Handlungsempfehlungen in drei Stadien, siehe Abbildung 41.

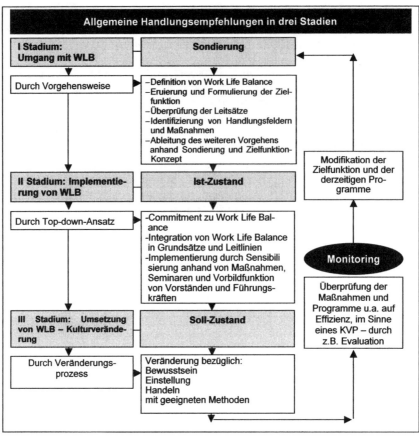

Legende: WLB = Work Life Balance
KVP = Kontinuierlicher Verbesserungsprozess

Abb. 41: Übersicht über die allgemeinen Handlungsempfehlungen in drei Stadien
(Quelle: eigene Darstellung)

Nachdem der Soll-Zustand und damit die Zielfunktion erreicht wurde, sollte mittels eines Monitorings und damit verbundenem KVP (kontinuierlicher Verbesserungsprozess) regelmäßig überprüft werden, ob die vorhandenen personalpolitischen Instrumente weiterhin „greifen" und wie effizient sie sind, damit eine erneute Verbesserung und Modifikation vorgenommen werden kann. Anhand einer Evaluation oder einem Instrument, welches die Effizienz der Maßnahmen zur Work Life Balance misst, kann dies überprüft werden.

10.4.2 Handlungsempfehlungen Teil II – Integratives betriebliches Work Life Balance Konzept – fallspezifisch für das untersuchte Unternehmen

Das Konzept der Handlungsempfehlungen besteht aus drei integrativen Bestandteilen. Der erste Teil bezieht sich auf Handlungsempfehlungen, die für beide Zielgruppen gleichermaßen Geltung haben. Hierbei werden einerseits die bei beiden Zielgruppen bestehenden Probleme im Kontext von Work Life Balance betrachtet und zum anderen die Unterschiede zwischen den beiden Zielgruppen.

Aufgrund der Heterogenität der Lebensstile bzw. Lebensmodelle der Zielgruppen führt der übliche eindimensionale Karriereweg in der Regel nicht zu einer Work Life Balance. Eine lebensphasenorientierte Personalentwicklung, die unterschiedliche Optionen beinhaltet und damit unterschiedliche Karrierebiographien ermöglicht, geht auf die Bedürfnisse der einzelnen Zielgruppen und deren individuelle Work Life Balance besser ein. Sie ermöglicht individuell und lebensphasenspezifisch, unterschiedliche Karrierewege zu gehen und damit Beruf und Privatleben im Einklang zu halten, da die unterschiedliche Gewichtung und Fokussierung des beruflichen und privaten Lebensbereiches mit einbezogen wird.

Mit dem dritten integrativen Bestandteil des Handlungskonzepts, einem dialogischen Austausch zwischen den beiden Zielgruppen, soll eine Sensibilisierung und damit ein Bewusstsein für die jeweiligen Work Life Balance Situationen ausgelöst werden. Durch den Dialog beider Zielgruppen kann ein Verständnis und somit eine Veränderung herbeigeführt werden, die dauerhaft ein gemeinsames Denken und Handeln bewirkt.

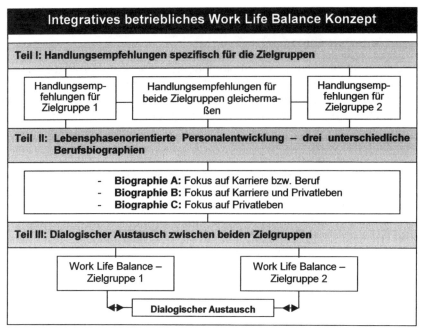

Integratives betriebliches Work Life Balance Konzept

Teil I: Handlungsempfehlungen spezifisch für die Zielgruppen

| Handlungsemp-
fehlungen für
Zielgruppe 1 | Handlungsempfehlungen für
beide Zielgruppen gleicherma-
ßen | Handlungsemp-
fehlungen für
Zielgruppe 2 |

Teil II: Lebensphasenorientierte Personalentwicklung – drei unterschiedliche Berufsbiographien

- **Biographie A:** Fokus auf Karriere bzw. Beruf
- **Biographie B:** Fokus auf Karriere und Privatleben
- **Biographie C:** Fokus auf Privatleben

Teil III: Dialogischer Austausch zwischen beiden Zielgruppen

| Work Life Balance –
Zielgruppe 1 | Work Life Balance –
Zielgruppe 2 |

Dialogischer Austausch

Abb. 42: Überblick über das dreiteilige integrative betriebliche Work Life Balance Konzept (Quelle: eigene Darstellung)

10.4.2.1 Handlungsempfehlungen für beide Zielgruppen

In diesem Abschnitt werden für die aus der Untersuchung abgeleiteten Handlungsfelder Empfehlungen formuliert, die sich auf beide Zielgruppen gleichermaßen beziehen, da sie sich in den Bedürfnissen und Problematiken nicht unterscheiden.

Organisation von Arbeit und Arbeitsinhalten

- Bessere Strukturierung von Projekten und Arbeitsaufteilung
- Überprüfung der Personalkapazitäten für die Projekte bzw. Arbeitsaufgaben
- Vermeidung von permanenter Überlappung unterschiedlicher Arbeitsaufgaben
- Regelmäßiges Monitoring über Projekte und Prozessverläufe
- Realistischere Zeitplanung für die einzelnen Aufgaben z.B. durch Berücksichtigung von Zeitpuffern bzw. Zeitfenstern

Eine bessere und detailliertere Strukturierung der Projekte ermöglicht eine genauere Planung und Aufteilung der Arbeitsaufgaben. Bei der Projektplanung ist es zielführend, die Personalkapazitäten zu überprüfen.

Eine zu geringe „Personaldecke" führt dauerhaft zu einer Überforderung der Mitarbeiter, die Stress und Belastungen auslöst.

Regelmäßige Monitoringgespräche bewirken eine Transparenz über den Prozessablauf und ermöglichen beim Auftreten von Problemen eine Lösung in einem frühen Stadium. Dies reduziert entscheidend den Stress und die Belastungen Aufteilung bzw. Organisation von Arbeitsinhalten.

Das Vermeiden permanenter Überlappung von Arbeitsaufgaben bzw. Projekten führt zu einer Entlastung und Konzentration auf die wesentlichen Arbeitsgebiete. Mit einer Delegation z.B. von administrativen Aufgaben an Auszubildende, Praktikanten oder Assistenten kann eine Entlastung geschaffen werden.

Eine genaue Zeitplanung über die einzelnen Aufgaben oder Projekte ermöglicht einen spezifischeren Überblick, welche Aufgaben wann bearbeitet werden müssen. In der Planung können Zeitpuffer für unvorhersehbare Aufgaben oder Verzögerungen berücksichtigt werden. Dadurch entstehen weniger Stress und Belastungen, da die Energie gebündelt für die Hauptaufgaben verwendet werden kann.

Leistungsverständnis

– Den Leistungsanspruch betreffend klare und realistische Vorgaben definieren
– Regelmäßige Gespräche über die Leistungseinschätzung – „was läuft gut, was weniger gut"
– Bewertung nach Leistung – nicht nach Anwesenheit – durch eine Zielvereinbarung mit Bestimmung des Zielerreichungsgrads (Management by objectives)

Mit einer Kommunikation über den Leistungsanspruch und damit verbundenen Erwartungen an den Mitarbeiter lässt sich das Arbeitspensum besser einschätzen und planen. Eine Reduktion des Stresses lässt sich durch eine verbesserte Koordination der Arbeitsaufgaben erreichen. Transparenz über das Leistungsverständnis ermöglicht es den Mitarbeitern, ihre Work Life Balance mittel- bis langfristig besser zu planen.

Regelmäßige Gespräche zwischen Führungskraft und Mitarbeiter tragen dazu bei, die Leistung der Mitarbeiter zu bewerten und darauf einzugehen, was verbessert werden muss. Mit diesem regelmäßigen Check-up der Leistung wissen die Personen aus den Zielgruppen, wie viel Kapazität im beruflichen Bereich für welche Arbeitsaufgaben zusätzlich verwendet werden muss.

Die Bewertung der Leistung nach tatsächlich erfüllten Zielen und nicht nach Anwesenheit bewirkt eine Erhöhung der Effizienz und die Chance zur Verbesserung der Balance zwischen beiden Bereichen durch einen erlangten Zeitgewinn.

Informations- und Kommunikationspolitik

- Transparenz über Kommunikationsprozesse
- Rechtzeitige Informationen über Arbeitsinhalte und mögliche Probleme
- Feedbackabgleich über die Arbeit
- Regelmäßige Austauschrunden mit allen betroffenen Prozesspartnern und Hierarchiestufen

Bei transparenten Kommunikationsprozessen werden wichtige Informationen an die jeweiligen Prozesspartner weitergeleitet und ein Verzug an Information vermieden. Durch die erhaltenen Informationen können die Mitarbeiter einen Überblick über das Gesamtprojekt gewinnen und die für sie relevanten Informationen zu selektieren. Probleme werden in einer frühen Phase identifiziert und können rechtzeitig gelöst werden. Ein nach den Bedürfnissen der bestimmten Prozesspartner selektierter Kommunikationsfluss ist wichtig, damit die für die Personengruppe richtigen Informationen weitergeleitet werden.

Durch Feedback-Gespräche über die Arbeit werden Probleme oder Unzulänglichkeiten schnell aufgedeckt und gelöst. Der Mitarbeiter erhält damit einen Überblick über seine bisherige Arbeitsleistung und kann gegebenenfalls Mängel frühzeitig beseitigen.

Probleme, die bei Projekten und Arbeitsaufgaben entstehen, können bei einer guten und flächendeckenden bzw. rechtzeitigen Kommunikation schnell gelöst werden. Dies wirkt präventiv, um Stress zu vermeiden.

Arbeitszeit

- Flexible und individuelle Arbeitszeitmodelle
- Effizienz bei Gesprächsterminen
- Bestimmung der Arbeitszeit nach Arbeitsaufwand

Die Arbeitszeiten sollten für die Personen aus beiden Zielgruppen so flexibel wie möglich gestaltet werden können, damit der Tagesablauf individuell danach ausgerichtet werden kann. Mit einem Angebot an unterschiedlichen Arbeitszeitmodellen, die die Bedürfnisse der Mitarbeiter berücksichtigen (z.B. Compressed Work Week oder eine Reduzierung der

Wochenstundenanzahl, Teilzeit), kann die Work Life Balance unterstützt werden. Es sollte überprüft werden, welche Arbeitszeitmodelle genutzt werden und welche noch nicht vorhandenen sinnvoll im Unternehmen einzuführen wären. Neben der Einführung von neuen Arbeitszeitmodellen sollten die vorhandenen bezüglich der Kulturkonformität des Unternehmens soweit anerkannt werden, dass diese auch wirklich genutzt werden können und nicht nur als nicht gelebte Vorzeigearbeitszeitmodelle im Unternehmen bestehen.

Zielorientierte Gespräche vermeiden einen hohen Zeitaufwand ohne konkretes Ergebnis. Darum ist es sinnvoll, an alle Teilnehmer eines Meetings vorab eine Agenda zu schicken, mit der die Zeitstruktur des Termins und die Inhalte und Ziele vorgegeben werden. Mit einer zielorientierten und dadurch effizienten Gesprächskultur wird Zeit gespart, die für andere Aufgaben verwendet werden kann.

Die Arbeitszeit sollte auf jeden Fall nach der vorhandenen Arbeit bestimmt werden, so dass diese in Zeiten geringeren Arbeitsumfangs für eine Realisierung einer Work Life Balance genutzt werden kann. Die Unternehmenskultur sollte auf dieses Verhalten ausgerichtet werden.

Gesundheit

- Sensibilisierung für ein gesundheitsbewusstes Leben (gesunde Lebensweise wie z.B. Ernährung etc.)
- Regelmäßige Gesundheits-Check-ups
- Ergonomische Arbeitsplätze
- Sensibilisierung für andere Lebensbereiche, deren Inhalte und Sinnzusammenhänge
- Coach für Work Life Balance Probleme (psychosozialer Art etc.)

Work Life Balance sollte im Rahmen der werksärztlichen Gesundheitsaufklärung und Prophylaxe aufgenommen werden. Für beide Zielgruppen sollten altersgemäße und routinemäßige Gesundheits-Check-Ups angeboten werden. Des Weiteren kann durch Veranstaltungen, Seminare und Maßnahmen die Sensibilisierung für einen gesunden und ausgewogenen Lebensstil bewirkt werden.

Ergonomische Arbeitsplätze vermeiden Fehlhaltungen und erhalten damit eine höhere Leistungsfähigkeit. Daher sollten alle Arbeitsplätze auf ergonomische Standards hin untersucht werden. Stundenlanges Sitzen ohne Unterbrechung sollte vermieden werden. Für jeden Mitarbeiter sollte die Möglichkeit bestehen, am Arbeitsplatz gymnastische Übungen durchführen zu können, um Fehlhaltungen oder Probleme mit dem Rücken zu vermeiden (Vorschläge oder Anleitung von Übungen zugänglich z.b. über das Intranet). Mit einem Work Life Balance Coach können sowohl berufliche als auch private Probleme besprochen werden, um dem Mitarbeiter erste Lösungsmöglichkeiten aufzuzeigen.

10.4.2.1.1 Handlungsempfehlungen für Zielgruppe 1

Folgende Handlungsempfehlungen werden speziell für Zielgruppe 1 formuliert:

Personalentwicklung

- Sensibilisierung und damit Schaffung eines Bewusstseins für Work Life Balance
- Stressmanagement
- Zeitmanagement
- Gespräche über berufliche Entwicklung
- Qualifizierung zur Bewältigung eines immer komplexeren Arbeitsalltag

Eine Sensibilisierung zum Thema Work Life Balance bei den Personen aus Zielgruppe 1 kann nur erfolgreich sein, wenn Work Life Balance fester Bestandteil von Personalentwicklungsmaßnahmen wird. Das heißt, die Personen aus Zielgruppe 1

- wissen, was Work Life Balance bedeutet
- haben die Bedeutung von Work Life Balance insgesamt diskutiert
- haben erste Ansätze entwickelt, wie sie ihre eigene Work Life Balance verbessern können
- haben den Nutzen von Work Life Balance erkannt und
- unterstützen ihre Mitarbeiter bei der Verbesserung ihrer Work Life Balance

Seminare und Maßnahmen zum Thema Stressmanagement und Zeitmanagement tragen dazu bei, dass Personen aus Zielgruppe 1 mit speziellen Techniken und Methoden lernen, ihren Stress selbst zu regulieren und damit zu reduzieren. Hierbei stellt sich die Frage, wie sich das „theoretische Wissen" über Stressmanagement in die Praxis transferieren und anwenden lässt.

Turnusmäßige Gespräche über die berufliche Entwicklung ermöglichen eine Transparenz und Orientierung darüber, welche unmittelbar bevorstehenden beruflichen Veränderungen und Erwartungen an den einzelnen Mitarbeiter existieren. So kann die Work Life Balance besser geplant, koordiniert und ausgerichtet werden.

Eine Zunahme an Komplexität im beruflichen Alltag mit Veränderungen im Arbeitsablauf und in den Strukturen stellt auf Dauer eine große Belastung und damit eine Reizüberflutung dar. Das Erlernen, wie man dieser Belastung im beruflichen Alltag entgegen wirken kann, sollte Inhalt von Personalentwicklungsmaßnahmen für Zielgruppe 1 sein.

Führung und Führungsstil

> – Sensibilisierung für Work Life Balance bei den Führungskräften
> – Schaffung von neuen Rollen- und Funktionsvorbildern für beide Lebensbereiche
> – Aufnahme der Führung und des Führungsstils in die Beurteilung von Führungskräften (via Feedback für Führungskräfte)

Die Sensibilisierung von Führungskräften führt nicht nur zu einem größeren Bewusstsein für die eigene Work Life Balance Situation, sondern auch zu mehr Bereitschaft, die Work Life Balance Bedürfnisse der Mitarbeiter stärker wahrzunehmen.

Führungskräfte sollten Work Life Balance im Rahmen ihrer Vorbildfunktion leben, damit sich innerhalb der Unternehmenskultur das Thema durchsetzt und akzeptiert wird. Führungskräfte, die sich offiziell zu Auszeiten bekennen und erkennen, dass dies innerhalb der Unternehmenskultur als gut bewertet wird, machen somit Work Life Balance lebendig und realisierbar.

Regelmäßige Gespräche mit den Mitarbeitern über die Work Life Balance Situation ermöglichen dem Vorgesetzten, sich ein Bild über deren Probleme oder Ereignisse im Kontext von Work Life Balance zu machen. So entsteht ein Vertrauensverhältnis und Verständnis für Verhaltensweisen von Mitarbeitern und damit ein besseres Verständnis für die jeweilige Situation für beide Seiten. Ein Feedback-Tool für Vorgesetzte, das verpflichtend anzuwenden ist, sollte das Thema Work Life Balance und Führungsverhalten beinhalten, damit die Führungskraft einen Überblick über sein Führungsverhalten in Bezug auf Work Life Balance bekommt.

Arbeitsatmosphäre (Unternehmenskultur)

- Top-down-Ansatz für Work Life Balance
- Integration von Work Life Balance in die Richtlinien und Leitbilder des Unternehmens
- Mehr Kommunikation und Gespräch über das Thema Work Life Balance
- Zulassen von Schwäche bzw. Leistungsunfähigkeit – Enttabuisierung und Entmystifizierung

Mit einem Top-down-Ansatz zum Thema Work Life Balance, in dem sich der Personalvorstand und die wichtigsten oberen Führungskräfte offiziell zum Thema äußern und klare Richtlinien und Verhaltensweisen formulieren, ist eine Integration in die Unternehmenskultur möglich.

Ein maßgeschneidertes Work Life Balance Konzept trägt dazu bei, gezielt auf entsprechende Probleme anzugehen und sich damit strategisch auszurichten. Bestimmte Maßnahmen, Veranstaltungen und Aktivitäten bewirken, dass Work Life Balance als Thema mehr ins Bewusstsein rückt und sich damit die Atmosphäre verbessert. Eine offene Kommunikation zu Work Life Balance, in der auch offen Schwächen angesprochen werden dürfen, schafft Vertrauen innerhalb der Unternehmenskultur. Dieses Vertrauen führt dazu, dass generell ein anderes Verhalten das Tabuisieren und Mystifizieren von Schwäche entkräftet, beispielsweise, wenn man ausgebrannt und erschöpft ist und ein Sabbatical braucht.

10.4.2.1.2 Handlungsempfehlungen für Zielgruppe 2

Folgende Handlungsempfehlungen werden speziell für Zielgruppe 2 formuliert.

Personalentwicklung

- Sensibilisierung für die Lebensschwerpunkte im Leben
- Seminar zur Verbesserung des Lebensalltags
- Seminare zum besseren Management beider Bereiche
- Seminar zur Reduktion von Stress
- Zeitmanagementseminare
- Partnerseminare

Im Rahmen der Personalentwicklung sollte das Thema Work Life Balance soweit integriert sein, dass jeder Mitarbeiter sich bewusst macht, welche Lebensschwerpunkte für ihn wichtig sind, welche Ziele im Leben bestehen und welche unmittelbaren Ereignisse für beide Lebensbereiche existieren. Durch Seminare können Mitarbeitern Methoden und Techniken vermittelt werden, um den Lebensalltag besser zu koordinieren und damit eine bessere Vereinbarkeit von Beruf und Privatleben zu realisieren.

Seminare zur Stressreduktion sollen langfristig für eine bessere Balance zwischen dem beruflichen und privaten Alltag sorgen. So kann dauerhaft die Leistungsfähigkeit der Mitarbeiter aus Zielgruppe 2 erhalten bleiben. Zeitmanagementseminare geben diesen Personen einen Überblick, wie sie ihre Zeit effektiver nutzen und damit eine Entzerrung von manchen Belastungen bewirken können. Partnerseminare, in denen neue Rollenmodelle und damit verbundene Konflikte diskutiert und identifiziert werden, erleichtern eine Partnerschaft in neueren Lebensmodellen. Generell sollte das Thema Work Life Balance im Rahmen der Personalentwicklung in sämtliche Aktivitäten, Maßnahmen und Veranstaltungen mit aufgenommen werden, um für diese Zielgruppe eine Sensibilisierung für die eigene Work Life Balance zu erzielen. Damit sollen ein mit der Work Life Balance konformes eigenständiges Handeln und die Übernahme von Eigenverantwortung unterstützt werden.

Support/Einrichtungen und Maßnahmen bzw. Dienstleistungen

- Ausbau von Supportmaßnahmen: Dienstleistungen und Serviceeinrichtungen (z.B. Kindergarten, Schuster, Reinigung)
- Allgemeine Servicedienstleistungen: Organisationsdienstleistungen auch für den privaten Bereich (Tauschbörse im Intranet)
- Regelmäßiges Monitoring bzw. Evaluation über die Nutzung bzw. Verbesserung der Maßnahmen

Vor einem Ausbau der vorhandenen Maßnahmen, Dienstleistungen und Serviceeinrichtungen sollte zunächst mit einer Evaluation der tatsächliche Bedarf überprüft werden. Im Unternehmen besteht ein breites Spektrum an Maßnahmen, welches auch Mitarbeitern an anderen Standorten angeboten werden könnte. Auch hier ist eine Überprüfung sinnvoll. Regelmäßige Monitoringprozesse oder Evaluationen geben detailliert darüber Aufschluss, welcher Bedarf an Maßnahmen und Dienstleistungen bei den Mitarbeitern noch, vermehrt oder nicht mehr besteht.

Es wäre zu überprüfen, inwieweit Bedarf an einem allgemeinen Service für Dienstleistungen auch im privaten Bereich besteht. Eine Tauschbörse im Intranet würde es den Mitarbeitern ermöglichen, schnell und günstig an Dienstleistungen zu kommen, ohne dass dem Unternehmen Kosten entstehen würden.

Frauen und Familie

- Frauen in Führungspositionen
- Mentoring- und Coachingprogramme für Frauen
- Seminare für Väter zur Elternzeit

Spezielle Seminare für Frauen in Führungspositionen, die sie in ihrer beruflichen Karriere fördern, lassen Frauen schon in einer frühen Phase ihre Karriere planbarer machen und erleichtern es ihnen, ihre Work Life Balance mittelfristig auszurichten und zu planen.

Mit Mentoring- und Coachingprogrammen werden Frauen in ihrer Work Life Balance unterstützt, indem gezielt ihre Probleme im Kontext von Work Life Balance thematisiert werden.

Spezielle Seminare für die Elternzeit explizit für Väter tragen dazu bei, dass diese auch ihre Erziehungsverantwortung wahrnehmen können. Sensibilisierung und Bewusstsein für die „neue Rolle" der Väter ist im Unternehmen wichtig, damit auch für diese Personen eine Work Life Balance realisiert werden kann.

10.4.2.2 Drei Varianten von Berufsbiographien im Verständnis einer lebensphasenorientierten Personalentwicklung

Ein weiteres Element des integrativen betrieblichen Work Life Balance Konzepts, sind die drei Varianten der Berufsbiographien im Verständnis einer lebensphasenorientierten Personalentwicklung. Dieses Element wird aus zwei Perspektiven verfolgt: Zum einen aus der unternehmerischen Sicht, bei der die Phasen in einem zyklischen Verlauf der Personalentwicklung mit den abzuleitenden Handlungsfeldern und Maßnahmen betrachtet werden, und zum anderen aus der Sicht der Mitarbeiter, denen nach den einzelnen Phasen unterschiedliche Biographieverläufe ermöglicht werden. Die Identifizierung, Definition und Steuerung der drei Biographien erfolgt über einen Navigator,[295] mit dem in jeder Phase der Biographie die gegenwärtige Situation reflektiert und damit die Ziele für die jeweilige Biographie und Lebensphase bestimmt werden. Die drei Varianten von Berufsbiographien sollen den Zielgruppen die Möglichkeit geben, unterschiedliche Berufsbiographien zu verfolgen und damit ihre

---

[295] Der Navigator dient als Hilfsmittel zur Ermittlung der Ziele und Perspektiven des Individuums im Kontext der Work Life Balance. Dieser Navigator wurde jedoch nicht im Rahmen dieser Dissertation ausgearbeitet, da dies den Rahmen dieser Arbeit sprengen würde. Als Beispiel für einen Navigator (der sich auf die Navigation von Kompetenzen bezieht) vgl. www.Incon-ag@.de, Wiesbaden.

individuelle Work Life Balance mit den bestehenden Maßnahmen innerhalb des Unternehmens zu realisieren.

Lebensphasenorientierte Personalentwicklung aus der Perspektive des Unternehmens

Die lebensphasenorientierte Personalentwicklung aus unternehmerischer Sicht beinhaltet vier Phasen, die den Verlauf des Zyklus einer Be-
rufskarriere unabhängig von Position und Zugehörigkeit zum Unternehmen bestimmen:[296]

- **Eintritt** (ins Unternehmen oder auch in einen neuen Job)
- **Qualifikation** (für den Job)
- **Mitarbeiterbindung** (mit unterschiedlichen Maßnahmen und An-
reizen)
- **Austritt** (aus dem Unternehmen oder in einen anderen Job)

Betrachtet man den Zyklus der lebensphasenorientierten Personalentwicklung in einem weiter gefassten Blickwinkel, so bestehen neben den
vier Phasen die folgenden sieben Sequenzen,[297] die die vier Phasen
noch näher bestimmen:

- „**before the job**" (Sequenz vor dem Eintritt ins Unternehmen und
den Job)
- „**into the job**" (Sequenz des Eintritts in das Unternehmen
und/oder in einen Job)
- „**on the job**" (Sequenz während des Jobs)
- "**off the job**" (Sequenz der Abwesenheit vom Job, z.B. Fortbil-
dungsmaßnahmen, die nicht während des Jobs stattfinden)
- "**near the job**" (Sequenz nahe am bzw. zusätzlich zum Job)
- "**beyond the job**" (Sequenz über den Job hinaus)
- „**out of the job**" (Sequenz bei Austritt aus dem Unternehmen –
aus dem Job)

Eine Integration der sieben lebenszyklischen Sequenzen in die vier Phasen der lebensphasenorientierten Personalentwicklung ermöglicht eine
detaillierte Anschauung des Verlaufs eines Berufslebens oder vielmehr
einer „geradlinigeren Berufsbiographie". Die vier Phasen mit den sieben
Sequenzen ermöglichen des Weiteren eine genaue Ableitung unter-

---

[296] In Anlehnung an das Konzept der lebensplanbezogenen PE der Unternehmens-
beratung der Management und Partner GmbH 2001, Stuttgart.

[297] Die sieben Sequenzen können jedoch auch lediglich innerhalb nur einer Phase
der Personalentwicklung Anwendung finden.

schiedlicher Handlungsfelder und zuordenbarer Maßnahmen, die für das Unternehmen relevant werden.

Zur Phase des **Eintritts** gehört die Sequenz „before the job", die aus unternehmerischer Perspektive unterschiedliche Handlungsfelder betrifft (z.B. Personalmarketing, Bildungspolitik und Recruiting etc.). Mit der Auswahl eines Kandidaten beginnt die Sequenz „into the Job", die das Handlungsfeld der Personalentwicklung mit unterschiedlichen Programmen (Einführungsveranstaltungen, Unterstützung im Prozess der Einarbeitung) umfasst.

Die nächste Phase ist die der Qualifizierung. In dieser Phase erweitert der Mitarbeiter sein Wissen und seine Qualifikation innerhalb des Unternehmens für den Job. Diese Phase lässt sich mit der Sequenz „on the Job" (Qualifizierung am Job) bzw. „off the Job" (Qualifizierung abseits vom Job) beschreiben. Hierbei sind folgende Maßnahmen relevant, die sich ebenfalls dem Handlungsfeld der Personalentwicklung zuschreiben lassen: z.B. Coaching, Training on the job (wie Job Rotation, Job Enrichment und Job Enlargement) und Seminare bzw. spezielle Trainings zur Persönlichkeitsentwicklung.

In der nächsten Phase, der Mitarbeiterbindung, die sich mit den Sequenzen „near the job" (Anreize zur Bindung, die sich auf den Job beziehen; z.B. bestimmte Trainings oder Verantwortung für bestimme Projekte in anderen Unternehmensbereichen zu übernehmen etc.) und „beyond the job" (Anreize zur Bindung an das Unternehmen, die über den Job hinausgehen, wie z.B. monetäre Anreize oder einen Dienstwagen etc.) beschreiben lässt, wird durch Anreize und Maßnahmen versucht, den Mitarbeiter und das durch ihn angeeignete Know-how an das Unternehmen zu binden. Die Handlungsfelder der Personalwirtschaft (monetäre Anreize, Prämien, flexible Arbeitszeitmodelle, Sonderurlaub, Incentives etc.) und der Personalentwicklung (Trainingsmaßnahmen, weitere Qualifikationsmaßnahmen, Coaching sowie Wertschätzung des Mitarbeiters und besondere Aspekte der Kulturvermittlung etc.) sind für diese Phase wichtig.

Die vierte Phase im Kreislauf der lebensphasenorientierten Personalentwicklung ist die des Austritts, der als Jobwechsel innerhalb des Unternehmens verstanden werden kann, oder aber auch als Austritt, der zu einem neuen Unternehmen führt. Des Weiteren fallen unter den Austritt Mutterschaft, Rente oder auch Kündigung. Die Phase des Austritts ist mit der Sequenz „out of the job" zu beschreiben. Das Handlungsfeld dieser

Phase ist primär das der Personalentwicklung mit Maßnahmen wie z.B. Seminaren für Mütter und Rentner. Für Personen, die das Unternehmen aufgrund von Kündigung verlassen, stehen Maßnahmen wie Beurteilungsgespräche, Bewerbertraining oder individuelle Arbeitsmarktanalyse zur Verfügung.

Die vier Phasen in Kombination mit den sieben Sequenzen ergeben folgendes Bild (Abb. 43):

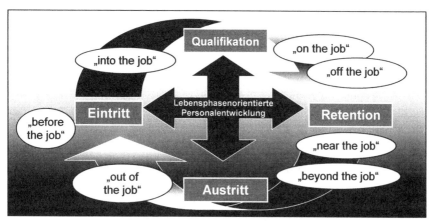

Abb. 43: Integration der vier Phasen der Personalentwicklung mit den sieben lebenszyklischen Sequenzen (Quelle: eigene Darstellung in Anlehnung an Bodel 2002)

Lebensphasenorientierte Personalentwicklung aus Mitarbeiterperspektive

Lebensphasenorientierte Personentwicklung aus der Mitarbeiterperspektive heißt, dem Mitarbeiter mit drei unterschiedlichen Berufsbiographien und damit verbundenen Rahmenbedingungen und Maßnahmen die Möglichkeit zu geben, unterschiedliche Work Life Balance Situationen realisieren zu können. Diese drei Biographievarianten fokussieren sich alle auf eine unterschiedliche Gewichtung im Kontext von Work Life Balance (nur Beruf, Beruf und Privatleben oder nur Privatleben) und sollen mittels eines Navigators die jeweilige Work Life Balance Situation bestimmen und damit die Lebenssituation navigieren. Des Weiteren dient der Navigator den Mitarbeitern sowohl zur Selbstreflexion der gegenwärtigen Situation und bestimmt die in beiden Lebensbereichen existierenden Ziele, als auch einer Orientierung für die Zielgruppen, welche Biographie für sie und ihre Work Life Balance sinnvoll ist.

Die Gewichtungsverhältnisse der drei Biographien lassen sich folgendermaßen beschreiben:
Personen, die Biographie A verfolgen, sind ausschließlich auf die Karriere fokussiert, der private Bereich hat eine deutlich geringere Priorität im Leben. Bei Biographie B ist die Gewichtung zwischen dem beruflichen und privaten Bereich gleich, d.h. Personen, die Biographie B leben, agieren und handeln in beiden Bereichen gleichermaßen. Bei Biographievariante C wird das größte Gewicht auf das Privatleben gelegt, was bedeutet, dass der Beruf als Mittel betrachtet wird, um gut leben zu können. Je nach Lebensphase des Mitarbeiters kann sich die Biographievariante verändern, d.h. jemand, der eine stark berufsorientierte Biographie verfolgt hat, wird vielleicht mit einer Veränderung im privaten Bereich (z.B. durch Heirat und Kinder) einen anderen Schwerpunkt und damit eine andere Biographievariante verfolgen. Nach den vier Phasen der lebensphasenorientierten Personalentwicklung verfolgen die einzelnen Biographievarianten folgende Fragen und Zielidentifizierungen:

Biographie A – Fokus auf Karriere
Die Gewichtung der Lebensbereiche liegt bei Biographie A auf dem Beruf bzw. der Karriere. Für die Phase des Eintritts bedeutet dies, die Ziele für den beruflichen Bereich zu definieren und zu entscheiden, wie sich diese realisieren lassen. In Phase der Qualifikation wird danach gefragt, welche zusätzlichen oder neuen Qualifikationen für die Zielerreichung notwendig sind. Die Phase der Mitarbeiterbindung (Retention) beinhaltet die Frage, welche Anreize für den Mitarbeiter bestehen, im Unternehmen zu bleiben. Für Personen der Biographievariante A liegen diese Anreize, um im Unternehmen zu bleiben auf dem beruflichen Bereich und bestehen beispielsweise in neuen Aufgaben innerhalb des Unternehmens oder anderen monetären und nichtmonetären Anreizen. Beim Austritt aus dem Unternehmen stellt sich für Mitarbeiter der Biographie A die Frage, wie ein positiver Austritt aussieht? Austrittsmodelle können sich so gestalten, dass ehemalige Mitarbeiter sich für Coachingaufgaben oder Beratungsfunktionen zur Verfügung stellen (z.B. auf Stundenbasis oder über spezielle Werksverträge).

Biographie B – Fokus auf Beruf und Privatleben gleichermaßen
Bei Biographie B sind die beiden Lebensbereiche gleich gewichtet und haben annähernd die gleiche Priorität. Für die Phase des Eintritts in das Unternehmen stellen sich hier die Fragen, welche Ziele es im beruflichen und privaten Bereich gibt und wie diese in Einklang gebracht werden können. In der Phase der Qualifikation gilt es auch für Personen, die Ziele im beruflichen und privaten Bereich gleichermaßen verfolgen, die für

diese Zielerreichung nötigen Qualifikationen zu klären. In der Phase Mitarbeiterbindung (Retention) steht die Suche nach Anreizen im Vordergrund, die einem Mitarbeiter geboten der in beiden Lebensbereichen lebt und agiert. Anreize können hier geschaffen werden, indem bestimmte Supportmaßnahmen angeboten werden, die eine Vereinbarkeit der Ziele aus beiden Bereichen ermöglichen. Weitere Anreize stellen Prämien oder Zusatzleistungen dar oder auch neue Perspektiven, wenn es um die Inhalte des Jobs geht.

Für die Phase des Austritts stellt sich für Personen, die Biographie B verfolgen, die Frage, inwieweit von Unternehmensseite Interesse besteht, dem ausscheidenden Mitarbeiter Anreize zu bieten, sein angeeignetes Wissen für das Unternehmen transparent zu machen, und wie für beide Seiten (Unternehmen und Mitarbeiter) der Austritt angenehm und im Einklang mit Beruf und Privatleben vollzogen werden kann.

Biographie C – Fokus eher auf Privatleben
Personen, die Biographie C verfolgen, legen den Schwerpunkt größtenteils auf das Privatleben. Dies bedeutet, dass der Beruf lediglich zur Finanzierung des Lebens dient. Das Motto lautet hier: „Arbeiten, um zu leben", weshalb die privaten Aktivitäten und damit verbundenen Ziele im Leben dieser Personen eine wichtigere Rolle einnehmen als der Beruf bzw. der Job. Mit dem Eintritt in das Unternehmen ist zu klären, welche Ziele im privaten Bereich einen hohen Stellenwert haben und wie diese zusammen mit den beruflichen Anforderungen zu erfüllen sind. In der zweiten Phasen des Zyklus – der Qualifikation – stellt sich die Frage, ob überhaupt und wenn ja, welche neuen Qualifikationen erworben werden müssen, um die gesetzten Ziele zu realisieren. Bei der Phase der Mitarbeiterbindung (Retention) werden Anreize, die zur Bindung ans Unternehmen führen, relevant. Ähnlich wie bei Biographie B werden auch hier Anreize bestehen, die eine Vereinbarkeit von beruflichen Anforderungen und privaten Bedürfnissen und Zielen ermöglichen. Dieses sind beispielsweise Dienstleistungen oder Support (Kindergarten, Shoppingbox etc.) und flexible Arbeitszeitmodelle (wie Sabbatical, Telearbeit, Vertrauensarbeit). Die Phase des Austritts beinhaltet die Vorbereitung auf das Ausscheiden aus dem Unternehmen. Für Mitarbeiter mit Biographie C ist wichtig und relevant, wie der Austritt hinsichtlich des privaten Umfelds gestaltet werden kann.

Die drei Biographien in Kombination mit einer lebensphasenorientierten Personalentwicklung ergeben folgende Matrix:

Tab. 21: Überblick über die unterschiedlichen Berufsbiographien und damit verbundenen Phasen in der Personalentwicklung

	Eintritt	Qualifikation	Retention	Austritt
	Definition von Zielen	**Weiterbildung**	**Realisierung von Zielen**	**Vorbereitung**
Biographie A: Fokus liegt auf Karriere	Ziele im beruflichen Kontext. Welche Ziele bestehen im beruflichen Bereich und wie können diese erreicht werden?	Welche (neuen) Qualifikationen werden benötigt, um die Ziele für den beruflichen Bereich zu erreichen?	Wie können die Ziele im beruflichen Kontext erreicht werden? Welche Anreize bestehen für die Bindung an das Unternehmen?	Wie kann das angeeignete Know-how im Unternehmen bleiben? Wie sieht ein positiver Austritt aus dem Berufsleben aus?
Biographie B: Fokus liegt auf Karriere und Privatleben	Ziele im beruflichen und privaten Bereich Welche Ziele existieren im Berufs- und Privatleben? Wie können diese in Einklang gebracht werden?	Welche neuen oder zusätzlichen Qualifikationen werden benötigt, um die Ziele im beruflichen und privaten Bereich zu realisieren?	Wie können die beruflichen und privaten Ziele realisiert werden? Welche Anreize bestehen zur Bindung an das Unternehmen?	Wie kann das angeeignete Know-how im Unternehmen bleiben? Wie sieht ein positiver Austritt aus dem Berufsleben aus?
Biographie C: Fokus liegt auf dem Privatleben	Ziele im Privatleben. Welche Ziele sind wichtig im Privatleben und wie können diese mit den beruflichen Anforderungen erfüllt bzw. realisiert werden?	Welche Qualifikationen werden benötigt, um die privaten Ziele mit den beruflichen Anforderungen zu erfüllen?	Wie können die Ziele im Privatleben mit denen im Privatleben in Einklang gebracht werden? Welche Anreize bestehen für Personen zur Bindung an das Unternehmen?	Wie kann das angeeignete Know-how im Unternehmen bleiben? Wie sieht ein positiver Austritt aus dem Berufsleben aus?

Werden beide Perspektiven einer lebensphasenorientierten Personalentwicklung – die der Mitarbeiter und des Unternehmens – zu einer zusammengefügt, dann ergibt sich das in Abb. 44 dargestellte Bild. Aus der Perspektive des Unternehmens werden nach den vier Phasen und den darin integrierten Sequenzen die Handlungsfelder (Personalentwicklung, Personalmarketing, Recruiting, Personalwirtschaft und Arbeitsstrukturen) abgeleitet und die dazu benötigten und passenden Rahmenbedingungen und Maßnahmen im Kontext von Work Life Balance entwickelt. Aus der Perspektive der Mitarbeiter bestehen die drei Varianten unterschiedlicher

Biographien, wobei mittels eines Navigators die jeweilige Berufsbiographie in Verbindung mit der Work Life Balance ermittelt wird. Die von Seiten des Unternehmens geschaffenen Rahmenbedingungen und Maßnahmen für die jeweilige Phase der Personalenwicklung ermöglichen dem Mitarbeiter dann, seine beruflichen und privaten Bedürfnisse, Interessen und Anforderungen individuell nach der derzeitigen Lebensphase zu realisieren.

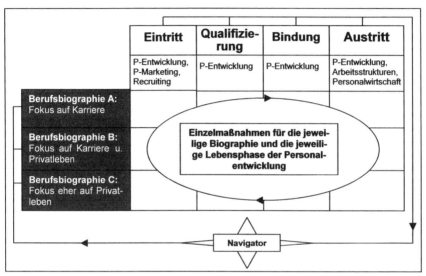

Abb. 44: Lebensphasenabhängige Standort- und Zielbestimmung der Mitarbeiter sowie unterstützende Maßnahmen des Unternehmens (Quelle: eigene Darstellung)

Das Konzept einer lebensphasenorientierten Personalentwicklung unter Berücksichtigung von zwei Blickrichtungen bietet eine Chance für das Unternehmen, leistungsfähige und motivierte Mitarbeiter zu haben, und für den Mitarbeiter, eine gute Work Life Balance zu realisieren. Beides wird nachhaltig zum Unternehmenserfolg beitragen.

10.4.2.3 Dialogischer Austausch zwischen beiden Zielgruppen

In diesem Abschnitt wird das dritte Element des integrativen betrieblichen Work Life Balance Konzepts beschrieben – der dialogische Austausch.[298] Dieser soll dazu führen, dass zwischen beiden Zielgruppen

---

[298] Das dialogische Prinzip, auch dialogischer Austausch genannt, beruht auf der Theorie des Austauschs, wurde im 20. Jahrhundert von Martin Buber, Patrick De

und ihrer unterschiedlichen Work Life Balance eine Annäherung in der Denkweise oder Toleranz für die jeweils andere Work Life Balance und die daraus resultierenden Bedürfnisse entsteht.

Das Ziel eines dialogischen Austausches ist, zwischen Gesprächspartnern oder Gruppen Veränderungen herbeizuführen, die unterschiedliche Ansichten, Standpunkte oder Situationen aufweisen, um sich damit einer gemeinsamen Denkweise anzunähern oder zumindest die Vielfalt anderer Denkweisen oder Bedürfnisse zu tolerieren. In Bezug auf die Work Life Balance Zielgruppenanalyse bestehen zwischen Zielgruppe 1 und 2 unterschiedliche Work Life Balance Situationen und dadurch eine sehr differenzierte und andere Anschauung, was Work Life Balance und daraus resultierende Bedürfnisse betrifft. Akzeptanz und Bewusstwerdung für die jeweilig andere Situation ist wichtig, um Work Life Balance innerhalb des Unternehmens, insbesondere der Unternehmenskultur, für beide Zielgruppen umzusetzen und erlebbar zu machen.

Gemäß der Ableitung der Untersuchungsergebnisse und Handlungsempfehlungen können die Bedürfnisse beider Zielgruppen nur erfüllt werden (und damit eine gute Work Life Balance ermöglicht werden, die nachhaltig die Leistungs- und Beschäftigungsfähigkeit der Mitarbeiter erhält), wenn durch einen dialogischen Austausch die Denkweise beider Zielgruppe angenähert bzw. deren Unterschiedlichkeit von allen Mitarbeitern und dem Management anerkannt wird. Hierbei müssen Themen und Sachverhalte, die Work Life Balance betreffen, in Abteilungsbesprechungen oder Workshops enttabuisiert werden. Um zu veranschaulich, welche unterschiedliche Einstellungen und Meinungen in den Köpfen bestehen, gibt folgende Grafik der Abstraktionsleiter einen Einblick, wie Meinungen und Anschauungen innerhalb von mentalen Modellen[299] entstanden.

Maré und David Bohm   entwickelt und ist im Verständnis eines reflexiven Lernprozesses eines Teams oder einer Gruppe zu betrachten. Vgl. dazu Senge et al. 1994, S. 414 ff., Künkel 2004 und Dilger 1983.

[299] „In den Kognitionswissenschaften bezieht sich der Begriff [der mentalen Modelle] sowohl auf die halbwegs permanenten, stillschweigenden Welt`Karten` (Maps), die Menschen in ihrem Langzeitgedächtnis verwahren, als auch auf die kurzfristigen Wahrnehmungen, die der Mensch als Teil seiner alltäglichen Folgerungsprozesse aufbaut. Nach Ansicht einiger Kognitionswissenschaftler führen vermehrte Veränderungen der kurzfristigen mentalen Modelle im Laufe der Zeit zu Veränderungen der dauerhaften, tiefverwurzelten Überzeugungen." Senge 1996, S. 273.

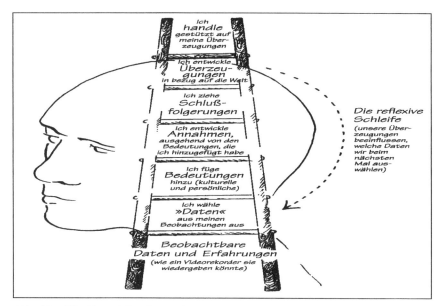

Abb. 45:   Die Abstraktionsleiter (Quelle: aus dem Original von Senge 1996, S. 279)

Diese mentalen Modelle gilt es mit unterschiedlichen Methoden[300] und damit eingeleitetem dialogischem Austausch aufzubrechen, damit sich beide Zielgruppen zukünftig und dauerhaft in ihrem Denken angleichen können.

Der dialogische Austausch impliziert folgenden Prozess
Mit dem dialogischen Austausch zwischen beiden Zielgruppen wird bekannt, welche Lebenssituationen und Probleme die jeweiligen Zielgruppen haben. Die Unterschiedlichkeit der beiden Zielgruppen und das daran gekoppelte Verhalten wird durch diesen Austausch für beide Seiten transparent. Dadurch entsteht eine Sensibilisierung bzw. ein Bewusstsein für die „Andersartigkeit" der Gegenseite und gleichzeitig ein Verständnis für die unterschiedlichen Bedürfnisse, die zur Erreichung einer Work Life Balance benötigt werden.

Durch den dialogischen Austausch und die dadurch entstandene Sensibilisierung beider Zielgruppen kann ein Verständnis für die Erwartungen, Verpflichtungen und Handlungen erzeugt werden, das wiederum dazu

---

[300] Exemplarisch wird für diesen Fall eine Methode des dialogischen Austauschs vorgestellt. Siehe Anhang G.

215

beiträgt, ein Bewusstsein für die jeweils andere Work Life Balance Situation der Zielgruppen zu entwickeln. Dieses Bewusstsein stellt somit die Basis für ein gemeinsames Denken dar, welches ein Gemeinschaftsverständnis und ein Zugehörigkeitsgefühl impliziert. Mit diesem Prozess und dem erzeugten Resultat an Toleranz und Verständnis für die beiden Zielgruppen kann die Unterschiedlichkeit oder Andersartigkeit innerhalb der Unternehmenskultur angenommen werden und sich gegenseitig positiv weiter entwickeln.

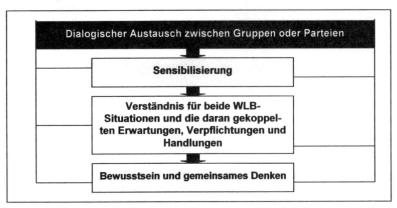

Abb. 46:   Prozess des dialogischen Austausches (Quelle: eigene Darstellung)

10.5 Zukunftsszenarios – eine personalpolitische Orientierung für eine strategische Ausrichtung

In diesem Abschnitt werden zwei verschiedene Zukunftsszenarios beschrieben, die Aufschluss darüber geben, welche prognostizierbaren Veränderungen auf Wirtschaftsunternehmen in Zukunft Einfluss haben werden. Hierbei werden die Veränderungen im Kontext von Work Life Balance und die Auswirkungen auf die in dieser Untersuchung identifizierten Zielgruppen betrachtet. Handlungsfelder, die daraus abgeleitet und benannt werden und die in Zukunft für die Unternehmen Relevanz zum Handeln haben, werden ebenfalls in den Szenarios benannt. Diese Handlungsfelder sollen als Orientierung für eine strategische Ausrichtung des Personalwesens dienen.

Das erste Szenario „Demographie" gibt Aufschluss darüber, welche Auswirkungen die demographischen Veränderungen auf die Work Life Balance der identifizierten Zielgruppen haben werden. In einem weiteren

216

Szenario – „Veränderung von Wirtschaftsunternehmen und der Arbeits-welt" – wird detailliert erläutert, welche Veränderungen auf Wirtschafts-unternehmen und die Arbeitswelt einwirken werden und wie dies die Or-ganisation von Unternehmen, die einzelnen Arbeitsplätze und die Quali-fikationsanforderungen an die Mitarbeiter verändern wird. Beide skizzier-ten Szenarios werden zuerst allgemein in ihren Ursache-Wirkungs-Mechanismen betrachtet, um diese dann auf die Zielgruppen zu projizie-ren und die Auswirkungen zu beschreiben. Diese Darstellung wird dann als Anhaltspunkt für eine Ableitung der strategischen Handlungsfelder genutzt.

10.5.1 Szenario „Demographie"

Aufgrund demographischer Veränderungen innerhalb der bundesdeut-schen Gesellschaft wird es ab ca. 2013[301] zu ersten Auswirkungen für Unternehmen kommen, die sich wie folgt beschreiben lassen:

1.   Mangel an qualifizierten Mitarbeitern
Es werden dem Arbeitsmarkt und damit den Unternehmen nicht mehr genügend qualifizierte junge Mitarbeiter zur Verfügung stehen. Ebenso werden – durch die Globalisierung bedingt – junge, hoch qualifizierte Personen lieber im Ausland arbeiten.[302]

2.   Erhöhung der Lebensarbeitszeit
Durch den Geburtenrückgang werden die sozialen Systeme wie bei-spielsweise das Rentensystem, das Gesundheitssystem und das Ar-beitslosensystem nicht mehr finanziert werden können. Es wird bei dem derzeitigen Renteneintrittsalter (Frauen ab 61 Jahre und Männer ab 65 Jahre) nicht mehr genügend Abgaben für die Verteilung auf die sozialen Systeme geben. Die Konsequenz ist die Erhöhung des Rentenalters[303] und damit die Verlängerung der Lebensarbeitszeit.

3.   Quantitative Zunahme an älteren Menschen
Auf Dauer werden nicht mehr genügend Nachkommen reproduziert wer-den, so dass sich der Anteil an älteren Menschen innerhalb der deut-

---

[301] Quelle: Bundesamt für Statistik Wiesbaden, 2004

[302] Vgl. dazu ifmo 2002, S. 15 und S. 28, Nöbauer 2002, S. 1–8.

[303] Vgl. dazu ifmo 2002, S. 15.

schen Gesellschaft verschieben[304] und damit auch der quantitative Anteil an älteren Mitarbeitern überproportional steigen wird.

4. Zuwanderung

Durch die geringe Reproduktionsquote werden Zuwanderungen aus anderen Ländern für die bundesdeutsche Gesellschaft relevant werden. Es wird erwartet, dass bis zum Jahr 2050 jährlich 200.000 bis 300.000 [305] Personen in die Bundesrepublik zuwandern werden müssen, um diesen Mangel auszugleichen.

Werden die vier Ursachen der demographischen Entwicklung in die Zukunft extrapoliert, zeigen diese für Wirtschaftsunternehmen folgende Wirkungen:

Rekrutierungsprobleme werden sich bei den Unternehmen einstellen, da sich der Arbeitsmarkt zu Gunsten der Arbeitnehmer verengen und umdrehen wird. Dies bedeutet, dass Unternehmen sich von der Konkurrenz differenzieren und neue Anreize bieten müssen, um ein attraktiver Arbeitgeber zu sein. Durch den Mangel an qualifizierten Mitarbeitern werden vermehrt Frauen eingestellt werden. Das Verhältnis von Frauen zu Männern in Firmen wird sich nivellieren und annährend gleich verteilen. Die Folge ist, dass Frauen in Führungspositionen weit über das untere Management hinaus quantitativ zunehmen werden.[306] Weiblichere Führungsstile werden sich innerhalb deutscher Unternehmen durchsetzen, in denen bisher vorwiegend männliche Führungsstile und Unternehmenskulturen dominierten.

Die überproportionale Zunahme an älteren Mitgliedern der deutschen Gesellschaft führt als Folge ebenfalls zu einer überdurchschnittlichen Erhöhung an älteren Mitarbeitern. Es ist anzunehmen, dass dadurch die Leistungsfähigkeit und damit die Produktivität von Unternehmen insgesamt abnehmen wird. Unter dem Einflussfaktor der Verlängerung der Lebensarbeitszeit steigt das Risiko des verfrühten Ausscheidens aus den Unternehmen durch z.B. Burn-out, somatische und psychosomati-

---

[304] Laut dem statistischen Bundesamt 2003/2004 wird mit ersten Effekten des demographischen Bevölkerungsrückgangs ab 2013 gerechnet. Laut Prognose wird die bundesdeutsche Gesellschaft bis 2050 von derzeit 82,5 Mio. auf 75 Mio. zurückgegangen sein. Dabei wird über die Hälfte der Bevölkerung älter als 48 Jahre sein.

[305] Vgl. Statistisches Bundesamt Wiesbaden, 2004.

[306] Vgl. dazu Horx-Strathern 2001, S. 48 ff.

sche Erkrankungen. Neben dem Problem der Nachrekrutierung dieser ausgeschiedenen Mitarbeiter verlieren die Unternehmen auch wichtige Know-how-Träger und damit verbundenes wichtiges unternehmensspezifisches Wissen, das entscheidend sein kann, um sich gegenüber der Konkurrenz durchzusetzen.

Die älteren Mitarbeiter, die weiterhin im Unternehmen bleiben, müssen sich durch differenzierte Leistungsanforderungen innerhalb der Arbeitswelt anpassen. Neue Arbeitsabläufe, Techniken und Verfahren müssen von diesen Mitarbeitern erlernt und verinnerlicht werden. Eine Verzögerung der Lernkurve ist durch das fortgeschrittene Alter der Mitarbeiter wahrscheinlich, wenn keine gezielte Förderung bei älteren Mitarbeitern im Unternehmen stattfindet.[307] Um die demographischen Defizite innerhalb der bundesdeutschen Gesellschaft zu nivellieren, werden vermehrt Personen aus anderen Ländern zuwandern. Dies bedeutet, dass innerhalb der Unternehmen eine differenziertere Bandbreite an Schul- und Berufsausbildungsabschlüssen sowie anderen Kulturen und damit verbundenen Werten, Normen und Gebräuchen Einzug halten wird.

Unter dieser Perspektive hat dies spezifisch auf die Zielgruppen des untersuchten Automobilkonzerns folgende Konsequenzen: Zielgruppe 1 wird durch eine Übergewichtung des beruflichen Bereichs auf lange Zeit gefährdet sein, den beruflichen Belastungen nicht mehr Stand zu halten, da keine oder nur eine „künstliche" Balance zwischen dem beruflichen und privaten Bereich besteht. Gesundheitsprobleme werden sich einstellen und es wird vermehrt zu Burn-outs bei dieser Zielgruppe kommen. Lebenskrisen, die z.B. durch Krankheit oder das soziale Umfeld (Scheidung oder innerfamiliäre Konflikte) ausgelöst werden, tragen ebenso dazu bei, dass Zielgruppe 1 weniger leistungsfähig ist. Die unterschiedlichen Kulturen der zugewanderten Mitarbeiter und die damit verbundenen divergenten Work Life Balance Situationen und Bedürfnisse, werden für Zielgruppe 1 schwer nachvollziehbar sein. Diese Zielgruppe ist zum einen wertkonservativer[308] und zum anderen aufgrund eigner eingeschränkter Wahrnehmung von Work Life Balance nicht sensibel für diejenige der anderen. Es werden sich daher Konflikte innerhalb der Unternehmenskultur abzeichnen.

---

[307] Vgl. dazu auch Erkenntnisse aus dem Forschungsprojekt RESPECT der Universität Karlsruhe, in dem derzeit erforscht wird, welche Maßnahmen bezüglich älterer Mitarbeiter von den Unternehmen vorgenommen werden müssen, damit diese weiterhin leistungsfähig bleiben.

[308] Vgl. dazu die Thesen von Ronald Inglehart 1998.

Für Zielgruppe 2 ist es durch steigende Anforderungen aus beiden Bereichen zunehmend schwieriger, eine Balance herzustellen. Stress und
Belastungen werden von den Personen aus dieser Zielgruppe viel früher
und intensiver erfahren werden, als Zielgruppe 1 dies zur gleichen Zeit
empfunden hat. Des Weiteren wird Zielgruppe 2 aufgrund zu vieler Reize
und der Aufgabenerfüllung in einer komplexeren Welt (impliziert beide
Lebensbereiche) viel eher und häufiger den Belastungen aus der Synchronisation von Beruf- und Privatleben nicht mehr gewachsen sein. Es
werden sich deshalb früher und schneller Burn-outs und Lebens- und
Sinnkrisen bei Zielgruppe 2 einstellen, als dies im Vergleich bei Zielgruppe 1 der Fall sein wird. Unter den veränderten Werteinstellungen
innerhalb beider Lebensbereiche wird es für Zielgruppe 2 zur Zerreißprobe werden, ein ausgewogenes und balanciertes Leben zu führen.
Psychosomatische Krankheiten innerhalb dieser Alterskohorte und Zielgruppe werden zunehmen und die Betroffenen nur über eine Therapie
oder bestimmte Sensibilisierungsmaßnahmen wieder in Balance geraten
können.

Für die strategische Ausrichtung des Personalbereichs ergeben sich folgende Handlungsfelder:

Resilience/Gesundheit
Für dieses Handlungsfeld wird der Erhalt der Gesundheit und der Belas-
tungsfähigkeit die zukünftige Hauptaufgabe sein, um den Erhalt der Leistungsfähigkeit und Beschäftigungsfähigkeit der Mitarbeiter sicherzustel-
len.

Unternehmenskultur
Die Unternehmenskultur muss darauf ausgerichtet werden, dass die beschriebenen Veränderungen nur dann vom Unternehmen und den Mitarbeitern getragen werden können, wenn Work Life Balance innerhalb der
Kultur ein Thema ist. Unterschiede (Diversity) in jeglicher Form innerhalb
des Unternehmens müssen als positiv für die Kultur bewertet werden
und in dialogischer Form permanent kommuniziert werden, damit es zu
einem gesamtheitlichen Denken und Bewusstsein kommt. Die Öffnung
für andere Kulturen und deren Gebräuche und Sitten muss ebenfalls Bestandteil der Unternehmenskultur werden.

Retention (Mitarbeiterbindung)
Mitarbeiterbindung wird im Kontext von Work Life Balance besonders
wichtig, weil aufgrund der demographischen Veränderungen besondere
und neue Anreize für die Bindung geboten werden müssen. Aufgrund

der höheren und stärkeren Belastungen durch neue und mehr Anforderungen werden Unternehmen entscheidend im Vorteil gegenüber ihrer Konkurrenz sein, wenn Work Life Balance Aspekte innerhalb des Unternehmens berücksichtigt sind.

Personalentwicklung

Die Personalentwicklung wird sich in ihren Konzepten und Maßnahmen auf die Bedürfnisse von älteren Mitarbeitern einstellen müssen (hier spielt der Aspekt „long life learning" eine große Rolle). Darüber hinaus werden Trainings, die auf interkulturelle Aspekte abzielen, ebenfalls relevant werden.

Frauen, Gender und Diversity[309]

Weil zukünftig wesentlich mehr Frauen in Unternehmen arbeiten werden, muss eine gezielte Personalpolitik diese Mitarbeitergruppe mit bestimmten Maßnahmen innerhalb des Unternehmens berücksichtigen. Zudem wird der Diversity Aspekt innerhalb der Unternehmen immer wichtiger werden, da aufgrund der Globalisierung die Vielfältigkeit z.B. durch andere Nationen und deren kulturelle Unterschiede an Bedeutung gewinnt. Diese gilt es, auch in der Überschneidung mit Work Life Balance strategisch und wirtschaftlich nutzbar zu machen.

Recruiting

Im Handlungsfeld Recruiting muss eine gezielte Recruitingstrategie ausgearbeitet werden, damit das Unternehmen genügend qualifizierte und potenzielle Mitarbeiter als attraktiven Arbeitgeber anspricht. Insbesondere werden Aspekte wie Gender, Diversity und Internationalität für das Recruiting sehr wichtig werden, um Zielgruppen wie Frauen und ausländische Bewerber zu gewinnen. Durch die demographischen Veränderungen wird dieses Handlungsfeld vermehrt an Bedeutung gewinnen, da der „War for Talents" zu diesem Zeitpunkt schon eingesetzt haben wird.

Personalmarketing

Durch den „War for Talents" muss sich auch das Personalmarketing mit neuen Konzepten und Maßnahmen außerhalb des Unternehmens positionieren und sich dabei unterschiedliche Formen und Medien bedienen, z.B. Internetportale, Livechats, Messen, Arbeiten auf Probe etc. Auf jeden Fall muss das Personalmarketing mit der Strategie des Recruitings

---

[309] Zu Gender und Diversity vgl. dazu Forschungsergebnisse des Projekts DIGERO, IIP, Universität Karlsruhe.

abgestimmt werden oder sogar beide integrative Bestandteile eines gemeinsamen Konzepts darstellen.

Abbildung 47 gibt einen Überblick über die einzelnen Ursache/ Wirkungsmechanismen und den damit verbundenen Handlungsfeldern, des Szenarios „Demographie".

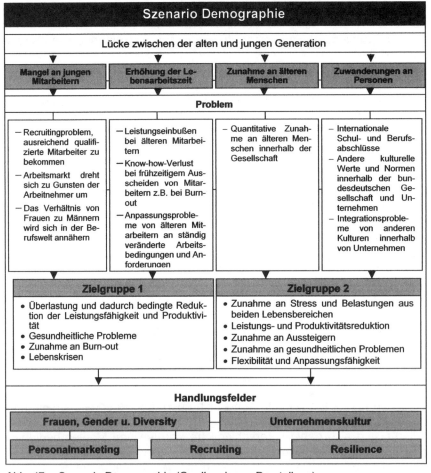

Abb. 47:   Szenario Demographie (Quelle: eigene Darstellung)

10.5.2 Szenario „Veränderung der Unternehmen und der Arbeitswelt"

Die Mechanismen der Globalisierung verändern weltweit die Unternehmen in ihrer Struktur, d.h. die Organisation, ihre Produktionsweise und die Standorte und damit die Anforderungen an die Mitarbeiter in der Arbeitswelt. Dabei sind folgende vier Einflussfaktoren entscheidend, um sich gegenüber der Konkurrenz durchzusetzen:

– **Zeit** (Vernetzung und Vereinfachung der Kommunikations-, Transport- und Produktionsmöglichkeiten)
– **Produktion/Technik** (schnelleres und effizienteres Produzieren mit neuesten Technologien)
– **Innovation/Qualität** (und daraus resultierende Abgrenzung von der Konkurrenz)
– **Kosten** (Personal-, Entwicklungs- und Produktionskosten)

Die Zeit spielt insofern eine Rolle, da durch die Vernetzung mit modernen Informations- und Kommunikationsmitteln in virtuellen Teams/kooperativen Netzwerken[310] in unterschiedlichen Zeitzonen weltweit zusammen gearbeitet werden kann. Die dadurch verkürzte Zeit[311] für die Entwicklung und Produktion stellt einen Wettbewerbsvorteil zu anderen Unternehmen dar. Durch vereinfachte Transportmöglichkeiten[312] können Produkte schnell zu ihrem Absatzmarkt transportiert werden, was eine Produktion außerhalb von Deutschland (z.B. in der dritten Welt und Asien) ermöglicht und damit kosteneffizienter ist. Effizienteres Pro-

---

[310] Zu virtuellen Teams und ihrer zukünftigen Bedeutung vgl. Weiß 2000. Virtuelle Teams, die sich in ihrer Bedeutung mit den kooperativen Netzwerken überlappen, sind Teams, die an keinen Ort gebunden und über die ganze Welt durch Arbeitsaufgaben zu einem Team verbunden sind. Netzwerke sind „[...] dynamische, komplexe, mehrdimensionale Systeme, die dem permanenten Wandel der Rahmenbedingungen und dem Umfeld unternehmerischen Handelns unterliegen". Millberg 2002, zitiert nach Clarke 2004, Slide 7. Vgl. hierzu auch Weyer et al. 1997, S. 53–96.

[311] Vgl. hierzu auch die von Horx 2000, S. 237 prognostizierten „Teamwork-Kulturen". Diese Teamworks sind kleine hochspezialisierte Gruppen, die so organisiert sind, dass sie schnell und flexibel Wissen akkumulieren. Daher verändert sich auch die Kernbelegschaft in Unternehmen zu absoluten Spezialisten.

[312] Durch das Verfahren des CKD (completly knocked down) in der Automobilbranche werden Autos so weit in ihre einzelnen Bestandteile zerlegt, dass der Transport zum Absatzmarkt extrem vereinfacht und sehr kosteneffizient z.B. auch durch die Ersparnis von Steuern ist.

duzieren mit „smarten" Produktionsprozessen und Techniken[313] wird zukünftig ebenfalls ein bedeutsames Kriterium im Differenzierungsprozess der Konkurrenz sein (beispielsweise wie in der Automobilbranche durch die Verwendung von gleichen Basisbauteilen, d.h. Bodengruppen für verschiedene Produktlinien).

Da die Produkte sich von der Art und dem Design kaum noch unterscheiden, müssen neue Abgrenzungsmerkmale (z.b. Mythos, Corporate Identity, Personalpolitik und Unternehmensimage) geschaffen werden, um sich von Konkurrenzprodukten abzugrenzen. Die mit dem Produkt verbundene Qualität und Innovation[314] spielt hierbei eine zunehmend wichtige Rolle. Die Kosten für Personal, Entwicklung und Produktion müssen so gering wie möglich sein, um gegenüber der Konkurrenz bestehen zu können.

Folgende vier Elemente werden sich unter Globalisierungsaspekten verändern:

Verlagerung der Standorte ins Ausland
Durch die Gesetze der Globalisierung[315] wird der Standort Deutschland bei gleich bleibenden wirtschaftlichen und steuerlichen Rahmenbedingungen zukünftig zu teuer werden. Das Produzieren in der dritten Welt[316]

---

[313] Z.B. flexible Produktionstechniken- und Verfahren. Diese stanzen beispielsweise nicht mehr ein Karosserieteil und pressen dieses, sondern verformen durch neue technische Verfahren (z.b. Magnete) ein immer gleichgroßes Metallteil just in time des Produktionsprozesses für den jeweiligen Autotyp. Damit werden Pressvorrichtungen, die nur für einen Produktionstyp relevant sind und für die Produktion unflexibel sind, nicht mehr benötigt. Das Problem der Logistik und des Lagerns der verbauten Teile für den Produktionsprozess wird ebenfalls erleichtert und im Produktionsprozess entsteht eine höhere Flexibilität. Technologien, wie beispielsweise Kleben anstatt Schweißen spielen hier ebenso eine große Rolle.

[314] Ideen bzw. Innovationen und das damit verbundene Management, wird zunehmend ein sehr wichtiger Wettbewerbsfaktor werden, um sich gegenüber der Konkurrenz durchzusetzen. Hierbei ist die Frage, wie Ideen innerhalb und außerhalb von Unternehmen generiert und gemanagt werden. Vgl. hierzu Nickel 1999.

[315] Vgl. dazu Beck 1998, der hier die Gesetze der ökonomischen Globalisierung in mehreren gesellschaftlichen Dimensionen und mit den damit verbundenen Risiken gesamt- und weltgesellschaftlich betrachtet beschreibt.

[316] Nach den Modernisierungstheorien werden u.a. auch asiatische Länder (z.B. China), die in der Vergangenheit starke Entwicklungen, Transformations- und Adaptionsprozesse in Richtung Moderne durchlebten, für westliche Industrienationen hinsichtlich einer Standortverlagerung der Produktionsstätte zunehmend interessanter werden, u.a. auch durch einen neuen Absatzmarkt.

wird kostengünstiger und damit lukrativer für die Unternehmen sein. Teilbereiche oder ganze Standorte der Unternehmen werden ins Ausland verlagert werden, wodurch Auslandsentsendungen zunehmen und von Unternehmensseite eine Erhöhung der Mobilität[317] ihrer Mitarbeitern erwartet werden wird. In der Folge wird das Arbeiten in virtuellen Teams die Arbeitsweise und Aufteilung der Arbeit verändern.

1.   Veränderung der Organisationsstrukturen der Unternehmen

Die Organisationsstrukturen verändern sich dahingehend, dass die einzelnen Bereiche innerhalb der Unternehmen sich stärker vernetzen müssen, um Zeit zu sparen und Synergieeffekte zu nutzen. Die Herausforderung liegt in der Steuerung dieser Einheiten. Dabei spielt die Entwicklung und Einführung von Produktionssystemen, die Standards für Produktionsprozesse und –abläufe sowie für Arbeitsstrukturen, eine wesentliche Rolle.[318] Einige Bereiche werden nach Kosten-/Nutzen-Aspekten aus den Unternehmen ausgelagert werden, d.h. die Hauptkonzentration wird auf den Kerneigenleistungsprozessen[319] liegen und alle anderen Prozesse und Bereiche werden höchstwahrscheinlich zukünftig aus Unternehmen outgesourct.[320] Mit dem Outsourcing einiger Bereiche und Prozesse des Unternehmens wird sich die Personaldecke, d.h. die quantitative Zahl an Mitarbeitern eher verringern als erhöhen. Auch die Entwicklungs- und Produktionsverfahren werden sich innerhalb der Unternehmen durch die global ausgelöste Konkurrenz verändern. Ein schnellerer Entwicklungsprozess und eine damit verbundene schnelleren Produktion werden entscheidende Faktoren sein, um gegenüber der Konkurrenz bestehen zu können.

2.   Veränderung der Arbeitsplätze

In Bezug auf die Arbeitsplätze lassen sich folgende Veränderungen prognostizieren:

---

[317] Generell wird eine Zunahme an Mobilität im Leben zu verzeichnen sein, sowohl innerhalb Deutschlands, aber auch global betrachtet. Vgl. dazu ifmo 2001, S. 30.

[318] Vgl. Clarke, Automotive Production Systems and Standardisation: From Ford to the case of Mercedes-Benz, Springer Verlag.

[319] Kerneigenleistungsprozesse sind Prozesse oder Arbeitsabläufe, die nur dann innerhalb des Unternehmens durchgeführt werden und Spezialistentum voraussetzen, wenn sie bestimmten Kriterien wie Kosten, Effizienz und Know-how entsprechen. Prozesse, die nicht der Kerneigenleistung zugeordnet werden können, werden extern an andere Unternehmen vergeben.

[320] Vgl. hierzu auch das Modell der Organisation von Unternehmen nach Kastner/Gerlmaier 1999, S. 8.

Da Unternehmen ein immer höheres Risiko tragen, unternehmerisch erfolgreich zu sein, wird dies eine größere Unverbindlichkeit und damit die
Lockerung der Arbeitsverhältnisse zur Folge haben. Eine Veränderung
der Arbeitsverträge[321] weg vom „Normalarbeitsvertrag" hin zu unverbind-
lichen und zeitlich begrenzten Verträgen wird sich durchsetzen.

Für ein schnelleres und effizienteres Produzieren werden neueste Technologien eingesetzt, die den Arbeitsprozess für den Menschen verändern. Mensch/Maschine-Interfaces tragen dazu bei, nur noch Teilprozesse der Produktion vom Menschen ausführen zu lassen. Die Arbeitsstrukturen werden sich dadurch grundlegend verändern, welches eine hohe
Flexibilität und Lernbereitschaft bei den Mitarbeitern voraussetzt[322].

3. Veränderung der Anforderungen an den Mitarbeiter

Mit der Ausdifferenzierung und effizienteren Produktion von Waren wird
zukünftig ein größerer Bedarf an Mitarbeitern bestehen, die für die Produktion zuständig sind. Daraus ergibt sich, dass sich das Verhältnis von
mittel Qualifizierten zu Hochqualifizierten weiter entwickeln und dahingehend verändern wird, dass nur einige wenige Spezialisten und ein weitaus größerer Anteil an Mitarbeitern in der Produktion oder Administration
benötigt wird. Umqualifizierungen und der Erwerb von neuen Qualifikationen werden dauerhaft die Prozesse der Mitarbeiter bestimmen.

Der Arbeitsalltag wird durch eine Zunahme an Komplexität schwieriger
zu bewältigen sein, da mehrere Aufgaben und Sachverhalte gleichzeitig
bearbeitet werden müssen.[323] Durch den Informationsfluss unterschiedlicher Medien müssen mehr Aufgaben in kürzerer Zeit gelöst werden und
damit auch schneller Entscheidungen getroffen werden. Dies setzt ein
hohes Maß an Flexibilität und Lernbereitschaft voraus, um die Anforderungen der Arbeitsaufgaben richtig und zeitgemäß zu erfüllen. Des Weiteren erzeugt der zunehmende Informations- und Arbeitsfluss eine Reizüberflutung bei den Mitarbeitern, der es erschwert, sich auf das Wesentliche zu konzentrieren und nach der Arbeit mental abzuschalten. Psychi-

---

[321] Vgl. hierzu die Prognose von Horx 2000, S. 237–250 bezüglich der Veränderung
der Arbeitswelt und unterschiedlichen Formen der Arbeitsorganisation, d.h. Typen
von „Arbeitern", wie beispielsweise den „Hobbyworker", „Patchwork-Jobber", „Te-
leworker", „Groundworker", „die neuen Freiwilligen" und die „kreative Klasse". Vgl.
auch Rürup/Sesselmeier 2001, S. 265 ff.

[322] Vgl. Nonaka 2001 und BMW Group 2003, Arbeitsplatz der Zukunft – Arbeitsgrup-
pe 3.

[323] Vgl. dazu ifmo 2002, S. 30.

sche Störungen und Krankheitsbilder werden vermehrt auftreten, mit denen der Mensch lernen muss umzugehen.

Das Anforderungsprofil an den Mitarbeiter wird sich dahingehend entwickeln, dass die Mitarbeiter mehr „Multitasking-Fähigkeiten" besitzen müssen, um den beruflichen Anforderungen gerecht zu werden. Eine Zunahme an Belastungen und Stress aus dem beruflichen Bereich wird sich bei dem derzeitigen Stand der Personalinstrumente und Rahmenbedingungen innerhalb der Unternehmen schnell verzeichnen lassen.

Auswirkungen auf die Zielgruppen
Für beide Zielgruppen bedeuten die neuen Anforderungen weitreichende Konsequenzen bzw. Folgen. Zielgruppe 1 wird Schwierigkeiten haben, sich aufgrund der Produktionsverfahren und der damit verbundenen neuen Techniken und Technologien schnell genug anpassen zu können. Die Leistungs- und Beschäftigungsfähigkeit wird auf Dauer sinken. Hinsichtlich der Zunahme von Mobilität (Auslandsentsendungen oder häufige Dienstreisen) wird Zielgruppe 1 Probleme mit der Synchronisation der Familie bekommen und dadurch vermehrt Stress empfinden. Aufgrund der Arbeitsstrukturen, der Organisation von Arbeit und neuer technischer Kommunikations- und Hilfsmittel wird es Zielgruppe 1 schwerer fallen, sich mit dem Arbeiten in virtuellen Teams auseinander zu setzen, was zu Leistungsdruck und massiven Anpassungsprozessen führen wird. Die „künstliche Balance" kann hier auf Dauer zur permanenten Unbalance führen.

Zielgruppe 2 wird es schon aufgrund des Alters, aber auch durch die Fähigkeit, mit komplexeren Lebenssituationen umgehen zu können, leichter haben, sich an die Veränderungen anzupassen und den Arbeitsalltag zu bewältigen. Jedoch wird es aufgrund der gestiegenen Anforderungen an den Arbeitsalltag in allen oben aufgeführten Dimensionen und unter der Maßgabe, ein ganzheitliches Leben führen zu wollen, schwierig sein, dem Leistungsdruck standzuhalten. Burn-out wird für Zielgruppe 2 eine häufige Erscheinung sein, wenn keine Kompensation der Überbelastung aus beiden Lebensbereichen gelingt.

Generell werden für beide Zielgruppen Stress und Belastungen wahrscheinlich sein, die auf Dauer gesundheitliche Folgen haben werden.

Folgende strategischen Handlungsfelder lassen sich beschreiben:

Internationales Personalwesen

Mit den Standortverlagerungen wird sich das internationale Personalwesen gezielt auf die Zunahme von Entsendungen und die darum veränderte Work Life Balance Situation der Mitarbeiter einstellen müssen.

Personalentwicklung

Die Veränderung von Wirtschaftsunternehmen macht eine Erweiterung der Maßnahmen und Konzepte für Qualifizierung und Weiterentwicklung notwendig. Die Mitarbeiter müssen auf neue Arbeitsstrukturen und Verfahren vorbereitet und gezielt geschult werden. Generell werden die Veränderungen Auswirkungen auf die Unternehmenskultur haben, denen im Rahmen der Personalentwicklung begegnet werden muss.

Resilience/Gesundheit

Die Handlungsfelder Resilience und Gesundheit werden unter den Veränderungen und damit verbundenen Auswirkungen strategisch sehr wichtig werden. Im Bereich der Resilience müssen den Mitarbeitern Möglichkeiten geboten werden, um den zunehmenden Belastungen und dem Stress gezielt entgegenzuwirken. Damit den Unternehmen dauerhaft leistungsfähige Mitarbeiter zur Verfügung stehen, müssen zusätzlich Programme initiiert werden, die die Gesundheit erhalten und fördern.

Arbeitsstrukturen/Ergonomie

Mit der Veränderung der Technologien im Produktionsprozess müssen die Arbeitsstrukturen nach ergonomischen Aspekten angepasst werden, um eine Zunahme an Leistungsgewandelten und durch arbeitsbedingte Krankheit ausgeschiedene Mitarbeiter zu vermeiden. Hier sind innovative technische Lösungen wie z.B. Cobots, Roboter die Arbeiter beim Einbau von Elementen in der Montage unterstützen, ein Ansatz.

Organisation von Arbeit

Durch die Zunahme von Mobilität und Neuerungen im Bereich der Informations- und Kommunikationstechnologien wird das Arbeiten und damit die Aufteilung der Arbeitsaufgaben durch nicht örtliche Zusammenhänge bestimmt werden und in virtuellen Teams oder kooperativen Netzwerken stattfinden. Dies erfordert eine neue Ausrichtung der Organisation von Arbeit.

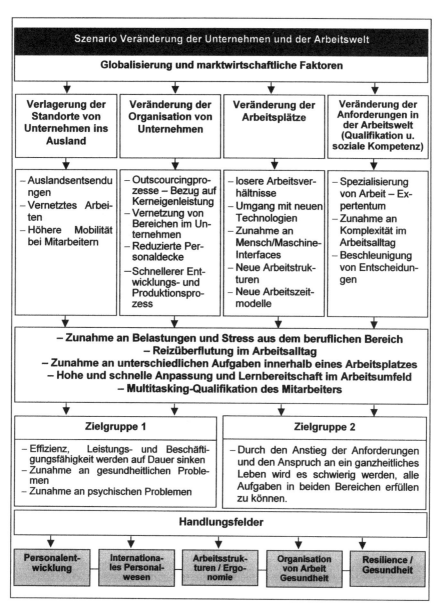

Abb. 48: Szenario Veränderung der Unternehmen und der Arbeitswelt (Quelle: eigene Darstellung)

11 Zusammenfassung und Ausblick

Ausgangssituation der Forschungsarbeit

In der vorliegenden Arbeit wurde das Thema Work Life Balance im Sinne einer Exploration aus einem wissenschaftspragmatischen Ansatz heraus erforscht. Aufgrund der Neuheit des Themas in der Wissenschaft, wie auch bei Unternehmen, mangelte es zum einen konkret, Work Life Balance zu spezifizieren und damit zu definieren und zum anderen an pragmatischen Erkenntnissen (Best-Practice-Beispielen) aus der Wirtschaft. Daher war das Anliegen dieser Forschung, Work Life Balance zu definieren und damit zu erfassen, welche Facetten, Dimensionen und Parameter dem Thema implizit sind. In Ermangelung eines wissenschaftstheoretischen Ansatzes zu Work Life Balance sollte des Weiteren ein Überblick über die derzeit in der Wissenschaft bestehenden artverwandten Ansätze erarbeitet werden, um damit diese unter Work Life Balance zu subsumieren. Wie man das Thema Work Life Balance pragmatisch innerhalb von Unternehmen sinnvoll angehen könnte, war ebenso ein Forschungsanliegen, weshalb ein deutscher Automobilkonzern als „Praxisbeispiel" in dieser Arbeit untersucht wurde.

Als zu untersuchendes Unternehmen stand der deutsche Automobilkonzern vor der Entscheidung, wie man mit dem Thema Work Life Balance aus einer personalpolitischen Sichtweise umgehen sollte. Hierbei sollte grundlegend herausgefunden werden, welche unterschiedlichen Work Life Balance Situationen bei Mitarbeitern und Führungskräften bestehen und aus welchem Ansatz Work Life Balance unternehmerisch zu betrachten sei. Eine Work Life Balance Zielgruppenanalyse erschien daher als sinnvoll, um unterschiedliche Work Life Balance Zielgruppen und deren Situation zu identifizieren sowie den Handlungsbedarf für das Unternehmen abzuleiten.

Inhalte der Forschungsarbeit

Zu Beginn der Arbeit wird die historische Entwicklung von Work Life Balance seit dem Industrialisierungsprozess skizziert. Des Weiteren werden die einzelnen Parameter, die Work Life Balance beschreiben, begrifflich aus einem ganzheitlichen Kontext (Lebens- und Arbeitswelt) hergeleitet, damit definiert und für die Wissenschaft operationalisiert. Einen Überblick über die wissenschaftstheoretischen Ansätze aus der Betriebswirtschaft/Arbeitswissenschaften, Soziologie, Psychologie, Medizin und Jurisprudenz wurde unter Work Life Balance Aspekten erarbeitet und als Basis für die Entwicklung eines Work Life Balance Modells verwendet. Anhand einer durchgeführten Benchmarkstudie konnte aufgezeigt werden, in welchem Stadium sich Work Life Balance als personalpolitisches Thema in Unternehmen am Wirtschaftsstandort Deutschland befindet.

Ein Erhebungsdesign und ein Messinstrument wurden nach einem wissenschaftlich stringenten Vorgehen entwickelt. Dieses Erhebungsinstrument, ein mehrdimensionaler elektronischer Fragebogen, wurde für N=1150[324] in ausgesuchten Bereichen des Unternehmens im Intranet online angewendet. Für die erhobenen Daten (Rücklauf N= 446) wurde ein an der Zielsetzung orientiertes maßgeschneidertes Analyseraster entwickelt, mit dem unterschiedliche statistische Maßzahlen für die Analyse generiert wurden. Nach der Datenanalyse wurden wissenschaftliche Schlussfolgerungen gezogen und einen Work Life Balance-Ansatz nach unterschiedlichen Lebensmodellen konzipiert. Abschließend wurden Handlungsempfehlungen erarbeitet, die sich in zwei Teile gliedern: Teil I steht für eine exemplarische Vorgehensweise im Umgang mit Work Life Balance für jedes beliebige Unternehmen – Teil II stellt ein integratives betriebliches Work Life Balance Konzept dar, welches fallspezifisch auf in der Untersuchung generierten und abgeleiteten Ergebnisse basiert. Zwei Zukunftsszenarios, die als Orientierung für eine strategische Positionierung des Themas in Unternehmen dienen, wurden aus den gewonnenen Erkenntnissen der Untersuchung ebenfalls entwickelt.

Ergebnisse der Forschungsarbeit
Zwei Work Life Balance Zielgruppen konnten generiert werden, die aus insgesamt N=446 Fällen bestehen:

Zielgruppe 1 besitzt einen hohen Anteil an Führungskräften im Altersdurchschnitt von 46 Jahren, ist im traditionellen Sinn verheiratet und hat eigentlich kein Problem mit Work Life Balance. Diese Zielgruppe hat primär Stress und Belastungen aus dem beruflichen Bereich. Es lässt sich jedoch vermuten, dass die Priorität der Lebensbereiche auf dem beruflichen Bereich liegt und der private Bereich „ausgeblendet" und vernachlässigt wird, da die Ehefrau diesen Bereich versorgt und damit eine „künstliche" Balance herstellt.

Zielgruppe 2 repräsentiert Mitarbeiter, die durchschnittlich 33 Jahre alt und vorwiegend Tarifangestellte sind und eher in weniger traditionellen, d.h. neueren und flexibleren Lebensmodellen leben. Diese Personen haben jedoch offensichtlich ein Problem, Beruf und Privatleben zu verein-

---

[324] Das Passwort für das Login wurde den Probanden per Email zugeschickt. Vgl. dazu Kapitel 8.1.5.

baren. Dies lässt vermuten, dass die von sozialwissenschaftlichen Untersuchungen prognostizierten Veränderungen der Gesellschaft, wie z.B. Wertewandel und Veränderung der Lebensmodelle und Stile, sich hier schon bewahrheiten und erste Auswirkungen zeigen.

Da beide Zielgruppen offensichtlich in sehr unterschiedlichen Lebens- und Rahmenbedingungen leben und somit wenig oder kein Bewusstsein für die jeweilige Situation und explizit die Work Life Balance der anderen Zielgruppe besteht, ist auf der Ebene der Arbeitswelt ein Bewusstsein bzw. Verständnis und damit ein gemeinsames Handeln schwierig zu entwickeln. Das derzeitige Management, das durch Zielgruppe 1 repräsentiert ist, sieht sich durch die eigene Situation wenig veranlasst, für Zielgruppe 2, das zukünftige Management, Rahmenbedingungen und Strukturen für deren Bedürfnisse zu schaffen, um unter einer längeren Lebensarbeitszeit und schwierigeren Arbeitsbedingungen die Leistungs- und Beschäftigungsfähigkeit auf Dauer und zukünftig erhalten zu können.

Wie aus dieser Untersuchung hervorgeht, hat Zielgruppe 2 schon jetzt Probleme, eine Work Life Balance zu realisieren und zu erhalten. Es ist unter den derzeitigen Prognosen anzunehmen, dass die Belastungen und Anforderungen aus beiden Lebensbereichen für diesen Personenkreis eher zu- als abnehmen werden, was für eine strategische Positionierung des Themas spricht.

Wissenschaftliches Novum der Forschungsarbeit
Zum Zeitpunkt der Forschung dieser Arbeit existierte keine klare Definition noch ein klares Verständnis von Work Life Balance und wie man das Thema aus einem wissenschaftspragmatischen Ansatz heraus in Unternehmen implementieren könnte. Wissenschaftliche Erkenntnisse zum Thema sowie eine inhaltliche Abgrenzung zu artverwandten Themen waren zum Forschungszeitraum ebenfalls nicht vorhanden.

Als wissenschaftliches Novum, wurde eine begriffliche Herleitung von Work Life Balance entwickelt und die unterschiedlichen Facetten, Dimension und Parameter, die Work Life Balance determinieren, operationalisiert. In dieser Arbeit werden sowohl ein Überblick, als auch eine Abgrenzung aufgezeigt. Hierbei ist als „neu" zu erachten, das praxisnah für die Wirtschaft und exemplarisch für die Wissenschaft sogenannte Work Life Balance Zielgruppen generiert wurden und dies aus einer ganzheitlichen und systemischen Wissenschaftsperspektive. Anhand dieser Zielgruppenanalyse wurde für die Wissenschaft aufgezeigt, welche Mechanismen der Work Life Balance bestehen und daraus einen Work Life Balance Ansatz, der in Verbindung mit Lebensmodellen und einer lebenshasenorientierten Personalentwicklung steht, generiert.

Ausblick

Als Ausblick ist festzuhalten, dass aufgrund der relativen Neuheit von Work Life Balance es derzeit an anwendungsorientierten Konzepten, quantitativen Maßzahlen und Instrumenten mangelt. Explizit der Mangel an Instrumenten, mit denen anhand von „Hard-facts" zu operationalisieren wäre, welche Effekte hinsichtlich Kosten/Nutzen-Relationen für Unternehmen mit Work Life Balance erzielt werden können, und so in einem fortlaufenden Prozess gezielt Handlungsbedarf kontinuierlich situativ ableitbar wäre, erschwert es Wirtschaftsunternehmen, sich für das Thema begeistern zu können und sich diesem anzunehmen. Auch wenn das Thema Work Life Balance gegenwärtig keinen besonders hohen Stellenwert innerhalb der Unternehmen am Standort Deutschland hat, werden mittelfristig viele Unternehmen gezwungen sein, für ihre Mitarbeiter gezielte Work Life Balance Konzepte, Programme oder Maßnahmen zu entwickeln.

Um die Mechanismen der Work Life Balance noch spezifischer zu erforschen, wäre es interessant zu untersuchen, inwieweit geschlechtsspezifische Aspekte wie z.B. die unterschiedliche Work Life Balance von Frauen und Männern oder von Frauen mit und ohne Kinder relevant sind, und des Weiteren, ob Differenzierungsmerkmale der Work Life Balance bezüglich Diversity oder von bestimmten Nachwuchsgruppen wie z.B. Auszubildenden, Trainees oder Führungskräften bestehen und wie diese Erkenntnisse für Unternehmen nutzbar gemacht werden können. Des Weiteren wäre es für die Wissenschaft von Bedeutung, die Entwicklung eines Work Life Balance Konzepts und dessen Implementierung innerhalb von Unternehmen zu begleiten, um damit die Mechanismen für eine Akzeptanz innerhalb der Unternehmenskultur zu operationalisieren und daraus weitere wissenschaftliche Erkenntnisse abzuleiten.

Anhang

Anhang A: Literaturverzeichnis

Abteilung für Wirtschafts- und Organisationspsychologie (2002)
Belastung, Beanspruchung und Stress
Universität Bonn, WS 2001/2002, S. 1–6

Atteslander, Peter (1995)
Methoden der empirischen Sozialforschung
Walter de Gruyter Verlag, Berlin, New York

Auer, Manfred (2000)
Vereinbarungskarrieren: eine karrieretheoretische Analyse der Verhält-
nisse von Erwerbsarbeit und Elternschaft
Rainer Hampp Verlag, München und Mering

**Backhaus, Klaus; Erichson, Bernd; Plinke, Wulff; Weiber, Rolf
(1996)**
Multivariate Analysemethoden. Eine anwendungsorientierte Einführung.
Springer Verlag, Berlin, Heidelberg New York

Badura, Bernhard; Schellschmidt, Henner; Vetter, Christian (2004)
Fehlzeiten- Report 2003 – Wettbewerbsfaktor Work Life Balance. Zah-
len, Daten, Analysen aus allen Branchen der Wirtschaft.
Springer Verlag, Berlin, Heidelberg, New York

Beck, Ulrich (2001)
Das Zeitalter des „eigenen Lebens" - Individualisierung als „paradoxe
Sozialstruktur" und andere offene Fragen. In: Aus Politik und Zeitge-
schichte, B29/2001, S. 3–6

Beck, Ulrich (1998)
Was ist Globalisierung? Irrtümer des Globalismus – Antworten auf Glo-
balisierung
Suhrkamp Verlag, Frankfurt am Main

Beck, Ulrich; Giddens, Anthony; Lash, Scott (1996)
Reflexive Modernisierung – Eine Kontroverse
Suhrkamp Verlag, Frankfurt am Main

Beck-Gernsheim, Elisabeth (1993)
Was kommt nach der Familie? Einblicke in neue Lebensformen
C.H. Beck'sche Verlagsbuchhandlung, München

Beck-Gernsheim, Elisabeth (1990)
Das ganz normale Chaos der Liebe
Suhrkamp Verlag, Frankfurt am Main

BerlinPolis e.V. (Hrsg.) (2003)
Dokumentation der Ideenrunde Work Life Balance – der neue Vertrag
zwischen Mitarbeitern und Unternehmen
Books on Demand GmbH, Berlin

Behringer, Luise (1998)
Lebensführung als Identitätsarbeit. Der Mensch im Chaos des modernen
Alltags
Campus Verlag, Frankfurt am Main

Benninghaus, Hans (1992)
Statistik für Soziologen 1 – Deskriptive Statistik
Teubner Studienskripten, Stuttgart

Bertram, Hans (1997)
Familien Leben – Neue Wege zur flexiblen Gestaltung von Lebenszeit,
Arbeitszeit und Familienzeit
Bertelsmann Stiftung, Gütersloh

Bihl, Gerhard (1995)
Werteorientierte Personalarbeit. Strategie und Umsetzung in einem neu-
en Automobilwerk.
C.H. Beck' sche Verlagsbuchhandlung, München

Blossfeld, Hans-Peter (1989)
Kohortendifferenzierung und Karriereprozess – eine Längsschnittstudie
über die Veränderung der Bildungs- und Berufschancen im Lebenslauf
Campus Verlag, Frankfurt/Main, New York

BMW Group (2003)
Arbeitsplatz der Zukunft. Präsentation des Kick-off VET 23.04.2003
Mindmaps zu den Potenzialfeldern, Arbeitsteilung TI-13
Unveröffentlichte Präsentation der BMW AG München

BMW AG (2003)
Geschäftsbericht der BMW AG
BMW AG München

Bodel, Klaus (1999)
Ideenskizze zur lebensphasenorientierten Personalentwicklung, In: DVPT 1999

Böttcher, Thomas (2002)
Unternehmensvitalisierung durch leitbildorientiertes Change-Managment
Rainer Hampp Verlag, München Mering

Bohm, David (1996)
On Dialogue
Routledge, London

Bortz, Jürgen (1996)
Statistik für Sozialwissenschaftler
Springer Verlag, Heidelberg, Berlin, New York

Brüning, Silke (2002)
Emile Dürkheim, über die Teilung der sozialen Arbeit.
http://infosoc.uni-koeln.de/fs-
soziolog.../MakroSS98/Durkheim_Arbeitsteilung.htm

Bullinger, Hans-Jörg (2003)
Automobilentwicklung in Deutschland – wie sicher in die Zukunft?
IAO Frauenhofer Institut Arbeitswissenschaft und Organisation, Frauen-
hofer IRB Verlag, Stuttgart

Bundesanstalt für Arbeitsschutz und Arbeitsmedizin (2003)
Psychische Belastungen am Arbeitsplatz. Fachtagung des Gesund-
heitswesen der Volkswagen AG mit der Bundesanstalt für Arbeitsschutz
und Arbeitsmedizin und dem Projektträger im DLR
Verlag für neue Wissenschaft GmbH, Bremerhaven

Bundesministerium für Familie, Senioren, Frauen und Jugend (2003)
Betriebswirtschaftliche Effekte familienfreundlicher Maßnahmen. Kosten-
Nutzen-Analyse.
Druck Vogt GmbH, Berlin

Cassens, Manfred (2003)
Work Life Balance – Wie sie Beruf- und Privatleben in Einklang bringen.
Deutscher Taschenbuch Verlag, München

Clarke, Constanze (im Druck)
Automotive Production Systems and Standardisation: From Ford to the case of Mercedes-Benz.
Springer Verlag, Berlin

Clarke, Constanze (2004)
Managing Networks
Präsentation der Fachhochschule Neu-Ulm des Fachbereichs: Internationales Managments (MBA)

Clarke, Constanze (2002)
Forms and functions of standardisation in production systems of the automotive industry: the case of Mercedes-Benz
Dissertation, WZB, Fachbereich Politik- und Sozialwissenschaften, Berlin

Classens, Dieter (1972)
Talcott Parsons: Das System moderner Gesellschaften
Juventa Verlag München,

Deutsche Gesellschaft für Soziologie (1990)
Die Modernisierung moderner Gesellschaften. Verhandlungen des 25. Deutschen Soziologentages in Frankfurt am Main 1990.
Campus Verlag, Frankfurt/New York

Deutscher Markt- und Sozialforschungsinstitute e.V. (ADM); Arbeitsgemeinschaft Sozialwissenschaftlicher Institute e.V. (ASI); statistisches Bundesamt (1999)
Demografische Standards. Methoden – Verfahren – Entwicklungen
ZUMA, Mannheim

D.G.O.F. Deutsche Gesellschaft für Online-Forschung e.V. (2001)
Standards zur Qualitätssicherung für Online-Befragungen

Dilger, Irene (1983)
Das Dialogische Prinzip bei Martin Buber
Haag + Herchen Verlag, Frankfurt am Main

DFGP- Deutsche Gesellschaft für Personalführung e.v. (1999)
Personalführung Plus – Work Life Balance
Verlag Pomp GmbH, Bottrop

Doppler, Klaus; Lauterburg, Christoph (1994)
Change Management. Den Unternehmenswandel gestalten.
Campus Verlag, Frankfurt/New York

Dreichsel, Guntram; Trampisch, Hans Joachim (1985)
Clusteranalyse und Diskriminanzanalyse
Fischer Verlag, Stuttgart

Drumm, Hans Jürgen (1989)
Individualisierung der Personalwirtschaft: Grundlagen, Lösungsansätze und Grenzen
Paul Haupt Verlag, Bern

Egger, Martin (2001)
Arbeitswissenschaft im Kontext sich wandelnder Rahmenbedingungen
Rainer Hamp Verlag, München Mering

Encarius, Jutta (1996)
Individualisierung und soziale Reproduktion im Lebenslauf – Konzepte der Lebenslaufforschung
Leske und Buderlich, Opladen

Flick, Uwe; Kardoff von, Ernst; Keupp, Heiner; Rosenstil von, Lutz; Wolff, Stefan (1995)
Handbuch der qualitativen Sozialforschung – Grundlagen, Konzepte, Methoden und Anwendungen
Beltz Psychologischer Verlags Union, München

Frankfurter Allgemeine – Hochschulanzeiger (2002)
Ausgabe 61 – Juni 2002

Freier, Kerstin; Scheidt vom, Claudia (im Druck)
Work Life Balance Praxisbericht am Bespiel eines Unternehmens aus der Automobilindustrie
In: Praxisberichte Human Resource Management, Wolters Kluver Verlag, Köln

Freier, Kerstin; Knauth Peter (2003)
Work Life Balance zum Vertrauensgewinn bei Mitarbeitern
In: Wege aus der Vertrauenskrise – 18 Lösungsansätze für eine neue
Wirtschaftskultur. Hrsg. Jakob, Robert; Jörg Naumann, Redline Wirt-
schaftsverlag, Frankfurt am Main

Freier, Kerstin (2001)
Benchmark: Work Life Balance innerhalb von Unternehmen am Standort
Deutschland
Auftragsstudie, unveröffentlicht

Freier, Kerstin (2000)
Evaluation des Audits Beruf und Familie – am Beispiel von fünf Unter-
nehmen
Diplomarbeit der Universität Karlsruhe (IIP), unveröffentlicht

Frenzel, Karolina; Müller, Michael; Sottong, Hermann (1999)
Das Unternehmen im Kopf. Schlüssel zum erfolgreichen Change-
Management. Das Praxisbuch
Hanser Verlag, München

Friedman, Stewart D.; Perry, Christansen, Degroot Jessica (1998)
Work and Life: The End of the Zero-Sum Game. In: Havard Business
Review on Work and Life Balance, Havard Business School Publishing,
2000, Seite 1–29, Boston

Galinsky,E., Friedmann, D.E. und Hernandez, C.A. (1991)
The Corporate Reference Guide to Work Family Programs, Family Work
Institute, New York

Geißler, Rainer (2001)
Sozialstruktur als gesellschaftlicher Wandel: In: Deutschland Trendbuch
– Fakten und Orientierungen, Seite 97–136, Hrsg. Korte, Karl-Rudolf;
Weidenfeld, Werner. Bundeszentrale für politische Bildung, Band 375,
Leske + Budrich, Opladen

Geißler, Rainer (1996)
Die Sozialstruktur Deutschlands – Zur gesellschaftlichen Entwicklung mit
einer Zwischenbilanz zur Vereinigung.
Westdeutscher Verlag, Opladen

Gemeinnützige Hertie-Stiftung (1999)
Unternehmensziel: familienbewusste Personalpolitik – Ergebnisse einer wissenschaftlichen Studie
Wirtschaftsverlag Bachem, Köln

Gesellschaft für Arbeitswissenschaften e.V. (2002)
Arbeitswissenschaft im Zeichen gesellschaftlicher Vielfalt. Bericht zum 48. Kongreß der Gesellschaft für Arbeitswissenschaft
GfA-Press, Dortmund

Graf, Anita (2001)
Lebenszyklusorientierte Personalentwicklung – Ein Ansatz für die Erhaltung und Förderung von Leistungsfähigkeit und –bereitschaft während des gesamten betrieblichen Lebenszyklus. In: IO Management, Nr.3, 2001

Handelsblatt (2000)
Unwegsamer Mittelweg. Jeder redet über Work Life Balance, den Ausgleich zwischen Beruf und Privatleben. Doch in der Praxis bleibt von den gut gemeinten Konzepten wenig übrig.
Ausgabe vom 15.12.2000

Habich, Roland; Schupp, Jürgen; Zapf, Wolfgang (1996)
Lebenslagen im Wandel: Sozialberichterstattung im Längsschnitt
Campus Verlag, Frankfurt/Main, New York

Heide, Holger (1999)
Arbeitssucht Skizze der theoretischen Grundlagen
wysiwyg://209http://www.labournet.de/dikussion/arbeit/asucht.html

HIGHTECH Report (2002)
Unternehmen Zukunft – Die Arbeitswelt im Jahr 2015. Drei Szenarios zeigen die Herausforderungen und die Chancen
Ausgabe 1/2002, S. 16–18

Hinterhuber, Hans, H. (2003)
Diverse, but united. Die Integration der Vielfalt als kardinale Führungsaufgabe. In: Wege aus der Vertrauenskrise – 18 Lösungsansätze für eine neue Wirtschaftskultur. Hrsg. Jakob, Robert; Jörg Naumann, Redline Wirtschaftsverlag, Frankfurt am Main

Hochschild, Arlie (2002)
Keine Zeit. Wenn die Firma zum Zuhause wird und zu Hause nur Arbeit wartet.
Leske und Buderich, Opladen

Höhler, Gertrud (2003)
Paradigmenwechsel für eine bessere Führung: „Kontrolle ist möglich – Vertrauen ist besser". In: Wege aus der Vertrauenskrise – 18 Lösungsansätze für eine neue Wirtschaftskultur. Hrsg. Jakob, Robert; Jörg Naumann, Redline Wirtschaftsverlag, Frankfurt am Main

Hornberger, Sonia (im Druck)
Individualisierung in der Arbeitswelt aus arbeitswissenschaftlicher Sicht.
Habilitationsschrift, Universität Karlsruhe, IIP (Arbeitswissenschaften)

Hornberger, Sonia (2001)
Arbeitsgestaltung, Flexibilisierung, Kompetenzentwicklung
GfA Press Dortmund

Horx, Matthias (2000)
Die acht Sphären der Zukunft – Ein Wegweiser in die Kultur des 21. Jahrhunderts
Amalthea Signum Verlag, Wien

Horx, Matthias (1991)
Das Wörterbuch der 90er Jahre – Ein Gesellschaftspanorama
Hoffmann und Campe Verlag , Hamburg

Horx-Strathern, Oona (2001)
War for Talents. Die neue Arbeitswelt und die Personalpolitik der Zukunft.
Zukunftsinstitut, Kelkheim

Hristova, Dafina (2003)
Diversity and Managing Diversity – Ergebnisse einer Literaturrecherche.
Unveröffentlichte Präsentation des IIP, Universität Karlsruhe

Ilmes Internet-Lexikon der Methoden der empirischen Sozialforschung (2004)
http://www.lrz-muenchen.de/~wlm/ilm_r8.htm

Inglehart, Ronald (1998)
Modernisierung und Postmodernisierung
Campus Verlag, Frankfurt am Main

Ifmo - Institut für Mobilitätsforschung (2002)
Zukunft der Mobilität Szenarien für das Jahr 2020
Herausgeber: Institut für Mobilitätsforschung. Eine Forschungseinrichtung der BMW Group, Berlin. Druck: Mediahaus Biering, München

Institut für Hygiene und Arbeitsmedizin – Dahmen, Andreas (2001)
Präsentation: Belastung und Beanspruchung in der modernen Arbeitswelt
http://www.uni-essen.de/ Arbeitsmedizin/

IO Management Zeitung (2001)
Lebenszyklus orientierte Personalentwicklung
Ausgabe vom 01.03.2001

Janssen, Christian (1997)
Lange Wellen – Empirie und Theorie. Eine kritische Untersuchung
Verlag für Wissenschaft und Forschung, Berlin

Jakob, Robert; Naumann, Jörg (2003)
Wege aus der Vertrauenskrise – 18 Lösungsansätze für eine neue Wirtschaftskultur.
Redline Wirtschaft, Frankfurt am Main

Joas, Ralf (1998)
Wandel der Arbeitswelt - Wandel der Lebenswelt
http://www.bloch-akademie.de/txt/t4_06.htm

Jensen, Stefan (1983)
Systemtheorie
Verlag W. Kohlhammer GmbH, Stuttgart

Jürgens, Kerstin (2001)
Familiale Lebensführung. Familienleben als alltägliche Verschränkung individueller Lebensführungen. In: G. Günter Voß und Margit Weihrich „Tagaus – tagein" neue Beiträge zur Soziologie alltäglicher Lebensführung ,
Rainer Hampp Verlag, München und Mering 2001

Jürgens, Kerstin; Reinecke, Karsten (1998)
Zwischen Volks- und Kinderwagen. Auswirkungen der 28,8-Stunden-Woche bei der VW AG auf die familiale Lebensführung von Industriearbeitern.
Rainer Bohn Verlag, Berlin

Kastner, Michael; Gerlmaier, Anja (1999)
Neue Belastungen in einer sich wandelnden Arbeitswelt. Veränderungen in der Arbeitswelt verlangen neue Ansätze zur Unterstützung einer besseren Balance von Arbeit und Leben: In: DFGP- Deutsche Gesellschaft für Personalführung e.V.

Personalführung Plus – Work Life Balance
Seite 7-15, Verlag Pomp GmbH, Bottrop

Kasper, Helmut; Scheer, Peter J.; Schmidt, Angelika (2002)
Managen und Lieben: Führungskräfte im Spannungsfeld zwischen Beruf und Privatleben
Redline Wirtschaft bei Ueberreuter, Frankfurt am Main, Wien

Kienbaum Management Consults (2003)
Kienbaum HR Studies 2003 – Zeitmanagement und Work Life Balance internationaler Top-Manager.
Kienbaum Managements, Berlin

Klages, Helmut (2001)
Brauchen wir eine Rückkehr zu traditionellen Werten? In: Aus Politik und Zeitgeschichte, B29/2001, S.7–14

Kluge, Susann, Udo Kelle (Hrsg.) (2001)
Methodeninnovation in der Lebenslaufforschung – Integration qualitativer und quantitativer Verfahren in der Lebenslauf- und Biographieforschung
Juventa Verlag, Weinheim und München

Knapp, Frank (2004)
Aktuelle Probleme der Online-Forschung. In: Sozialwissenschaften und Berufspraxis (SuB) 27. Jg. Heft 1, Seite 5-10

Knauth, Peter; Hornberger, Sonia; Olbert-Bock, Sibylle; Weisheit, Jürgen (2000)
Erfolgsfaktor familienbewusste Personalpolitik
Europäischer Verlag der Wissenschaft, Frankfurt am Main

Kohli, Martin (1978)
Soziologie des Lebenslaufs
Luchterhand Verlag, Darmstadt Neuwied

Korte, Hermann (1995)
Einführung in die Geschichte der Soziologie
Leske und Buderich, Opladen

Korte, Karl Rudolf; Weidenfeld, Werner (2001)
Deutschland Trendbuch – Fakten und Orientierungen
Bundeszentrale für politische Bildung, Bonn

Krohne, Heinz Walter (1997)
Stress und Stressbewältigung
In Schwarzer, Ralf (Hrsg.), Gesundheitspsychologie, Hogrefe, Seite 267–283

Kudera, Werner; Dietmaier, Sylvia (1995)
Projektgruppe alltägliche Lebensführung „Alltägliche Lebensführung –
Arrangements zwischen Traditionaliät und Modernisierung"
Leske und Buderich, Opladen

Künkel, Petra (2004)
Das Dialogische Prinzip als Führungsmodell in der Praxis. In: Organisa-
tionEntwicklung 01/2004, Seite 64–75

Lamnek, Siegfried (1995)
Qualitative Sozialforschung, Band 1 Methodologie
Beltz Psychologie Verlags Union, Weinheim

Lamnek, Siegfried (1995)
Qualitative Sozialforschung, Band 2 Methodologie
Beltz Psychologie Verlags Union, Weinheim

Lepsius, Rainer (1990)
Soziologische Theoreme über die Sozialstruktur der Moderne und die
Modernisierung, in: Lepsius, Rainer: Interessen, Ideen und Institutionen,
Seite 211–231,
Opladen

Limbach, Jutta (1988)
Entwicklung des Familienrechts seit 1949. In: Wandel und Kontinuität der Familie in der Bundesrepublik Deutschland. Seite 11–35. Hrsg. Nave-Herz.
Ferdinand Enke Verlag, Stuttgart

Management und Partner GmbH (2001)
Basispapier – lebensplanbezogene Personalentwicklung, unveröffentlicht. Seite 1–8

Mayring, Phillip (1996)
Einführung in die qualitative Sozialforschung
Beltz Psychologie Verlags Union, Weinheim

Menzel, Kathrin (2000)
Eine Balance von Arbeiten und Leben – von der Vollzeit- zur Patchwork-biographie
Konrad-Adenauer-Stiftung,
www.kas.de/publikationen/2000/fraune/menzel.html

Meulemann, Heiner (2001)
Identität, Werte und Kollektivorientierung In: Deutschland Trendbuch – Fakten und Orientierungen, Seite 184–212, Hrsg. Korte, Karl-Rudolf; Weidenfeld, Werner. Bundeszentrale für politische Bildung, Band 375, Leske + Budrich, Opladen

Mikl-Horke, Gertraude (1995)
Industrie- und Arbeitssoziologie
Oldenbourg Verlag, München Wien

Mikl-Horke, Gertraude (1989)
Organisierte Arbeit – Einführung in die Arbeitssoziologie
R. Oldenbourg Verlag, München Wien

Mikl-Horke, Gertraude (1989)
Soziologie – historischer Kontext und soziologische Theorie-Entwürfe
R. Oldenborug Verlag, München, Wien

Nave-Herz, Rosemarie (1988)
Wandel und Kontinuität der Familie in der Bundesrepublik Deutschland
Ferdinand Enke Verlag, Stuttgart

Netzwelt-online.de (2002)
Der Einfluß von negativen Informationen auf multiattributive Einscheidungen unter Zeitstress
http://www.netzwelt-online.de/diplom/kap2.2.html

Nickel, Tobias (1999)
Vom betrieblichen Vorschlagswesen zum integrativen Ideenmanagement. Analyse – Organisation – Training
Deutscher Universitätsverlag, Wiesbaden

Niggl, Marcus; Edfelder, Diane; Kraupa, Michael (2000)
Telearbeit bei der BMW Group – Steigerung der Wettbewerbsfähigkeit durch flexibles Arbeiten
Springer Verlag, Berlin, Heidelberg

Nöbauer, Brigitta (2002)
Abschied vom Jugendkult?
http://www.arbeit-wirtschaft.at/aw_09_2003/art3_druck.htm

Noelle-Neumann, Elisabeth; Petersen, Thomas (2001)
Zeitwende – Der Wertewandel 30 Jahre später In: Aus Politik und Zeitgeschichte, B29/2001
http://www.bpb.de/publikationen/OAT0CK,0,0,Zeitenwende_Der_Wertew andel_30_Jahre_sp%E4ter.html#top

Nonaka, Ikujiro (2001) Knowledge emergence. Social, technical, and evolutionary dimensions of knowledge creation.
Oxford University Press, Oxford

Parsons, Talcott (1976)
Zur Theorie sozialer Systeme
Westdeutscher Verlag, Opladen

Parsons, Talcott (1972)
Das System moderner Gesellschaften
Juventa Verlag, München

Parsons, Talcott (1970)
Evolutionäre Universalien der Gesellschaft. In: Zapf, Wolfgang (Hrsg.): Theorien des sozialen Wandels. Köln 1970, 55–74.

Personalmagazin (2003)
Online-Recruiting, Ausgabe12/2003
http://www.jobpilot.de/binary/pdf/pr_ir/PM_ratgeber_Dez.pdf.

Personal – Zeitschrift für Human Resources Management (2003)
Work Life Balance, Jahrgang 55, November 2003, Verlagsgruppe Handelsblatt GmbH Forchheim

Personalwirtschaft (2000)
Der Job ist nicht mehr alles.
Ausgabe vom 01.06.2000

Petzina, Dietmar; Reulecke, Jürgen (1990)
Bevölkerung, Wirtschaft, Gesellschaft seit der Industrialisierung – Festschrift für Wolfgang Köllerman zum 65. Geburtstag
Gesellschaft für Westfälische Wirtschaftsgeschichte e.V., Dortmund, Verlagsdruckerei Schmidt GmbH, Neustadt/Aisch

Porst, Rolf (1998)
Im Vorfeld der Befragung: Planung, Fragebogenentwicklung, Pretesting
ZUMA Arbeitsbericht, Mannheim

Psychologie Heute, compact (2003)
Glück, Glaube, Gott. Was gibt dem Leben Sinn?
Heft Nr. 8, Julius Beltz GmbH & Co. KG, Weinheim

Psychologie Heute (2003)
Endlich allein! Warum Sie mehr Zeit für sich selbst brauchen.
Heft Nr. 9, 30. Jahrgang, Julius Beltz GmbH & Co. KG, Weinheim

Psychotherapie (2002)
Burn-out oder Burnout. Unmerkliche Epidemie der Zombies. Burnout wird zum Flächenbrand. Nicht nur Ärzte und Manager brennen aus: Falsches Wertesystem begünstigt Burn-out.
www.psychotherapie.de/psychoth.../luchmann-dietmar-burnout-02113001.html

Rauschenberg, Hans-Jürgen (1993)
Flexibilisierung und Neugestaltung der Arbeitszeit
Nomos Verlagsgesellschaft, Baden-Baden

Reiser, Stefan (2004)
Work Life Balance und Gesundheit – Neue Herausforderungen für die betriebliche Personalpolitik und Weiterbildung
Diplomarbeit, Universität Augsburg – philosophisch- sozialwissenschaftliche Fakultät, unveröffentlicht

Richter, Peter (2002)
Psychische Belastungen in der modernen Arbeitswelt – neue Herausforderungen, Bewältigungs- und Gestaltungsansätze.
Arbeit & Ökologie Briefe, Ausgabe 05/2002, S. 1–4

Rürup, Bert; Sesselmeier, Werner (2001)
Wirtschafts- und Arbeitswelt. In: Deutschland Trendbuch – Fakten und Orientierungen, Seite 184–212, Hrsg. Korte, Karl-Rudolf; Weidenfeld, Werner. Bundeszentrale für politische Bildung, Band 375, Leske + Budrich, Opladen

Rosenmayr, Leopold; Kolland, Franz (1988)
Arbeit – Freizeit – Lebenszeit – Neue Übergänge im Lebenszyklus
Westdeutscher Verlag, Opladen

Rosenstiel, Lutz von; Regnet, E.; Domsch, M. (1991)
Führung von Mitarbeitern. Handbuch für erfolgreiches Personalmanagement.
Schäffer Verlag, Sttutgart

Rott, M.; Hornberger, S.; Weisheit, J.; Knauth, P. (im Druck)
Kompetenzanforderungen für das Arbeiten in verteilten Strukturen

Sahner, Heinz (1990)
Statistik für Soziologen. Schließende Statistik
Teubner Studienskripten, Stuttgart

Sennett, Richard (2000)
Der flexible Mensch – die Kultur des neuen Kapitalismus
Goldmann Verlag, Berlin

Schnell, Rainer; Hill; Paul B., Esser, Elke (1993)
Methoden der empirischen Sozialforschung
R. Oldenbourg Verlag, München, Wien

Schudlich, Erwin (1987)
Die Abkehr vom Normalarbeitstag – Entwicklung der Arbeitszeiten in der
Industrie der Bundesrepublik seit 1945
Campus Verlag, Frankfurt/Main, New York

Schartz Cowan, Ruth (1988)
More Work for Mother
London

Schwarzer, Ralf (1997)
Gesundheitspsychologie – Ein Lehrbuch
Hogrefe Verlag für Psychologie Göttingen, Bern, Toronto, Seattle

Seiwert, Lothar (2003)
Das Bumerang-Prinzip. Mehr Zeit fürs Glück: Gesünder, erfolgreicher
und zufriedener leben.
Gräfe und Unzer Verlag, München

**Senge, Peter M.; Kleiner, Art; Smith, Bryan; Roberts, Charlotte,
Ross, Richard (1996)**
Das Fieldbook zur fünften Disziplin
Klett-Cotta, Stuttgart

Statistisches Bundesamt (2003)
Pressekonferenz "Bevölkerungsentwicklung Deutschlands bis zum Jahr
2050" am 6. Juni 2003 in Berlin
http://www.destatis.de/presse/deutsch/pm2003/p2300022.htm

Statistisches Bundesamt (2004)
Zahlen zur demographischen Entwicklung bis 2050
http://www.destatis.de/presse/deutsch/pm2003/p2300022.htm

Statistisches Bundesamt (2004)
Datenreport 2004
Bundeszentrale für politische Bildung, Bonn

Statistisches Bundesamt (2002)
Datenreport 2002
Bundeszentrale für politische Bildung, Bonn

Staubmann, Helmut; Wenzel, Harald (2000)
Talcott Parsons – Zur Aktualität eines Theorieprogramms
Österreichische Zeitschrift für Soziologie – Sonderband 6, Westdeutscher Verlag, Wiesbaden

Straub, Walter G.; Forchhammer, Lorenz S.; Brachinger-Franke, Ludovica (2001)
Bereit zur Veränderung der Projektarbeit?
Windmühle GmbH Verlag, Hamburg

Streich, Richard K. (1994)
Managerleben – Im Spannungsfeld von Arbeit, Freizeit und Familie
C.H. Beck`sche Verlagsbuchhandlung, München

Stuttgarter Zeitung (2001)
Beruf und Karriere. Was wirklich wichtig ist, ist nie dringend.
http://www.stuttgarter-zeitung.de

Süddeutsche Zeitung
"Wer zu lange arbeitet, ist ein fauler Hund." Jesuit und Berater Rupert Lay fordert 40-Stunden-Woche für Manager.
Ausgabe vom 11.02.2003, Nr. 34, Seite 18

Taylor, F.W. (1911)
The Principles of Scientific Management.
Mineola/New York: Dover Publication Inc., 1998

The Harvard Business Review (2000)
Havard Business Review on Work Life Balance
Havard Business School Publishing, Boston

Thierfleder, Rainer H. (2001)
Wertewandel in der Unternehmensführung. Die Unternehmenspersönlichkeit als Ausdruck ökonomischer Vernunft.
Verlag Wissenschaft & Praxis Dr. Brauner GmbH, Sternenfels

Turek, Jürgen (2001)
Technologiegesellschaft In: Deutschland Trendbuch – Fakten und Orientierungen, Seite 212–245, Hrsg. Korte, Karl-Rudolf; Weidenfeld, Werner.
Bundeszentrale für politische Bildung, Band 375, Leske + Budrich, Opladen

VDI Nachrichten (1999)
Karriere und Privates in Einklang bringen
Ausgabe vom 12.02.1999

Vetter, Hans-Rolf (1991)
Muster moderner Lebensführung. Ansätze und Perspektiven.
DJI Verlag Deutsches Jugendinstitut, München

Voss, G. Günter (2003)
Systemveränderer – ganz ohne Ziel Zuhaus. Bemerkungen zur Modernisierung Deutschlands. S.1–7
www.tu-cheminitz/phil/soziologie/voss.de

Voss, G. Günter; Stauber, Barbara (2003)
Zum Begriff „Alltägliche Lebensführung"
http://www.tu-chemnitz.de/phil/soziologie/voss/alf/ALFBegriff.htm

Voss, G. Günter; Weihrich, Margit (2001)
Tagaus- tagein - neue Beiträge zur Soziologie alltäglicher Lebensführung
Rainer Hampp Verlag, München und Mering 2001

Voss, Gerd-Günter (1991)
Lebensführung als Arbeit. Über die Autonomie der Person im Alltag der
Gesellschaft.
Ferdinand Enke Verlag, Opladen

Wagner, Dieter (1995)
Arbeitszeitmodelle
Verlag für angewandte Psychologie, Göttingen

Weisheit, Jürgen (2001)
Veränderung der innerbetrieblichen Kommunikation bei der Einführung
von alternierender Telearbeit. Zwei Felduntersuchungen in der Großindustrie. Dissertation des IIP, Peter Lang Verlag, Frankfurt am Main

Weiß, Peter (2000)
Studie virtuelle Unternehmen, durchgeführt am Forschungszentrum In-
formatik Karlsruhe
http://www.fzi.de/v1/vfw/projects/index.html

Weyer, Johannes; Kirchner, Ulrich; Riedl, Lars; Schmidt, Johannes, F.K. (1997)
Technik, die Gesellschaft schafft. Soziale Netzwerke als Ort der Technikgenese.
Rainer Bohn Verlag, Berlin

Weyer, Johannes (1997)
Weder Ordnung noch Chaos. Die Theorie sozialer Netzwerke zwischen Institutionalismus und Selbstorganisationstheorie. In: Weyer, Johannes; Kirchner, Ulrich; Riedl, Lars; Schmidt, Johannes, F.K., Technik, die Gesellschaft schafft. Soziale Netzwerke als Ort der Technikgenese. S. 53–96, Rainer Bohn Verlag, Berlin

Wiegand, Erich; Zapf, Wolfgang (1982)
Wandel der Lebensbedingungen in Deutschland. Wohlfahrtsentwicklung in Deutschland. Sonderforschungsbereich 3 der Universitäten Frankfurt und Mannheim.
Campus Verlag, Frankfurt New York

Willke, Helmut (1993)
Systemtheorie. Eine Einführung in die Grundprobleme der Theorie der sozialen Systeme
Gustav Fischer Verlag, Stuttgart, Jena

www.netzwerk-online.de

www.uni-bonn.de/~uzs0dx/studium/referate/m4/folien.pdf

www.4managers.de
powered by @ILTIS GmbH, Föntegenstrasse 15, 72108 Rottenburg

Wollert, Artur (2001)
Führen – Verantworten – Werte schaffen. Personalmanagement für eine neue Zeit.
Frankfurter Allgemeine Zeitung Verlagsbereich Buch, Frankfurt am Main

Zapf, Wolfgang (2002)
Modernisierung und Wohlfahrtsentwicklung
Wissenschaftszentrum Berlin für Sozialforschung (WZB), Druck H. Heenemann, Berlin

Zapf, Wolfgang; Schupp, Jürgen; Habich, Roland (1996)
Lebenslagen im Wandel: Sozialberichterstattung im Längsschnitt
Campus Verlag, Frankfurt/New York

Zapf, Wolfgang (1970)
Theorien des sozialen Wandels.
Köln

Zucker, Betty (2002)
Ich trenne nicht zwischen Arbeit und Leben! In: Frankfurter Allgemeine –
Hochschulanzeiger Ausgabe 61 – Juni 2002, Seite 20

Zwischenbericht Arbeit@VU
Arbeit@VU – Gestaltung der Arbeit in virtuellen Unternehmen
Unveröffentlichter Bericht des IIP, Universität Karlsruhe

Anhang B: Überblick über die befragten Unternehmen des Benchmarks nach Branche sortiert

Branchen	
Automobilkonzerne:	BMW DaimlerChrysler Ford-Werke VW
Banken:	Commerzbank Deutsche Bank Dresdner Bank
Chemie:	BASF Dow Chemical Dupont Merck Merckle/Ratiopharm Wacker
Computer / Datenverarbeitung	Hewlett Packard IBM Deutschland Microsoft
Elektronik:	ABB Infineon Technologies Siemens
Einzelhandel:	Ikea Deutschland
Fluggesellschaften:	Lufthansa
Flugzeugbau:	MTU Aero Engines
Paketdienst / Transport:	Deutsche Bahn Post MAN
Medizinische Technik:	Siemens Medical Solutions
Unternehmensberatung:	Accenture Boston Consulting KPMG[325] PriceWaterhouseCooper
Versicherungen:	Allianz
Verwaltungen:	BfA Berlin
Gesamt:	32

---

[325] KPMG heißt heute Bearing Point Consulting

Anhang C: Übersicht über die Erhebungskriterien des Benchmarks

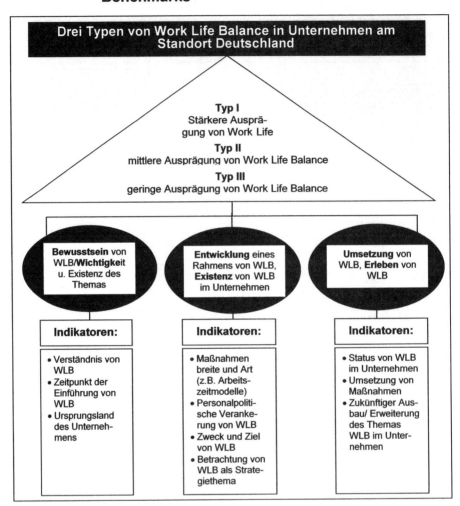

Legende: WLB = Work Life Balance

Anhang D: Beschreibung der Faktoren der Datenerhebung

Faktor	Benen-nung	Inhalte des Faktors	Cron-bach´s Al-pha	KMO-Kriterium
b1index1	**Stress 1**	körperliche Arbeit, Versagen, finanzielle Probleme, gesundheitliche Probleme	,6641	0,764
b1index2	**Stress 2**	Anstieg der Anforderungen an Person und Arbeit, Zeitdruck, Überforderungen, gedankliche Arbeit	,7446	
negstres	**Positive Auswirkungen**	unkonzentriert, nicht leistungsfähig, Fehler machen	,3897	0,770
posstr	**Negative Auswirkungen**	gut damit zurecht kommen, schnell und effektiv entspannen	,6638	
ca1ind1	**Belastungen aus soften Faktoren**	Führungsstil, Information und Kommunikation, Arbeitsatmosphäre	,4951	0,642
ca1ind2	**Belastungen aus harten Faktoren**	Arbeitszeit, Leistungsverständnis, Arbeitsinhalte und Organisation von Arbeit	,1592	
ca1ind3	**Belastungen aus Sonstigem**	Arbeitsort und Sonstiges	-,0104	
arbzeit	**Arbeitszeit**	zeitliche Befreiung von Arbeitszeit, Verschiebung/Verkürzung von Arbeitszeit, Pausenregelung, Arbeitszeitmodelle/Regelung, Urlaubsregelung	,6404	0,743
reisen	**Reisen**	Dienstreisen, Permanente Anwesenheit im Unernehmen	,2445	0,543
wegzeit	**Wegzeit**	Wegezeiten zum Arbeitsort, Arbeitsortwechsel	-,3704	
projekte	**Arbeitsinhalte**	Größe des Arbeitsauftrags, personelle Besetzung/Aufteilung der Projekte bzw. Arbeit, Überlappung von Tagesgeschäft, Abfolge von Projekten/Arbeit	,6418	0,677
chef1	**Führung - Zeit**	Chef kennt die persönlichen Bedürfnisse nicht, Zeit, die der Chef nicht hat, Chef sucht nicht regelmäßig Gespräche	,6256	0,767

chef2	**Führung - Vertrauen**	nicht ohne Angst über Fehler sprechen, Chef nimmt Mitarbeiter nicht ernst	,5637	
kommu	**Kommuni-kation**	Informationen rechtzeitig zu erhalten, klare Aussagen über Arbeit zu erhalten, transparenter Kommunikationsprozess, kein Feedback über Arbeit	,7929	0,752
Atmo	**Arbeitsatmosphäre**	Leistungsaspekt steht über allem, Privatleben hat keine Priorität im Unternehmen, Schwäche zu zeigen, starke Karriereorientierung der Kollegen, Unverständnis bei Kollegen für private Angelegenheiten	,7065	0,730
Karri	**Leistungs-verständ-nis**	Hohe Erwartungen an Mitarbeiter, permanente Leistungsbereitschaft, Karrierechancen nur durch überdurchschnittliche Leistung	,5650	0,631
privber1	**Belastungen aus dem privaten Bereich – Personen**	Kinder, Familie und Partner	,4282	0,538
privber2	**Belastungen aus dem privaten Bereich**	Hobbys und Arbeitsinhalte/Organisation	,0784	
kind1	**Ältere Kinder - organisatorische Aspekte**	Hobbys der Kinder ist ein organisatorisches Problem, Kinderbetreuung ist ein zeitliches Problem, Kindererziehung ist ein organisatorisches Problem, Verpflichtungen durch Kinder sind organisatorische Probleme, Schule ist ein organisatorisches Problem	,8725	0,859
kind2	**Kinder – Schule/ Hobbys**	Hobbys der Kinder sind zeitliche Probleme, Schule ist ein zeitliches Problem	,6410	
kind3	**(Klein-) Kinder – zeitliche Aspekte**	Kindererziehung ist ein zeitliches Problem, Kinderbetreuung ist ein zeitliches Problem, Verpflichtungen sind zeitliche Probleme	,7349	

Familie	Familie	Zeit mit der Familie zu verbringen, gemeinsame Aktivitäten zu unternehmen, gemeinsame Mahlzeiten einzunehmen, Probleme zu diskutieren, Erlebnisse auszutauschen	,8247	0,681
partner1	Verpflichtungen Partner	traditionelle Erwartungshaltung meines Partners an Partner, Hobbys des Partners, Zeit, die der Partner für sich benötigt, Verpflichtungen des Partners	,7052	0,718
partner2	Karriere Partner	Beruf/Karriere des Partners, Wegezeiten zum Arbeitsplatz	,3162	
freunde1	Organisatorische Problem - Aktivitäten Freunde	Aktivitäten mit Freunden ist ein organisatorisches Problem, Besuch bei den Eltern ist ein organisatorisches Problem, sonstige Verpflichtungen sind organisatorische Probleme	,7369	0,572
freunde2	Pflege von Personen	Pflege von Personen sind zeitliche und organisatorische Probleme	,8775	
freunde3	Zeitliches Problem – Aktivitäten mit Freunden	Aktivitäten mit Freunden sind zeitliche Probleme, Besuch bei den Eltern ist ein zeitliches Problem, sonstige Verpflichtungen ist ein zeitliches Problem	,7556	
wohnung1	Haushalt Organisation	Reinigung der Wohnung ist ein organisatorisches Problem, Aufräumen ist ein organisatorisches Problem, Reinigung der Wäsche ist ein organisatorisches Problem, Sonstige Tätigkeiten sind organisatorische Probleme, Einkaufen ist ein organisatorisches Problem	,8638	0,764
wohnung2	Haushalt Zeit	Einkaufen ist ein zeitliches Problem, Reinigung der Wohnung ist ein zeitliches Problem, Reinigung der Wäsche ist ein zeitliches Problem, Aufräumen ist ein zeitliches Problem, Spülen ist ein zeitliches Problem, sonstige Tätigkeiten in der Wohnung sind zeitliche Probleme	,8479	
Freiz	Freizeit	Verpflichtungen und Aktivitäten, Zeit für mich, Zeit für die Familie, Hobbys, Sonstige eigenen Interessen	,7825	0,780

Veränd1	Verände-rungen Bewusst-sein	stärkeres Bewusstsein für Work Life Balance bei den Führungs-kräften, Keine Karriereeinbußen, wenn Privates im Vordergrund	,4001	0,501
Veränd2	Verände-rungen Bewertung und Vergü-tung	Überarbeitung des Bewertungs- und des Vergütungssystems, Sonstiges Veränderungen	,0418	

Anhang E: Anschreiben der Datenerhebung

 UNIVERSITÄT KARLSRUHE (TH)

Institut für Industriebetriebslehre und Industrielle Produktion (IIP)
Abteilung Arbeitswissenschaften: Prof. Dr.-Ing. Peter Knauth

Im Rahmen eines Forschungsprojekts der Universität Karlsruhe (TH) soll die Vereinbarkeit von Beruf und Privatleben erforscht werden. Hierbei ist das Ziel herauszufinden, welche Belastungsarten- und Häufigkeiten zwischen beiden Lebensbereichen auftreten und wie Unternehmen darauf reagieren.

Diese Befragung gibt Ihnen die Möglichkeit, Ihre individuelle Situation und Einstellung bezüglich einer Vereinbarkeit von Beruf und Privatleben in dieses Forschungsprojekt anonym einfließen zu lassen. PZ-4 unterstützt die Durchführung dieser Befragung.

Die Befragung ist:
- **freiwillig**
- **anonym**
- **und ohne Registrierung von Namen oder Stammnummern**

Verwenden Sie bitte für den Einstieg Ihre 6-stellige, individuelle Login-Id (Zugangscode), nicht Ihre q-Nummer.

Ihre Login-Id: #2# in das Feld auf der Login-Seite kopieren oder eintippen und Umfrage starten.

Der Fragebogen wurde in Zusammenarbeit mit PD-120 erstellt. Die im Email enthaltene Login-Id wurde über ein Zufallsverfahren ermittelt. Das dabei verwendete Datenschutzsystem verhindert die Rückverfolgung der Daten. Die Auswertungen lassen keine Rückschlüsse auf einzelne Personen zu.

Mit der Befragung werden Aussagen über Gruppen von Mitarbeitern - und nicht über Einzelne - getroffen, wie Sie es sicher aus anderen Umfragen kennen (z.B.: "45 Prozent der Mitarbeiter fahren mit dem eigenen PKW zur Arbeit"). Die erhobenen Daten (ausgefüllte Fragebögen) erhält die Universität Karlsruhe (TH) - der XX AG werden lediglich die Gesamtergebnisse zur Verfügung gestellt.

Bitte nehmen Sie sich genügend Zeit, um die Fragen in Ruhe durchzulesen und zu beantworten.

Sollten bei einigen der folgenden Fragen Verständnisprobleme oder noch allgemeine Fragen zum Forschungsprojekt auftreten, dann wenden Sie sich bitte vor Ort bei XX AG an Frau Kerstin Freier oder an die Universität Karlsruhe - (E-mail: Befragung_Vereinbarkeit@iip.uni-karlsruhe.de).

Sie werden über die Ergebnisse der Umfrage informiert.

Herzlichen Dank für Ihre Teilnahme an der Befragung!

Anhang F: Katalog der Handlungsfelder im Kontext von Work Life Balance

Arbeitzeit-/ modelle:	Welche Arbeitszeitmodelle bestehen und welche sollten ergänzt werden?
Arbeitsort:	Welche Kriterien bestimmen den Arbeitsort? Wie hoch ist die Mobilität im Zusammenhang mit dem Arbeitsort?
Organisation/Aufteilung von Arbeit und oder Projekten:	Wie ist die Aufteilung der Arbeit bzw. der Projekte personell regelt?
Führung und Führungsstil:	Inwieweit wird bei der Führung Rücksicht auf Work Life Balance Aspekte genommen?
Arbeitsatmosphäre und Unternehmenskultur:	Wie ist die Arbeitsatmosphäre und inwieweit werden in dieser Work Life Balance tatsächlich gelebt?
Leistungsverständnis / Bewertung:	Werden hinsichtlich der Leistung Work Life Balance Aspekte mit beachtet?
Compensation und Benefits:	Welche Aspekte von Compensation und Benefits bestehen hinsichtlich Work Life Balance?
Kommunikation:	Wird Work Life Balance offen im Unternehmen kommuniziert und in welcher Form?
Frauen, Gender und Diversity:	Inwieweit wird Work Life Balance hinsichtlich Frauen, Gender und Diversity im Unternehmen berücksichtigt?
Personalentwicklung:	Welche Maßnahmen und Trainings enthalten Work Life Balance Aspekte? Wie tragen diese zu einer guten Work Life Balance bei?
Recruiting:	Inwieweit spielt Work Life Balance hinsichtlich des Recruitings eine Rolle?
Resilience/Gesundheit:	Welche Maßnahmen zur Gesundheit und Resilience bestehen hinsichtlich Work Life Balance?

Anhang G: Methoden des dialogischen Austauschs[326]

Beim dialogischen Austausch ist es wichtig, dass der Dialog sich nicht in einem Schlagabtausch von Pros und Contras erschöpft, sondern in ein „[...] Gespräch, [...] mit dem gemeinsames Denken stattfindet [...]", mündet.[327] Der Austausch findet am besten über einen Gedanken bzw. Gesprächsfluss statt. Hierbei können Verhaltensweisen, Karrieremuster, Impulse, Lösungen oder auch nur Ansichten, d.h., mentale Modelle, die in diesem Fall die Work Life Balance betreffen, dialogisch und transparent ausgetauscht werden. Um einen dialogischen Austausch durchzuführen und damit eine Veränderung in den Denk- und Verhaltensweisen der beiden konträren Parteien anzustoßen, sind für den Prozess des Dialogs[328] jedoch folgende Bestandteile einer Dialogsitzung grundlegend:

Einladung
Aufbau des „Containers"[329] mit den Teilnehmern, damit eine positive Atmosphäre innerhalb der Gruppe oder des Teams entsteht und traditionelle Abhängigkeits- und Hierarchiestrukturen aufbrechen.

Intensives Zuhören
Das intensive Zuhören ergründen und klarmachen, was zwischen den Zeilen steht und was das eigentliche Problem oder der Unterschied in der Gruppe ist.

Den Beobachter beobachten
„Wenn wir Gedanken beobachten, die unsere Sicht beherrschen, beginnen wir, uns selbst zu verändern und zu entwickeln und dies gilt sowohl für eine Gruppe als auch für ein Individuum."[330] Dies bedeutet, dass über die Beobachtung der Gedanken eine Selbstreflexion der Sichtweise eintritt. So wird die eigene Meinung bewusster wahrgenommen und über diese Erkenntnis findet eine Veränderung oder Weiterentwicklung statt.

---

[326] Zur tieferen Erläuterung des dialogischen Austauschs vgl. Senge 1996, S. 405 ff.

[327] Künkel 2004, S. 67.

[328] Vgl. dazu Senge 1996, S. 436–437.

[329] „Unter einem Container versteht man die Summe der gemeinsamen Annahmen, kollektiven Absichten und Überzeugungen einer Gruppe. Wenn die Teilnehmer sich durch den Dialog bewegen, nehmen sie wahr, dass das Klima oder die Atmosphäre des Raums sich verändert, und erkennen allmählich, dass die Veränderung durch das kollektive Verstehen bewirkt wird." Senge 1996, S. 416.

[330] Senge 1996, S. 436.

Annahmen aufheben

Durch den Dialog werden die Beteiligten dazu animiert und motiviert, ihre bestehenden Annahmen aufzuheben und so diese der Gegenpartei nicht mehr aufzudrängen und aufzunötigen.

Danach ergibt sich folgender Prozess des Dialogs:

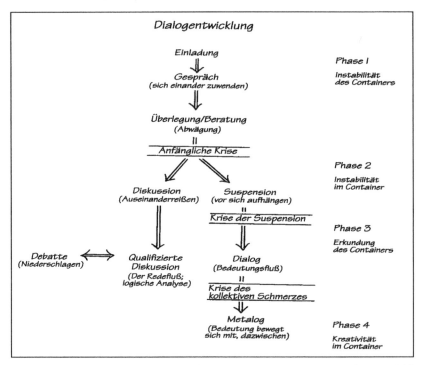

Abb. 49: Entwicklung des Dialogs (Quelle: aus dem Original von Senge 1996, S. 417)

Senge erläutert drei unterschiedliche Methoden, wie dialogischer Austausch bewirkt werden kann:[331]

- Methode „Projektor und Projektionsflächen"
- Methode „Augenbinde"
- Methode „Goldfischglas"

---

[331] Zur detaillierten Erläuterung der Methoden des dialogischen Austausch vgl. Senge 1996, S. 405–512.

Im Folgenden wird nun die Methode „Projektor und Projektionsflächen" an einem dialogischen Austausch bezüglich Work Life Balance zwischen beiden Zielgruppen exemplifiziert.

Methode „Projektor und Projektionsflächen"

Bei dieser Methode oder Übung geht es darum, unter die Oberfläche zu sehen. „Sie stützt sich auf die Fähigkeit, vielschichtige und unterschiedliche Standpunkte und die ihnen eigene Logik oder Sinnhaftigkeit zu erkennen. Außerdem erfordert sie die Bereitschaft, aufmerksam darauf zu achten, wie und ob man sich in eine bestimmte Meinung verrennt."[332] Hierbei projiziert ein „Projektor" die gesamte Bandbreite der divergierenden Situation oder des Konflikts und lässt diese an unterschiedlichen „Reflektionswänden" aufscheinen, um die unterschiedlichen Reflexionen zu klären.

Zweck

Mit dieser Methode ist eine bessere Wahrnehmung des kollektiven Denkens in Aktion verbunden, die das Erkennen zweier gegensätzlicher Standpunkte und das Loslösen von normalerweise starr aufrecht erhaltenen Positionen bewirkt. Im vorliegenden Fall soll also Zielgruppe 1 wahrnehmen, dass Zielgruppe 2 ein Problem mit Work Life Balance hat, dass also eine (kognitive) Dissonanz[333] zwischen dem gemeinsamen Handeln in der Arbeitswelt besteht und dies dauerhaft zu Konflikten in der Lebens- und Arbeitswelt führen wird.

Überblick

Es wird bei dieser Methode des Austausches in Form eines Rollenspiels dargestellt, welches wichtige Thema oder dringende Problem zwischen Parteien oder Gruppen mit ihren jeweiligen Standpunkten besteht. Zielgruppe 1 „spielt" Zielgruppe 2 eine typische Szene aus der Lebens- und Arbeitswelt in Bezug auf Work Life Balance vor und umgekehrt.

Teilnehmer

Teilnehmen können beliebig viele Personen, die in Dreiergruppen aufgeteilt werden. Die Übung dauert ca. 20 Minuten.

---

[332] Senge 1996, S. 442.

[333] „Dissonanz, kognitive, nach L. Festinger Bezeichnung dafür, dass zwischen kognitiven Elementen eine Beziehung des Widerspruchs vorliegt. Zwei kognitive Elemente ‚befinden sich in einer dissonanten Beziehung, wenn [...] aus dem einen Element das Gegenteil des andren folgen würde' (Festinger 1957); andernfalls liegt kognitive Konsonanz vor." Fuchs-Heinritz et al. 1994, S. 147.

1. Schritt: Der Projektor hat das Wort
- Aufteilung der Teilnehmer in drei Gruppen (je unbekannter sich die Teilnehmer sind, desto besser)
- Eine Gruppe übernimmt die Rolle des Projektors
- Beschreibung eines Konflikts oder eines realen Entscheidungsproblems, also hier konkret die Beschreibung der unterschiedlichen Work Life Balance Situationen beider Zielgruppen. Dabei sollte vom Projektor dargestellt werden, welche unterschiedlichen Work Life Balance Situationen, also welche Ambivalenz zwischen beiden Situationen für die beiden Zielgruppen vorliegen und welche Möglichkeiten und Optionen, um eine gute Entscheidung im Umgang mit Work Life Balance zu treffen, bestehen. Damit soll veranschaulicht werden, dass beide Work Life Balance Situationen ihre Daseinsberechtigung haben.
- Die beiden anderen Gruppen stellen die Projektionswände dar, auf denen jeweils ihre Work Life Balance Situation projiziert und damit abgebildet wird.
- Der Projektor liefert für die jeweilige Projektionswand und die damit verbundenen Standpunkte die Argumente für die Work Life Balance der einzelnen Zielgruppen. Somit entsteht ein Gefühl für die Position und Rolle der jeweiligen Projektionswand (Zielgruppe).

2. Schritt: Die Projektionswände haben das Wort
- Beide Projektionswände, d.h. Zielgruppen diskutieren nun ihre Standpunkte und Rollen bezüglich des Konflikts – hier ihre Work Life Balance betreffend.
- Der Projektor verfolgt lediglich die Diskussion.

3. Schritt: Der Projektor reflektiert
- Der Projektor reflektiert, d.h. gibt nun ein Feedback über seine Gefühle während der Diskussion zwischen den beiden Projektionswänden ab. Damit bilden sich die Grundgedanken des Konflikts zwischen den beiden Zielgruppen und der Work Life Balance klar ab.

4. Schritt: Das Plenum fasst zusammen
- Nach Abschluss der Übung versammeln sich alle Teilnehmer losgelöst von ihren vorherigen Rollen und Gruppen im Plenum. Anhand von Beispielen werden die Erfahrungen aus der Gruppenarbeit allen Beteiligten vorgestellt.

So kann Zielgruppe 1 nachvollziehen, welche Rollen und Verhaltens-
muster bezüglich Work Life Balance Zielgruppe 2 hat und vice versa.
Damit werden die Abläufe und Handlungen für beide Zielgruppen transparent, was letztendlich zu einem besseren Verständnis und konstrukti-
vem Dialog führt.

Anhang H: Fragebogen

I. Fragen zur Person

Im Folgenden werden hier Sachverhalte bezüglich Ihrer Person und Ihrer/s Partners/rin - wenn vorhanden - abgefragt.
Im Kontext der Vereinbarkeit von Beruf und Privatleben ist es wichtig, auch Informationen über den Partner zu erhalten.

Sie sind

O männlich

O weiblich

Welchen Familienstand haben Sie?

O verheiratet

O ledig

O geschieden

O verwitwet

restliche Seiten später ausfüllen		Weiter

I. Fragen zur Person

Leben Sie alleine oder mit Ihrem Ehepartner?

○ im gleichen Haushalt mit meiner/m Ehefrau/mann lebend

○ Wochenendehe

○ getrennt lebend von meiner/m Ehefrau/mann (z.B. in Scheidung lebend)

Leben Sie alleine oder mit Partner?

○ ohne Partner

○ mit meinem/r Partner/in im gleichen Haushalt

○ mit Partner/in in seperaten Haushalten

○ Wochenendbeziehung

Haben Sie Kinder?

○ Ja

○ Nein

| Zurück | restliche Seiten später ausfüllen | Weiter |

272

I. Fragen zur Person

Nennen Sie bitte welche Kinder in Ihrem Haushalt leben und das Alter der Kinder (in Jahren).

1. Kind, im Haushalt lebend

O Ja   O Nein   Alter des 1. Kindes [ ]

2. Kind, im Haushalt lebend

O Ja   O Nein   Alter des 2. Kindes [ ]

3. Kind, im Haushalt lebend

O Ja   O Nein   Alter des 3. Kindes [ ]

4. Kind, im Haushalt lebend

O Ja   O Nein   Alter des 4. Kindes [ ]

5. Kind, im Haushalt lebend

O Ja   O Nein   Alter des 5. Kindes [ ]

6. Kind im Haushalt lebend

O Ja   O Nein   Alter des 6. Kindes [ ]

Welcher Mitarbeitergruppe gehören Sie momentan an?

O Auszubildende, (inklusive NFP)   O Praktikanten   O Diplomanden

O Doktoranden   O Empfänger Zeitentgelt O Tarifangestellte (inklusive Driver)

O AFK   O MFK   O OFK

In welchem Bereich arbeiten Sie?

O FO   O PD   O PM   O PZ

**Wie lange arbeiten Sie schon bei BMW?
(Angabe in ganzen Jahren)**

Jahre [ ]

Welcher Entgeltgruppe gehören Sie an?

O E2   O T2

O E3   O T3

273

○ E4   ○ T4

○ E5   ○ T5

○ E6   ○ T6

○ E7   ○ T7

○ E8   ○ AT

○ E9   ○ Sonstiges

Wie alt sind Sie?

Jahre [ ]

| Zurück | restliche Seiten später ausfüllen | Weiter |

I. Fragen zur Person

Welche Schulausbildung haben Sie?

○ Kein Schulabschluss

○ Hauptschulabschluss

○ Qualifizierter Hauptschulabschluss

○ Realschulabschluss

○ Abschluss der POS 10. Klasse

○ Fachhochschulreife

○ Allgemeine oder fachgebundene Hochschulreife/ Abitur

○ Abschluss an der EOS

○ anderen Schulabschluss
und zwar: [   ]

Welchen beruflichen Ausbildungsabschluss haben Sie?
Mehrfachnennungen sind möglich

☐ Keine Berufsausbildung

☐ derzeit in beruflicher Ausbildung (Auszubildende/r)

☐ Beruflich / betriebliche Berufsausbildung

☐ Facharbeiter

☐ Ausbildung an einer Fachschule, Meister- ,Technikerschule, Berufs- oder Fachakademie

☐ Fachhochschulabschluss

☐ Hochschulabschluss

☐ Promotion

☐ Anderen beruflichen Abschluss
und zwar: [   ]

Arbeiten Sie im Schichtdienst?
Mehrfachnennungen möglich

☐ Keine Schichtarbeit

☐ hauptsächlich Frühschicht

☐ hauptsächlich Normalschicht

☐ hauptsächlich Spätschicht

☐ hauptsächlich Nachtschicht

☐ hauptsächlich Wechselschicht

☐ Sonstiges
und zwar: [   ]

Arbeiten Sie Vollzeit, Teilzeit oder Altersteilzeit?

○ Vollzeit

○ Teilzeit

○ Altersteilzeit

○ Sonstiges
und zwar: [   ]

| Zurück | restliche Seiten später ausfüllen | Weiter |

276

I. Fragen zur Person

Wie viele Stunden arbeiten Sie in der Woche?

Stunden laut Ihrem Arbeitsvertrag [ ]

Gesamtarbeitszeit mit Überstunden [ ]

Was für einen Arbeitsvertrag haben Sie ?
Typ des Vertrags

O Flexible Gleitzeit

O Arbeitszeitkonto

O Vertrauensgleitzeit

O Zeitsouveränität

O Sonstiges
   und zwar: [   ]

Wie kommen Sie überwiegend zur Arbeit?
Mehrfachnennungen möglich

☐ Auto

☐ Motorrad

☐ Öffentliche Verkehrsmittel

☐ Fahrrad

☐ Zu Fuß

☐ Werksbus

☐ Sonstiges
   und zwar: [   ]

Wie lange benötigen Sie, um zum Arbeitsplatz zu kommen?

Minuten pro einfachen Weg [ ]

277

Fragen zu Ihrem Partner

Welche Schulausbildung hat Ihr Partner?

○ Kein Schulabschluss

○ Hauptschulabschluss

○ Qualifizierter Hauptschulabschluss

○ Realschulabschluss

○ Abschluss der POS 10. Klasse

○ Fachhochschulreife

○ Allgemeine oder fachgebundene Hochschulreife/ Abitur

○ Abschluss an der EOS

○ anderen Schulabschluss
und zwar [   ]

Welchen beruflichen Ausbildungsabschluss hat Ihr Partner ?
Mehrfachnennungen sind möglich

☐ Keine Berufsausbildung

☐ derzeit in beruflicher Ausbildung (Auszubildende/r)

☐ derzeit Student/in

☐ Beruflich / betriebliche Berufsausbildung

☐ Facharbeiter

☐ Ausbildung an einer Fachschule, Meister- Technikerschule, Berufs- oder Fachakademie

☐ Fachhochschulabschluss

☐ Hochschulabschluss

☐ Promotion

☐ Anderen beruflichen Abschluss
und zwar: [   ]

Wie alt ist Ihr(e) Partner/in?

Jahre [   ]

278

Geht Ihr Partner einer Berufstätigkeit nach?

O Keine Berufstätigkeit

O Hausfrau/-mann

O geringfügige Beschäftigung (400 EUR Basis)

O Vollzeit

O Teilzeit

O Altersteilzeit

O Sonstiges
und zwar: [   ]

| Zurück | restliche Seiten später ausfüllen | Weiter |

279

Fragen zu Ihrem Partner

Arbeitet Ihr Partner im Schichtdienst?
Mehrfachnennungen möglich

☐ Keine Schichtarbeit

☐ hauptsächlich Frühschicht

☐ hauptsächlich Normalschicht

☐ hauptsächlich Spätschicht

☐ hauptsächlich Nachtschicht

☐ hauptsächlich Wechselschicht

☐ Sonstiges

und zwar: [   ]

Wie viele Stunden arbeitet Ihr Partner in der Woche?

Stunden [   ]

Was für einen Arbeitsvertrag hat Ihr Partner?
Typ des Vertrags

○ Flexible Gleitzeit

○ Arbeitszeitkonto

○ Vertrauensgleitzeit

○ Zeitsouveränität

○ Sonstiges

und zwar: [   ]

Wie kommt Ihr Partner überwiegend zur Arbeit?
Mehrfachnennungen möglich

☐ Auto

☐ Motorrad

☐ Öffentliche Verkehrsmittel

☐ Fahrrad

280

- ☐ Zu Fuß
- ☐ Werksbus
- ☐ Sonstiges
  und zwar: [   ]

Wie lange benötigt Ihr Partner, um zum Arbeitsplatz zu kommen?

Minuten pro einfachen Weg [   ]

[Zurück]   [restliche Seiten später ausfüllen]   [Weiter]

II. Fragen zum Stressempfinden

In diesen Abschnitt werden Ihnen Fragen über Ihr Stressempfinden, die Häufigkeit und die Art des Stresses gestellt.

1	2	3	4	5	6
Trifft völlig zu	Trifft überwiegend zu	Trifft eher zu	Trifft eher nicht zu	Trifft überwiegend nicht zu	Trifft überhaupt nicht zu

Bitte bewerten Sie folgende Aussagen:	1	2	3	4	5	6
"Für mich ist berufliches Weiterkommen wichtig."	O	O	O	O	O	O
"Ich empfinde **beruflich und/oder privat** Stress."	O	O	O	O	O	O

| Zurück | restliche Seiten später ausfüllen | Weiter |

282

II. Fragen zum Stressempfinden

1	2	3	4	5	6
Trifft völlig zu	Trifft überwiegend zu	Trifft eher zu	Trifft eher nicht zu	Trifft überwiegend nicht zu	Trifft überhaupt nicht zu

Bitte bewerten Sie folgende Aussagen:	1	2	3	4	5	6
„Ich habe mehrmals pro Woche Stress(empfinden)."	O	O	O	O	O	O
„Ich empfinde den Stress als belastend."	O	O	O	O	O	O

Aus welchem Bereich kommt für Sie der meiste Stress?

O Privater Bereich

O Beruflicher Bereich

O Aus beiden Bereichen

O Weiss nicht

O Sonstiges

und zwar: [   ]

"Mich stresst..." (Bitte kreuzen Sie möglichst jede Zeile an)	1	2	3	4	5	6
... meine körperliche Arbeit	O	O	O	O	O	O
... meine gedankliche Arbeit	O	O	O	O	O	O
... Zeitdruck	O	O	O	O	O	O
... Anstieg der Anforderungen an mich und meine Arbeit	O	O	O	O	O	O
... Überforderung	O	O	O	O	O	O
... Versagen	O	O	O	O	O	O
... Familien-/Eheprobleme	O	O	O	O	O	O
... finanzielle Probleme	O	O	O	O	O	O
... gesundheitliche Probleme	O	O	O	O	O	O
... Freizeitstress	O	O	O	O	O	O

283

„Wenn ich Stress habe, dann..."	1	2	3	4	5	6
... bin ich nicht leistungsfähig	O	O	O	O	O	O
... bin ich unkonzentriert	O	O	O	O	O	O
... mache ich Fehler	O	O	O	O	O	O
... komme ich gut damit zurecht	O	O	O	O	O	O
... kann ich mich trotzdem schnell und effektiv entspannen	O	O	O	O	O	O

Zurück	restliche Seiten später ausfüllen	Weiter

284

III. Fragen zu Belastungen aus dem beruflichen und privaten Bereich

Jetzt werden Ihnen Fragen bezüglich Ihres Privatlebens aber auch des Berufslebens gestellt. Hierbei sollen Sie angeben, inwieweit es "nicht so einfach" ist, Ihr Berufs- und Privatleben zu vereinbaren. Spezifische Sachverhalte zu beiden Bereichen werden hier abgefragt.

1	2	3	4	5	6
Trifft völlig zu	Trifft überwiegend zu	Trifft eher zu	Trifft eher nicht zu	Trifft überwiegend nicht zu	Trifft überhaupt nicht zu

Bitte bewerten Sie folgende Aussage:	1	2	3	4	5	6
"Für meine innere Ausgeglichenheit / Balance ist eine Vereinbarkeit von Beruf und Privatleben wichtig."	O	O	O	O	O	O

A. Aus dem beruflichen Bereich:

Welche Bereiche bzw. Themen aus dem Beruf können Sie nicht so einfach mit Ihrem Privatleben vereinbaren?
Mehrfachnennungen sind möglich

☐ Arbeitszeit

☐ Arbeitsort

☐ Arbeitsinhalte/Organisation (z.B. Aufteilung der Arbeit bzw. Projekte hinsichtlich Zeit und personelle Aufteilung)

☐ Führung/Führungsstil (z.B. die Führung meines Vorgesetzten im Bezug auf meine Person)

☐ Informations- und Kommunikationspolitik (z.B. Informationen, die meine Arbeit betreffen)

☐ Arbeitsatmosphäre (z.B. die Atmosphäre im Unternehmern, in der Abteilung und unter den Kollegen)

☐ Leistungsverständnis (z.B. Erwartungen an meine Leistung)

☐ Sonstiges, und zwar:

und zwar: [_____]

| Zurück | restliche Seiten später ausfüllen | Weiter |

285

Was konkret ist aus dem Bereich Arbeitsatmosphäre nicht so einfach mit Ihrem Privatleben zu vereinbaren?	1	2	3	4	5	6
Leistungsaspekt steht über allem	O	O	O	O	O	O
Das Privatleben hat im Unternehmen keine Priorität	O	O	O	O	O	O
Schwäche zu zeigen	O	O	O	O	O	O
Starke Karriereorientierung der Kollegen	O	O	O	O	O	O
Unverständnis bei den Kollegen für private Angelegenheiten	O	O	O	O	O	O

1	2	3	4	5	6
Trifft völlig zu	Trifft überwiegend zu	Trifft eher zu	Trifft eher nicht zu	Trifft überwiegend nicht zu	Trifft überhaupt nicht zu

Was konkret ist aus dem Bereich Leistungsverständnis nicht so einfach mit Ihrem Privatleben zu vereinbaren?	1	2	3	4	5	6
Hohe Erwartungen an mich	O	O	O	O	O	O
Permante Leistungsbereitschaft	O	O	O	O	O	O
Karrierechancen nur durch überdurchschnittliche Leistung	O	O	O	O	O	O

B. Aus dem Privaten Bereich

Welche Bereiche aus dem Privatleben können Sie nicht so einfach mit Ihrem Beruf vereinbaren?

☐ Kinder

☐ Partner

☐ Familie

☐ Eltern,Verwandte und/oder Freundeskreis

☐ Haushalt

☐ Hobbies, Verpflichtungen und Aktivitäten

☐ Sonstiges

und zwar: [   ]

Zurück	restliche Seiten später ausfüllen	Weiter

286

A. Aus dem beruflichen Bereich

1	2	3	4	5	6
Trifft völlig zu	Trifft überwiegend zu	Trifft eher zu	Trifft eher nicht zu	Trifft überwiegend nicht zu	Trifft überhaupt nicht zu

Was konkret ist aus dem Bereich Arbeitszeit nicht so einfach mit Ihrem Privatleben zu vereinbaren?

	1	2	3	4	5	6
Arbeitszeitmodelle/Arbeitszeitregelung	O	O	O	O	O	O
Pausenregelung	O	O	O	O	O	O
Verschiebung/Verkürzung der Arbeitszeit	O	O	O	O	O	O
Urlaubsregelung	O	O	O	O	O	O
Jährliche Arbeitszeit	O	O	O	O	O	O
Zeitweise Befreiung von Arbeitszeit	O	O	O	O	O	O

1	2	3	4	5	6
Trifft völlig zu	Trifft überwiegend zu	Trifft eher zu	Trifft eher nicht zu	Trifft überwiegend nicht zu	Trifft überhaupt nicht zu

Was konkret ist aus dem Bereich Arbeitsort nicht so einfach mit Ihrem Privatleben zu vereinbaren?

	1	2	3	4	5	6
Permanente Anwesenheit im Unternehmen	O	O	O	O	O	O
Wegezeiten zum Arbeitsort	O	O	O	O	O	O
Dienstreisen	O	O	O	O	O	O
Arbeitsortwechsel	O	O	O	O	O	O

1	2	3	4	5	6
Trifft völlig zu	Trifft überwiegend zu	Trifft eher zu	Trifft eher nicht zu	Trifft überwiegend nicht zu	Trifft überhaupt nicht zu

Was konkret ist aus dem Bereich Aufteilung bzw. Organisation der Arbeitsinhalte nicht so einfach mit Ihrem Privatleben zu vereinbaren?

	1	2	3	4	5	6
Größe des Arbeitsauftrags/ Projektauftrags	O	O	O	O	O	O

287

Personelle Besetzung/ Aufteilung der Projekte/ Arbeitsaufgaben	○	○	○	○	○	○
Zeitliche Überlappung von neuen Projekten/ Tagesgeschäft	○	○	○	○	○	○
Zeitliche Folge von Projekten/ Arbeit	○	○	○	○	○	○

1	2	3	4	5	6
Trifft völlig zu	Trifft überwiegend zu	Trifft eher zu	Trifft eher nicht zu	Trifft überwiegend nicht zu	Trifft überhaupt nicht zu

Was konkret ist aus dem Bereich Führung / Führungsstil nicht so einfach mit Ihrem Privatleben zu vereinbaren?

	1	2	3	4	5	6
Mein Chef kennt meine persönlichen Bedürfnisse nicht	○	○	○	○	○	○
Zeit, die mein Chef nicht für mich hat	○	○	○	○	○	○
Mein Chef sucht nicht regelmäßig das Gespräch mit mir	○	○	○	○	○	○
Ich kann nicht ohne Angst über Fehler sprechen	○	○	○	○	○	○
Mein Vorgesetzter nimmt mich nicht ernst	○	○	○	○	○	○
Mein Chef nutzt das Führungsinstrument Mitarbeiter-Feedback nicht	○	○	○	○	○	○

1	2	3	4	5	6
Trifft völlig zu	Trifft überwiegend zu	Trifft eher zu	Trifft eher nicht zu	Trifft überwiegend nicht zu	Trifft überhaupt nicht zu

Was konkret ist aus dem Bereich Informations- und Kommunikationspolitik nicht so einfach mit Ihrem Privatleben zu vereinbaren?

	1	2	3	4	5	6
Informationen nicht rechtzeitig zu erhalten	○	○	○	○	○	○
Keine klaren Aussagen über meine Arbeit zu erhalten	○	○	○	○	○	○
Kein transparenter Kommunikationsprozess	○	○	○	○	○	○
Kein Feedback über meine Arbeit zu erhalten	○	○	○	○	○	○

1	2	3	4	5	6
Trifft völlig zu	Trifft überwiegend zu	Trifft eher zu	Trifft eher nicht zu	Trifft überwiegend nicht zu	Trifft überhaupt nicht zu

B. Privater Bereich, Kinder

Welche der folgenden Aspekte bezüglich Ihrer Kinder sind nicht so einfach mit Ihrem Beruf zu vereinbaren?
zeitliches Problem = keine Zeit zu haben
organisatorisches Problem = Dinge zu koordinieren (nach 20.00 Uhr einkaufen gehen....)

1	2	3	4	5	6
Trifft völlig zu	Trifft überwiegend zu	Trifft eher zu	Trifft eher nicht zu	Trifft überwiegend nicht zu	Trifft überhaupt nicht zu

Erziehung	1	2	3	4	5	6
... ist ein zeitliches Problem	O	O	O	O	O	O
... ist ein organisatorisches Problem	O	O	O	O	O	O

Betreuung	1	2	3	4	5	6
... ist ein zeitliches Problem	O	O	O	O	O	O
... ist ein organisatorisches Problem	O	O	O	O	O	O

Hobbies der Kinder	1	2	3	4	5	6
... sind ein zeitliches Problem	O	O	O	O	O	O
... sind ein organisatorisches Problem	O	O	O	O	O	O

Verpflichtungen durch die Kinder (z.B. Arztbesuch, Elternabend etc.)	1	2	3	4	5	6
... sind ein zeitliches Problem	O	O	O	O	O	O
... sind ein organisatorisches Problem	O	O	O	O	O	O

Schule	1	2	3	4	5	6
... ist ein zeitliches Problem	O	O	O	O	O	O
... ist ein organisatorisches Problem	O	O	O	O	O	O

Zurück	restliche Seiten später ausfüllen	Weiter

B. Privater Bereich, Partner/Soziales Umfeld

1	2	3	4	5	6
Trifft völlig zu	Trifft überwiegend zu	Trifft eher zu	Trifft eher nicht zu	Trifft überwiegend nicht zu	Trifft überhaupt nicht zu

Welche der folgenden Aspekte sind nicht so einfach mit Ihrer Familie zu vereinbaren?	1	2	3	4	5	6
Zeit mit der Familie zu verbringen (generell)	O	O	O	O	O	O
gemeinsame Aktivitäten (Wandern, Kino, Basteln...)	O	O	O	O	O	O
gemeinsame Mahlzeiten einzunehmen (Frühstück, Abendessen)	O	O	O	O	O	O
Probleme zu diskutieren	O	O	O	O	O	O
Erlebnisse auszutauschen	O	O	O	O	O	O

Welche der folgenden Aspekte bezüglich Ihres(r) Partner(in)/ Ehefrau(mann) sind schwer mit Ihrem Beruf zu vereinbaren?	1	2	3	4	5	6
Beruf / Karriere des Partners	O	O	O	O	O	O
Hobbies des Partners	O	O	O	O	O	O
Zeit, die der Partner für sich selbst benötigt	O	O	O	O	O	O
Verpflichtungen des Partners (z.B. Arztbesuche oder Behördengänge)	O	O	O	O	O	O
Wegezeiten zum Arbeitsplatz	O	O	O	O	O	O
Traditionelle Erwartungshaltung (z.B. Aufgabenteilung) meines Partners an mich	O	O	O	O	O	O

Welche der folgenden Aspekte bezüglich Ihres Freundeskreises / sozialen Umfeldes/ Verwandten sind schwer mit Ihrem Beruf zu vereinbaren?
zeitliches Problem = keine Zeit zu haben
organisatorisches Problem = Dinge zu koordinieren (nach 20.00 Uhr einkaufen gehen....)

1	2	3	4	5	6
Trifft völlig zu	Trifft überwiegend zu	Trifft eher zu	Trifft eher nicht zu	Trifft überwiegend nicht zu	Trifft überhaupt nicht zu

Aktivitäten mit Freunden	1	2	3	4	5	6
... sind ein zeitliches Problem	O	O	O	O	O	O
... sind ein organisatorisches Problem	O	O	O	O	O	O

290

Besuch bei den Eltern/ Schwiegereltern bzw. Verwandten	1	2	3	4	5	6
... ist ein zeitliches Problem	O	O	O	O	O	O
... ist ein organisatorisches Problem	O	O	O	O	O	O

Pflege von bedürftigen Personen	1	2	3	4	5	6
... ist ein zeitliches Problem	O	O	O	O	O	O
... ist ein organisatorisches Problem	O	O	O	O	O	O

Sonstige Verpflichtungen (wie z.B. ehrenamtliche Tätigkeiten, Vereine, Sport...)	1	2	3	4	5	6
... ist ein zeitliches Problem	O	O	O	O	O	O
... ist ein organisatorisches Problem	O	O	O	O	O	O

| Zurück | restliche Seiten später ausfüllen | Weiter |

291

B. Privater Bereich, Haushalt/Hobbys, Verpflichtungen und Aktivitäten

Welche folgenden Aspekte im Haushalt sind mit Ihrem Beruf schwer zu vereinbaren?
zeitliches Problem = keine Zeit zu haben
organisatorisches Problem = Dinge zu koordinieren (nach 20.00 Uhr einkaufen gehen....)

1	2	3	4	5	6
Trifft völlig zu	Trifft überwiegend zu	Trifft eher zu	Trifft eher nicht zu	Trifft überwiegend nicht zu	Trifft überhaupt nicht zu

Einkaufen (z.B. Lebensmittel)	1	2	3	4	5	6
... ist ein zeitliches Problem	O	O	O	O	O	O
... ist ein organisatorisches Problem	O	O	O	O	O	O

Reinigung der Wohnung	1	2	3	4	5	6
... ist ein zeitliches Problem	O	O	O	O	O	O
... ist ein organisatorisches Problem	O	O	O	O	O	O

Reinigung der Wäsche (inklusive Bügeln)	1	2	3	4	5	6
... ist ein zeitliches Problem	O	O	O	O	O	O
... ist ein organisatorisches Problem	O	O	O	O	O	O

Aufräumen	1	2	3	4	5	6
... ist ein zeitliches Problem	O	O	O	O	O	O
... ist ein organisatorisches Problem	O	O	O	O	O	O

Spülen	1	2	3	4	5	6
... ist ein zeitliches Problem	O	O	O	O	O	O
... ist ein organisatorisches Problem	O	O	O	O	O	O

Sonstige notwendige Tätigkeiten in Wohnung, Haus und Garten	1	2	3	4	5	6
... ist ein zeitliches Problem	O	O	O	O	O	O

... ist ein organisatorisches Problem   O   O   O   O   O   O

Welche folgenden Aspekte bezüglich Hobbies/ Verpflichtungen und Aktivitäten sind schwer mit Ihrem Beruf zu vereinbaren?	1	2	3	4	5	6
Verpflichtungen / Aktivitäten (z.B. Arztbesuche oder Behördengänge)	O	O	O	O	O	O
Zeit für mich (z.B. lesen etc.)	O	O	O	O	O	O
Zeit für die Familie	O	O	O	O	O	O
Meine Hobbies	O	O	O	O	O	O
Sonstige eigene Interessen	O	O	O	O	O	O

| Zurück | restliche Seiten später ausfüllen | Weiter |

293

IV. Fragen zu vorhandenen Maßnahmen, die zur Vereinbarkeit von Beruf und Privatleben beitragen

In diesem Teilabschnitt werden Ihnen Fragen gestellt, die über vorhandene Maßnahmen bei der BMW AG zu einer Unterstützung bzw. Realisierung einer Vereinbarkeit von Beruf und Privatleben beitragen.

1	2	3	4	5	6	0
Trifft völlig zu	Trifft überwiegend zu	Trifft eher zu	Trifft eher nicht zu	Trifft überwiegend nicht zu	Trifft überhaupt nicht zu	Nicht vorhanden / Nutze ich nicht

Welche von Ihnen genutzte(n) Maßnahmen und Einrichtungen, die bei der BMW AG existieren, helfen Ihnen, Ihr Berufs- und Privatleben besser zu vereinbaren?	1	2	3	4	5	6	0
Telearbeit (mit Modem oder eigenen Telearbeitsplatz)	O	O	O	O	O	O	O
Sabbatical / Freizeitblock ("bezahlter Langzeiturlaub" bis zu 6 Monaten)	O	O	O	O	O	O	O
Kindergarten bzw. Elterninitiative „FIZ/BMW Strolche"	O	O	O	O	O	O	O
BMW Fitnesscenter – Back-up Center	O	O	O	O	O	O	O
BMW Sportangebote	O	O	O	O	O	O	O
BMW Reisebüro	O	O	O	O	O	O	O
BMW Versicherungsangebote	O	O	O	O	O	O	O
BMW Weiterbildungsangebote	O	O	O	O	O	O	O
Shoppingbox	O	O	O	O	O	O	O
Reinigungsservice für Kleidung (für alle Mitarbeiter)	O	O	O	O	O	O	O
Dienstleistungen der BMW Bank, Financial Services (Tagesgeld, Sparbuch, Kredite...)	O	O	O	O	O	O	O

Welche weiteren Maßnahmen und Einrichtungen würden Ihnen helfen, Ihr Berufs- und Privatleben besser zu vereinbaren?
Bitte nennen oder beschreiben Sie die zwei Wichtigsten.

294

Vereinbarkeit von Beruf und Privatleben - Seite 16 von 19

Hat dies Ihre berufliche Leistungsfähigkeit eingeschränkt?

O Ja

O Nein

| Zurück | | restliche Seiten später ausfüllen | | Weiter |

295

V. Fragen zur Unterstützung von Seiten der BMW AG und gewünschte Veränderungen

Dieser Abschnitt befasst sich mit der derzeitigen Unterstützung seitens der BMW AG und den von Ihnen gewünschten Veränderungen.

Hatten Sie schon einmal Probleme Ihr Berufs- und Privatleben zu vereinbaren?

O Ja

O Teilweise

O Nein

| Zurück | restliche Seiten später ausfüllen | Weiter |

Haben Sie Ihrem Vorgesetzten von Ihren Problemen erzählt?

○ Ja

○ Nein

| Zurück | restliche Seiten später ausfüllen | Weiter |

1	2	3	4	5	6
Trifft völlig zu	Trifft überwiegend zu	Trifft eher zu	Trifft eher nicht zu	Trifft überwiegend nicht zu	Trifft überhaupt nicht zu

Wie hat Ihr Vorgesetzter reagiert?
Bitte bewerten Sie folgende Aussagen:

	1	2	3	4	5	6
"Er hatte Verständnis."	O	O	O	O	O	O
"Er hat mich unterstützt."	O	O	O	O	O	O

1	2	3	4	5	6
Trifft völlig zu	Trifft überwiegend zu	Trifft eher zu	Trifft eher nicht zu	Trifft überwiegend nicht zu	Trifft überhaupt nicht zu

Bitte bewerten Sie folgende Aussage:

	1	2	3	4	5	6
"Im Großen und Ganzen unterstützt die BMW AG die Vereinbarkeit von Beruf und Privatleben."	O	O	O	O	O	O

Zurück	restliche Seiten später ausfüllen	Weiter

298

V. Fragen zur Unterstützung von Seiten der BMW AG und gewünschte Veränderungen

Dieser Abschnitt befasst sich mit der derzeitigen Unterstützung seitens der BMW AG und den von Ihnen gewünschten Veränderungen.

Was bei der BMW AG ist unterstützend/nicht unterstützend, um Ihr Berufsleben mit Ihrem Privatleben zu vereinbaren?
Bitte nennen oder beschreiben Sie diese hier stichwortartig.

Unterstützend

Nicht unterstützend

Was müsste bei der BMW AG im Bezug auf die Arbeitsatmosphäre verändert werden, damit Sie Ihr Beruf und Privatleben besser vereinbaren könnten?
Mehrfachnennungen möglich

☐ Stärkeres Bewusstsein für Berufs- und Privatleben bei Führungskräften

☐ Keine Karriereeinbußen, wenn private „Auszeiten" oder Belange teilweise im Vordergrund stehen

☐ Beurteilungs- und Vergütungssystem müsste überarbeitet werden

☐ Sonstiges
und zwar:

Falls Sie jetzt noch eigene Anregungen, Hinweise oder Informationen angeben wollen, haben Sie jetzt hiezu Gelegenheit.

299

Vielen Dank für Ihre Teilnahme!

Zurück   Abschicken

Arbeitswissenschaft in der betrieblichen Praxis

Herausgegeben von Peter Knauth

Band 19 Patric Claude Gauderer: Indivudualisierte Dienstplangestaltung. Ein partizipativer Ansatz zur Flexibilisierung der Arbeitszeit des Fahrpersonals im Öffentlichen Personennahverkehr (ÖPNV). 2002.

Band 20 Sibylle Olbert-Bock: Lernprozesse bei Veränderungen in Unternehmen. 2002.

Band 21 Manfred Hentz: Ein Instrument zur Kommunikationsstrukturanalyse auf Basis der autopoietischen Systemtheorie. Eine empirische Untersuchung in einem mittelständischen Unternehmen. 2002.

Band 22 Dorothee Karl: Erfahrungsaufbau und -transfer. Empirische Studie in einer Großbank. 2005.

Band 23 Kerstin Freier: Work Life Balance Zielgruppenanalyse am Beispiel eines deutschen Automobilkonzerns. 2005.

Band 24 Roland Lerch: Einflussfaktoren auf den Erfolg des Problemlösungsprozesses in Projekten. Eine empirische Studie an Kleinprojekten. 2005.

www.peterlang.de